Springer-Lehrbuch

Springer-Verlag Berlin Heidelberg GmbH

Peter Pepper

Funktionale Programmierung

in OPAL, ML, HASKELL und GOFER

Zweite Auflage

Mit 34 Abbildungen

Springer

Prof. Dr. Peter Pepper
TU Berlin
Fachbereich Informatik
Institut für Softwaretechnik
und Theoretische Informatik
Franklinstraße 28 – 29
10587 Berlin
pepper@cs.tu-berlin.de

ISBN 978-3-540-43621-8 ISBN 978-3-642-55818-4 (eBook)
DOI 10.1007/978-3-642-55818-4

Die Deutsche Bibliothek – CIP-Einheitsaufnahme

Pepper, Peter: Funktionale Programmierung in OPAL, ML, HASKELL und GOFER/Peter Pepper. – 2., überarb. Aufl. – Berlin; Heidelberg; New York; Hongkong; London; Mailand; Paris; Tokio: Springer, 2003 (Springer-Lehrbuch)
ISBN 3-540-43621-9

Satz: Reproduktionsfertige Vorlagen vom Autor

Gedruckt auf säurefreiem Papier SPIN: 10877742 45/3142PS - 5 4 3 2 1 0

Zur Erinnerung

an meinen Vater Wolfgang Pepper

(1910–1997)

Vorwort

Funktionale Programmiersprachen sind weniger populär als klassische imperative Sprachen wie FORTRAN, PASCAL, C und BASIC oder die neuerdings in Mode gekommenen objektorientierten Sprachen wie z.B. C++, JAVA oder C#. Aber *Gerade-in-Mode-Sein* ist kein vorrangiges Kriterium, wenn es darum geht, welche Konzepte man in einem Gebiet studieren sollte und welche nicht. Im Gebiet der Informatik die funktionalen Sprachen zu studieren, dafür gibt es gute Gründe. Um nur einige zu nennen:

- Funktionale Sprachen tragen wesentlich zum Verständnis dessen bei, was Programmieren eigentlich ist, wobei einige ganz neue Aspekte hinzukommen, die man in den traditionellen Sprachen an keiner Stelle antrifft.
- Funktionale Sprachen werden in der Zukunft immer mehr an Bedeutung gewinnen, nicht nur auf der konzeptuellen Ebene akademischer Studien, sondern auch auf der praktischen Ebene konkreter Anwendungen. Es wird sich nämlich mehr und mehr herumsprechen, dass mit funktionalen Sprachen die Produktivität der Programmierer gesteigert und damit die Softwarekosten gesenkt werden können.
- Informatiker wird man nicht, indem man ein oder zwei spezielle Programmiersprachen beherrscht – das kann jeder Hacker. Informatiker zeichnet aus, dass sie das Prinzip des Programmierens und das Prinzip des *Sich-in-Programmiersprachen-Ausdrückens* beherrschen.

Zum letzten Punkt gehört (auch als Konsequenz aus der ersten Beobachtung), dass man mindestens zwei Programmiersprachen beherrschen muss – vorausgesetzt, diese beiden Sprachen kommen von unterschiedlichen Enden des „Sprachspektrums“. Es hat also wenig Sinn, etwa C und PASCAL zu lernen; die beiden sind sich viel zu ähnlich. Nicht einmal die Hinzunahme objektorientierter Sprachen wie JAVA oder C++ ändert die Situation wesentlich. Erst mit einer funktionalen Sprache wie HASKELL oder mit einer logischen Programmiersprache wie PROLOG erweitert sich der Horizont substanziell. (Es hätte natürlich auch keinen Sinn, nur HASKELL und PROLOG zu lernen; dann fehlt die andere Seite des Spektrums.)

Aus diesen Überlegungen heraus haben wir an der Technischen Universität Berlin vor einigen Jahren beschlossen, die Studierenden in den ersten beiden Semestern mit zwei hinreichend unterschiedlichen Sprachen vertraut zu machen, um den Horizont von Anfang an weit genug zu fassen. Für den imperativen Bereich wurde dabei ursprünglich die Sprache MODULA-2 benutzt, die aber vor einiger Zeit durch die objektorientierte Sprache JAVA ersetzt wurde. Bei den funktionalen Sprachen haben wir mit HOPE, GOFER und vor allem OPAL gearbeitet.

Aus dieser Vorlesung – die von mir selbst und meinem Kollegen Stefan Jähnichen gehalten wurde – ist das vorliegende Buch hervorgegangen. Wir haben über die Jahre hinweg viel experimentiert, vor allem in Bezug auf die „optimale" Auswahl und Anordnung des Stoffes. Die dabei gewonnenen Erfahrungen haben zu der jetzigen Form des Buches geführt: Es hatte sich erwiesen, dass die Studierenden bei diesem Aufbau am besten mit dem Stoff zurechtkamen. Diese lange Erfahrung ist auch der Grund dafür, dass wir in der neuen Auflage die Grundstruktur unverändert gelassen haben.

Übrigens: Die Vorlesungen zur Programmierung wurden in Abstimmung mit Vorlesungen zur Theoretischen Informatik konzipiert, die ebenfalls in einem Springer-Buch von Hartmut Ehrig, Bernd Mahr und Mitarbeitern [16] erschienen ist.

Die „Hauptsprache" in diesem Buch ist OPAL, eine funktionale Sprache die an der TU Berlin entwickelt worden ist. Sehr viele Mitarbeiter haben über mehrere Jahre hinweg mit großem Engagement, hoher Kreativität und fundiertem Wissen zum Design und zur Implementierung dieser Sprache beigetragen. Dafür gebührt mein besonderer Dank Olaf Brandes, Klaus Didrich, Gottfried Egger, Jürgen Exner, Andreas Fett, Carola Gerke, Wolfgang Grieskamp, Michael Jatzeck, Eckard Lehmann, Christian Maeder, Wolfram Schulte und Mario Südholt. Klaus Didrich und Jürgen Exner haben darüber hinaus auch wesentlichen Anteil an der inhaltlichen Konzeption und didaktischen Gestaltung der Vorlesung und somit auch dieses Buches. Frederik Meysel hat einige wertvolle Hinweise zur Korrektur gegeben.

Die Mitarbeiter des Springer-Verlags haben durch ihre kompetente Unterstützung viel zu der jetzigen Gestalt des Buches beigetragen.

Berlin, im Juli 2002 *Peter Pepper*

Inhaltsverzeichnis

Hinweis: Eine Errata-Liste und weitere Hinweise zu diesem Buch werden ggf. über die Web-Adresse `http://uebb.cs.tu-berlin.de` zu erreichen sein.

0. Bevor wir anfangen ...

The clarity and economy of expression that the language of functional programming permits is often very impressive, and, but for human inertia, functional programming can be expected to have a brilliant future. E.W. Dijkstra [15]

E.W. Dijkstra steht nicht in dem Ruf, ein besonderer Anhänger der funktionalen Programmierung zu sein, aber er bescheinigt ihr doch ein großes Potenzial – vorausgesetzt, die Programmierer können die übliche Akzeptanzschwelle vor neuen Konzepten überwinden. In einer Vorlesungsankündigung [15] bringt er die Schwierigkeit auf den Punkt: Man kennt aus der Schule nur Funktionen wie Sinus, Kosinus und Logarithmus und ist daher gewohnt, dass Funktionen reelle Zahlen in reelle Zahlen abbilden. Damit ist man jedoch überhaupt nicht auf die funktionale Programmierung vorbereitet, in der zum Beispiel die „schockierende" Idee auftaucht, dass der Wert einer Funktion eine andere Funktion sein könnte.

Was ist das eigentlich „Funktionale Programmierung"? Eine präzise Antwort darauf ist erstaunlich schwierig (so wie es auch schwierig ist, etwa den Unterschied zwischen Impressionismus und Expressionismus genau zu definieren – obwohl jeder Experte weiß, wann er was vor sich hat).

Zunächst einmal ist es ein Versuch, in die wuchernde Fülle von Programmiersprachen (von denen es einige Tausend gibt) ein bisschen Ordnung zu bringen. Üblicherweise wird die Klasse der funktionalen Programmiersprachen dabei in Gegensatz zu der Klasse der „imperativen Sprachen" gebracht. Letztere umfasst die traditionell dominierenden Sprachen wie COBOL, FORTRAN, PASCAL, MODULA-2, ADA, C oder BASIC (sofern man die letzten beiden überhaupt als ordentliche Programmiersprachen akzeptieren will). Auch die in letzter Zeit in Mode gekommenen „objektorientierten Sprachen" wie SMALLTALK, C++, C# oder JAVA fallen in die Klasse der imperativen Sprachen.

Demgegenüber sind die funktionalen Sprachen – mit Ausnahme des „Oldtimers" LISP – eher weniger bekannt: ML, SCHEME, MIRANDA, OPAL, HASKELL, GOFER. Dafür kann man auch die „logischen Programmiersprachen" hier subsumieren, vor allem das recht weit verbreitete PROLOG. (In der Literatur findet man oft auch den Begriff der *deklarativen Sprachen*, die dann weiter in die Teilklassen der *funktionalen* und *logischen* Sprachen unterteilt werden.)

Zwar kann eine Auflistung von charakteristischen Beispielen schon eine erste Vorstellung von einem Konzept vermitteln, aber eine Auflistung von Gegenbeispielen wird das schwerlich leisten. Also muss man schon (mindestens) eine funktionale Sprache näher kennenlernen, um eine genauere Vorstellung zu erhalten – und das soll in diesem Buch geleistet werden.

Man hätte natürlich gerne eine etwas abstraktere Fassung für das Konzept der funktionalen Sprachen. Leider sind aber bisher alle Versuche, so etwas wie eine formal-mathematische Definition für den Unterschied zwischen funktional und imperativ zu geben, gescheitert. Begriffe wie etwa die (lange Zeit favorisierte) „referenzielle Transparenz" erwiesen sich als untauglich – abgesehen davon, dass damit nur komplizierte Begriffe zur Erklärung der einfachen herangezogen wurden.

Letztlich ist der primäre Unterschied auf der *methodischen* Ebene zu suchen:

Das zentrale Anliegen der funktionalen Sprachen ist, etwas von der Eleganz, Klarheit und Präzision der Mathematik in die Welt der Programmierung einfließen zu lassen.

Das bedeutet insbesondere, dass man andere Sichtweisen einnimmt, dass man seine Aufgabenstellungen von einem anderen Blickwinkel aus betrachtet, dass man andere gedankliche Modelle verwendet. Wir versuchen, das in der kleinen Tabelle 0.1 gegenüberzustellen.

Die Quintessenz dieser Überlegungen ist, dass die funktionale und die imperative Programmierung vor allem unterschiedliche Herangehensweisen an die Erstellung von Software darstellen.

Die Sprachen in diesem Buch

Die Geschichte der funktionalen Sprachen beginnt praktisch gleichzeitig mit der Geschichte der höheren Programmiersprachen. Wenn man so will, begann sie eigentlich schon viel früher, sogar vor der Erfindung der Computer. Denn in den 30er Jahren hatte der Mathematiker A. Church den sogenannten λ-Kalkül [5] entwickelt, der bereits die Kernideen funktionaler Sprachen enthält. Allerdings war dieser Kalkül nicht zum Programmieren gedacht – so etwas gab es damals ja noch nicht –, sondern als mathematisches Mittel, um grundlegende Fragen zum Begriff „Berechenbarkeit" zu behandeln.

LISP. Aber auch die erste „echte" funktionale Programmiersprache gab es schon sehr früh: Aus den bahnbrechenden Arbeiten von John McCarthy ging zu Beginn der 60er Jahre die Sprache LISP [30] hervor. (Es war die Zeit, in der überhaupt die ersten „höheren" Programmiersprachen entstanden: ALGOL 60, COBOL und FORTRAN.) Und wie die Oldtimer COBOL und FORTRAN bei den imperativen Sprachen ist auch LISP bei den funktionalen Sprachen heute noch eine der populärsten – vor allem bei Anwendungen im Bereich der

Tabelle 0.1. Charakteristika funktionaler und imperativer Sprachen

funktional	imperativ
Ein Programm ist eine *Ein-/Ausgabe-relation*, d.h., eine Abbildung von Eingabedaten auf zugehörige Ausgabedaten. Diese Abbildung wird im Programmtext direkt (als Funktion) hingeschrieben.	Ein Programm ist eine *Arbeitsanweisung* für eine Maschine. Als „Nebenprodukt" ihrer Arbeit liefert diese Maschine zu den gegebenen Eingabedaten die zugehörigen Ausgabedaten. Das Ein-/Ausgabeverhalten lässt sich anhand der Arbeitsweise der Maschine analysieren.
Programme sind „zeit-los". Eine Funktion wie zum Beispiel Sinus liefert am Mittwoch die gleichen Ergebnisse wie am Donnerstag, vormittags die gleichen Zahlen wie nachmittags und macht im Winter nichts anderes als im Sommer.	Was ein Programmstück tut, hängt vom *„Zustand"* ab, in dem sich die ausführende Maschine gerade befindet, und dieser Zustand ändert sich im Laufe der Zeit. Um ein Programm zu verstehen, muss man also immer seinen Ablauf in der Zeit „mitdenken".
Die Formulierung von Programmen findet auf einem recht *abstrakten, mathematisch orientierten Niveau* statt.	Programme werden sehr konkret *auf Maschinen bezogen* formuliert, die Tätigkeit hat somit einen eher handfesten, „handwerklichen" Charakter.
Beispiele: LISP, ML, HASKELL, OPAL, MIRANDA usw.	Beispiele: ALGOL, FORTRAN, COBOL, PASCAL, C, C++, JAVA, SMALLTALK usw.

Künstlichen Intelligenz. Allerdings wurden in die meisten der unzähligen inzwischen existierenden LISP-Dialekte so viele imperative Konzepte aufgenommen, dass man sie gar nicht mehr guten Gewissens als funktional bezeichnen kann. (Eine löbliche Ausnahme ist die Sprache SCHEME [1].)

Neben der Erkenntnis, dass die vorherrschende imperative Programmierung gravierende Schwächen hatte, war es wohl dieser Mangel an Purismus bei den gängigen LISP-Dialekten, der die Entwicklung anderer funktionaler Programmiersprachen forcierte, von denen wir aber nur einige hier kurz vorstellen können.

ML. Mitte der 70er Jahre entstand in Edinburgh die Sprache ML [31, 33, 36]. Sie war ursprünglich von einer Gruppe um Michael Gordon und Robin Milner als *„Metalanguage"* für das Beweissystem LCF [19] konzipiert worden, entwickelte aber bald ein Eigenleben als vollwertige Programmiersprache und war schließlich populärer als das System LCF selbst. In der standardisierten Form SML ist sie noch heute in weitem Gebrauch. Ausserdem sind viele Entwicklungen in späteren Sprachen stark von ML beeinflusst. Allerdings ist auch ML nicht ganz pur: Es gibt ein, wenn auch eingeschränktes, Konzept von Speicher mit Zuweisungen.

HOPE. Um 1980 entstand – ebenfalls in Edinburgh – bei Rod Burstall und David MacQueen die Sprache HOPE. Dort wurden eine Reihe von Konzepten eingeführt (wie zum Beispiel konkrete Typdeklarationen mit Pattern Matching), die später in SML übernommen wurden. (HOPE wird z.B. in [18] benutzt.)

MIRANDA. Etwa zur gleichen Zeit entwickelte David Turner zuerst in St. Andrews und später in Kent eine Reihe von funktionalen Sprachen: SASL, KRC und MIRANDA [46]. Diese Sprachen basieren ganz wesentlich auf Konzepten, die heute als Standard gelten, vor allem Rekursionsgleichungen, Funktionen höherer Ordnung und „*lazy evaluation*". (MIRANDA wird z.B. auch in [10, 44] benutzt.)

HASKELL und GOFER. Das HASKELL-Projekt wurde Ende der 80er Jahre von einer Gruppe um Paul Hudak, Philip Wadler und anderen ins Leben gerufen, mit dem Ziel, die Aktivitäten (zumindest in den USA und England) im Bereich funktionaler Sprachen zu bündeln und somit einen De-facto-Standard zu schaffen [23, 24, 38, 45]. Allerdings ist HASKELL als typische „Komitee-Sprache" auch eine ziemlich „dicke" Sprache geworden. (HASKELL wird z.B. in [45, 9, 22] benutzt.)

GOFER wurde Anfang der 90er Jahre in Oxford von Mark Jones aus HASKELL abgeleitet. Die Idee war, eine vereinfachte Sprache zur Verfügung zu haben, um spezielle Forschungsaspekte (insbesondere zur Typisierung) leichter untersuchen zu können. Da die Sprache einen sehr leicht handhabbaren Interpreter besitzt, wird sie immer häufiger – insbesondere zu Ausbildungszwecken – anstelle von HASKELL eingesetzt. (GOFER wird z.B. in [42] benutzt.)

OPAL. Diese Sprache wurde in den Jahren 1986/87 an der TU Berlin als Testbett für Experimente über funktionale Programmierung konzipiert (und ist damit eine der wenigen nicht-englischen Entwicklungen in diesem Bereich). Während ursprünglich nur die Frage der effizienten Implementierung behandelt werden sollte, erweiterte sich das Themenspektrum schon bald auf die ganze Bandbreite funktionaler Sprachkonzepte, vor allem auf

- die Anwendung von Prinzipien des Software-Engineerings – insbesondere Modularisierung – in funktionaler Programmierung;
- die Integration formaler Spezifikationstechniken;
- die Kombination mit verteilter und paralleler Programmierung;
- fortschrittlichere Konzepte für die Syntax.

Auch nachdem das HASKELL-Unternehmen gestartet war, wurde OPAL bewusst als eigenständiges Konzept beibehalten. Denn gerade wenn „Komitee-Sprachen" einen Normierungsdruck ausüben, ist es wichtig, frei mit alternativen Ideen experimentieren zu können. Das heißt insbesondere, dass Dinge, die in OPAL anders sind als in HASKELL, nicht a priori als besser angesehen wurden, sondern als hinreichend interessant, um auch ausprobiert zu werden.

Mit diesem kurzen Abriss wollen wir die historischen Betrachtungen abschließen, auch wenn dabei einige einflussreiche Sprachen nicht gewürdigt werden können, wie ISWIM („*I say what I mean*", von Peter Landin Mitte der 60er Jahre entwickelt) oder FP (von John Backus[1] Ende der 80er Jahre entwickelt).

Im übrigen gilt, dass alle genannten funktionalen Sprachen sich in ihren Grundkonzepten sehr ähnlich sind. Deshalb genügt es, eine von ihnen richtig zu lernen, um sich dann später problemlos in jede andere einarbeiten zu können.

In diesem Buch werden wir uns primär an OPAL orientieren. Aber wir werden jeweils auch die entsprechenden Lösungsansätze von ML und HASKELL/GOFER vorführen, um insbesondere die Unterschiede zu entmystifizieren. Und wenn uns alle betrachteten Sprachen verbesserungswürdig erscheinen, werden wir dies auch sagen.

Wenn's nicht nur graue Theorie bleiben soll ...

Es gibt besondere Menschen, die Programmieren vor allem als intellektuelle Herausforderung betrachten und nicht als Mittel, um Computer zu nützlichem Tun zu verleiten.[2] Aber die meisten von uns normalen Sterblichen wollen doch sehen, was unsere Bemühungen letztlich auf dem Rechner bewirken.

Compiler. Der übliche Arbeitsablauf ist in Abb. 0.1 dargestellt. Zunächst wird mit Hilfe eines Editors der Programmtext geschrieben (und in einer Datei gespeichert). Dann wird dieser Text dem *Compiler* für die verwendete Programmiersprache übergeben. Dieser Compiler tut zweierlei:

- Zunächst *analysiert* er das Programm und generiert gegebenenfalls Fehlermeldungen.
- Falls das Programm korrekt ist, erzeugt er *Maschinencode* (und speichert ihn in einer Datei).[3]

Der Maschinencode kann dann – beliebig oft – ausgeführt werden, jeweils mit anderen Eingabedaten und den entsprechenden Ausgaben.

In diesem Prozess gibt es zwei Stellen, an denen man üblicherweise mehrfach iterieren muss: Wenn der Compiler Fehler im Programmtext findet, muss

[1] Amüsanterweise hat Backus sein Plädoyer für die Überlegenheit funktionaler Programmierung einer staunenden Öffentlichkeit vorgetragen, als er den Turing Award für seine Verdienste als Erfinder von FORTRAN verliehen bekam [4].

[2] E.W. Dijkstra stellt in der Einleitung zu seinem Buch [14] fest: „*None of the programs in this monograph, needless to say, has been tested on a machine.*"

[3] Große Programme bestehen aus mehreren unabhängig voneinander compilierbaren Teilen. Das Bild ist dann ein bisschen komplexer, weil die getrennt übersetzten Teile noch zu einem „lauffähigen" Maschinenprogramm zusammengefügt werden müssen.

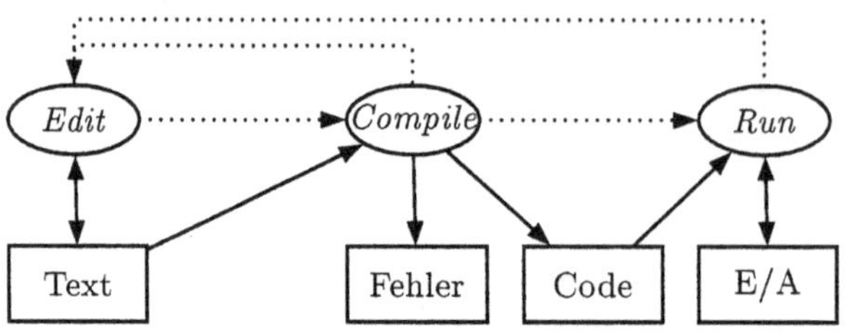

Abb. 0.1. Arbeitsablauf bei der Programmerstellung

man sie mit dem Editor korrigieren. Und wenn bei den ersten *Testläufen* nicht die erwarteten Resultate herauskommen, muss man die Gründe dafür suchen und die entsprechenden Programmierfehler ebenfalls mit dem Editor korrigieren.

Interpreter. Der obige Zyklus *Edit–Compile–Run* ist im Allgemeinen recht aufwendig und unhandlich, da jeder Teilschritt mit anderen Werkzeugen zu bewältigen ist. Deshalb versucht man, alle Aktivitäten nach Möglichkeit in einen Rahmen zu packen. Das leisten sogenannte *Interpreter* (s. Abb. 0.2). Hier werden auf jeden Fall Analyse und Ausführung miteinander integriert; manchmal wird auch das Editieren einbezogen.

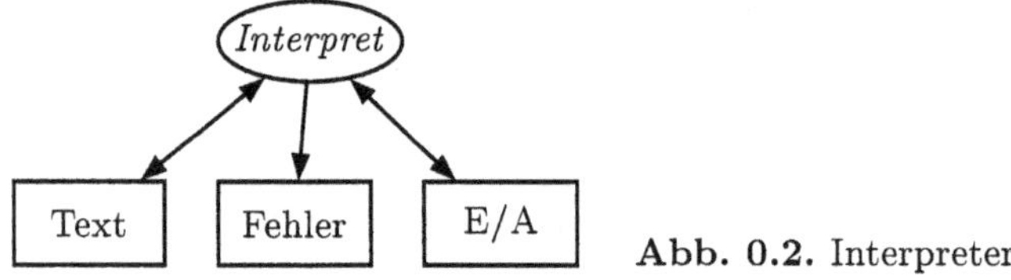

Abb. 0.2. Interpreter

Die Erzeugung des Maschinencodes entfällt. Stattdessen „interpretiert" das System den Programmtext direkt. Damit werden die Entwicklungszyklen für den Programmierer schneller, aber die Ausführung des Programms selbst wird deutlich langsamer.

Aus diesem Grund arbeitet man nach Möglichkeit während der Entwicklungs- und Testphase mit einem Interpreter und gibt das Programm danach – wenn (man glaubt, dass) es korrekt ist – einem Compiler.

In Kap. 23 findet man eine (kurze) Skizze über das konkrete Arbeiten mit verfügbaren Compilern bzw. Interpretern für die von uns benutzten Sprachen OPAL, ML, HASKELL und GOFER.

An wen richtet sich dieses Buch?

Dieses Buch will eine Einführung in die *Methoden, Techniken und Konzepte der funktionalen Programmierung* geben. Es setzt keine Kenntnisse in der Programmierung voraus und richtet sich somit an zwei Gruppen von Lesern:

- Anfänger in der Programmierung überhaupt;
- Personen mit einer gewissen Erfahrung in der imperativen Programmierung (z. B. in PASCAL, C oder auch BASIC), die die funktionale Programmierung kennenlernen wollen.

Von J. Nievergelt wurde ein „Informatikturm" skizziert [34], den wir in Abb. 0.3 nachempfunden haben. Das Fundament dieses Turms ist die Theorie, darauf baut die Algorithmik, also die Lehre vom Programmieren, auf. Wenn man beides beherrscht, ist der Entwurf ganzer Systeme realisierbar. Und das Ganze dient letztlich dazu, die unendliche Fülle von Anwendungen zu ermöglichen, die die Informatik so spannend und erfolgreich machen.

In dieses Bild haben wir den Bereich eingetragen, in dem dieses Buch sich bewegt: Wir betrachten grundlegende Konzepte der Programmierung, wobei wir uns auf der einen Seite auf wohlfundierte Mathematik stützen, auf der anderen Seite aber auch schon Aspekte betrachten, die für den Umgang mit großen Systemen unerlässlich sind.

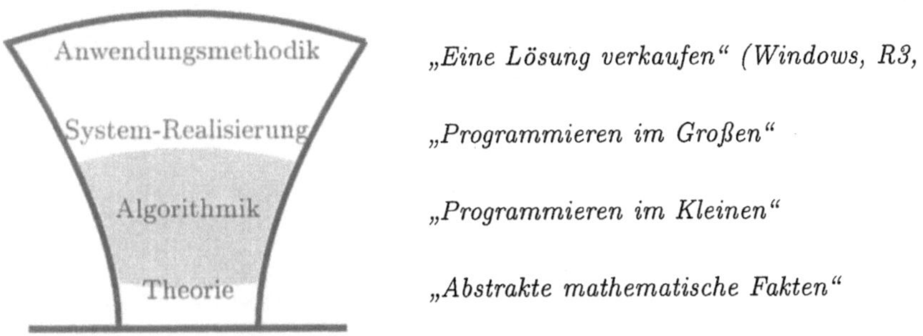

Abb. 0.3. Der „Informatikturm"

Was dieses Buch *nicht* leisten kann und will, ist, eine (mehr oder weniger) vollständige Sprachbeschreibung von OPAL, ML oder HASKELL zu liefern. Es geht uns vielmehr um die konzeptuellen Aspekte des „funktionalen Programmierens an sich". Dass wir dazu konkrete Sprachen benutzen müssen, ist unvermeidlich, aber nicht Hauptzweck. Um das zu betonen, geben wir jeweils neben den OPAL-Notationen auch die von ML und HASKELL/GOFER an.

Teil I

Elementare funktionale Programmierung

Um in den Worten Adornos zu sprechen: „... so wenig kann irgendein Element auch bloß in seinem Funktionieren verstanden werden ohne Einsicht in das Ganze, das an der Bewegung des Einzelnen selbst sein Wesen hat“ – oder, um Poppers[4] *«Übersetzung» dieses Satzes in eine weniger pompöse Sprache zu verwenden: „... keine der Beziehungen kann ohne die anderen verstanden werden“ [39].*

Diese Feststellung treffen die beiden Philosophen (jeweils in der ihnen eigenen Sprache) über das komplexe Gebilde "Gesellschaft", aber das Gleiche gilt auch für so etwas Banales wie die Grundkonzepte funktionaler Sprachen: Sie bilden ein Begriffsgeflecht, in dem jedes Konzept mit jedem anderen zusammenhängt – was es schwer macht, einen Anfang zu finden. Wir lösen den Konflikt so auf, dass wir zunächst einige Konzepte pragmatisch voraussetzen (nämlich durch Appelle an intuitives Verständnis und Vorwissen) und sie dann später nochmals, aber dann präzise diskutieren.

---

[4] ... der forderte: „Wer's nicht einfach und klar sagen kann, der soll schweigen und weiterarbeiten, bis er's klar sagen kann.“

1. Was die Mathematik uns bietet

The wheel is reinvented so often because it is a very good idea.
D.L. Parnas [35]

Informatiker tun gut daran (leider tun sie's aber nur allzu selten), das Rad nicht immer wieder neu zu erfinden, sondern sich dort schlau zu machen, wo schon jahrzehnte- oder gar jahrhundertelange Erfahrung besteht – z. B. in der Mathematik. Allerdings kann es dann auch durchaus passieren, dass aus der Informatik neue Sichtweisen oder Fragestellungen in die Mathematik eingebracht werden.

1.1 Modelle und Darstellungen

A model is an abstraction of something for the purpose of understanding it before building it ... Engineers, artists, and craftsmen have built models for thousands of years to try out designs before executing them. [40]

Unser wichtigstes intellektuelles Mittel für die Lösung von Problemen ist die *Abstraktion*, also das Weglassen der irrelevanten Details und die Konzentration auf das Wesentliche. Als Ergebnis eines solchen Abstraktionsprozesses formen wir ein *mentales Modell* des betreffenden „Weltausschnitts".

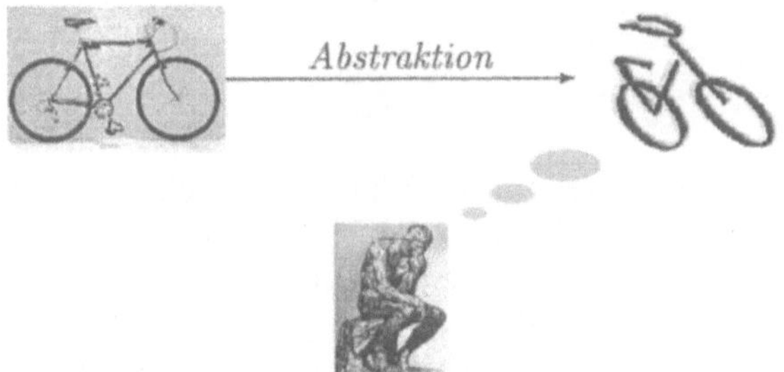

Um ein solches mentales Modell mit anderen zu kommunizieren, müssen wir ihm eine erfassbare *Darstellung* verleihen, also eine Form, in der wir es zeichnen, aufschreiben, aussprechen, anfassen etc. können.

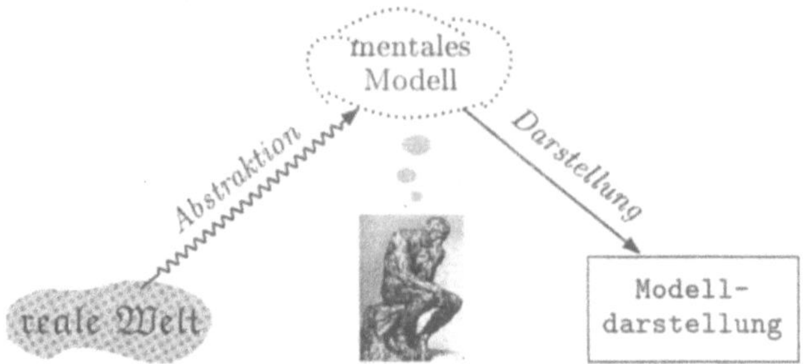

Damit die Kommunikationspartner einander nicht missverstehen, müssen klare Verabredungen über die Darstellungen und ihre jeweilige Bedeutung getroffen werden. Denn es muss verhindert werden, dass die Beteiligten verschiedene mentale Modelle haben.

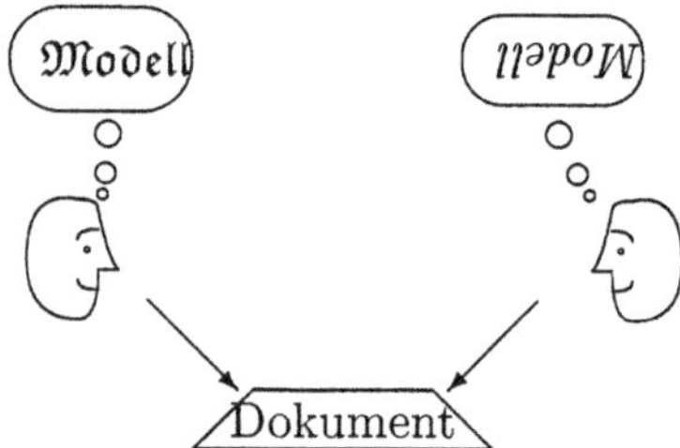

Solche Verabredungen gibt es in der Wissenschaft allerorten; so schafft z. B. die folgende Beziehung eine klare Basis für die Verständigung zwischen Chemikern:

Wenn wir *programmieren*, tun wir im Grunde nichts Anderes als im Computer Modelle der realen Welt zu erschaffen. Dabei müssen wir sicher stellen, dass die Modelle und die Welt zu jedem Zeitpunkt „zueinander passen", das heißt, dass das Verhalten der Modelle analog zu dem der realen Welt abläuft.

Modelle gibt es für die unterschiedlichsten Anwendungsgebiete mit den unterschiedlichsten Graden der Abstraktion. Besonders weit ist auf diesem Weg die *Mathematik* vorangeschritten; ihre Modelle haben ein besonders hohes Abstraktionsniveau erreicht und sind damit universell einsetzbar. Aus diesem Grund machen auch die meisten Wissenschafts- und Ingenieurdisziplinen ausgiebigen Gebrauch von mathematischen Konzepten – zumindest immer dann, wenn es auf Klarheit und Präzision ankommt.

Die *Informatik* hat mit der Mathematik gemeinsam, dass sie ebenfalls in den unterschiedlichsten Disziplinen eingesetzt wird. Deshalb braucht auch sie möglichst universell anwendbare Formen von Modellen. Was liegt also näher, als sich so weit wie möglich an den bereits bewährten Konzepten der Mathematik zu orientieren?

Allerdings kommt bei der Informatik ein neuer Aspekt hinzu: Man hat es mit „dummen" Maschinen zu tun. Computer können nicht denken, assoziieren also auch kein mentales Modell mit einer gegebenen Darstellung. Das bedeutet zweierlei:

- Computer sind nur Geräte, die auf ganz mechanische Weise Darstellungen bearbeiten. Es ist Aufgabe der Programmierer, dafür zu sorgen, dass diese bloße Manipulation der Darstellungen mit den mentalen Modellen der beteiligten Menschen verträglich ist.
- Da Computer unflexibel sind, muss der Formalismus für die Darstellungen ganz rigoros fixiert werden. Deshalb sind auch die formalen Anforderungen an Programmiersprachen um Größenordnungen schärfer als alles, was man aus der Mathematik gewohnt ist.[1]

Aufgrund dieser Beobachtungen werden wir uns im Folgenden zunächst (ganz kurz) eine für unsere Zwecke geeignete mathematische Modellbildung ansehen. Danach werden wir uns mit der Frage beschäftigen, wie wir die Darstellung dieses Modells so präzise formalisieren können, dass sie sogar für Computer brauchbar wird.

1.2 Ein mathematisches Modell: Mengen und Funktionen

Wenn man über „funktionale Programmierung" spricht, dann hat das offensichtlich etwas mit Funktionen zu tun. Deshalb wollen wir als Erstes etwas für unser Verständnis dieses fundamentalen Grundbegriffes tun. Was wir hier brauchen, ist (zunächst) nur die elementare Mengenlehre zusammen mit den Konzepten von Funktionen und Relationen.

Mengen. Die elementare Mengenlehre setzen wir als bekannt voraus. Wir verwenden folgende Begriffe und Notationen:

$x \in M$ *Elementtest*: Sagt aus, ob x in der Menge M enthalten ist.

$A \subseteq B$ *Teilmenge*: Sagt aus, ob alle Elemente der Menge A auch in der Menge B enthalten sind. Die echte Teilmengenbeziehung wird als $A \subset B$ geschrieben.

[1] Die Mathematik dient ja der Kommunikation zwischen Menschen. Und die sind im Allgemeinen recht tolerant und – buchstäblich – verständnisvoll.

$\emptyset$, $\{\}$ *Leere Menge*: Menge, die überhaupt kein Element enthält.
$\{x_1, \ldots, x_n\}$ *Aufzählung*: Menge, die genau aus den Elementen $x_1, \ldots, x_n$ besteht.
$\{x \mid p(x)\}$ *Mengenkomprehension*: Menge derjenigen Elemente, die die Eigenschaft p besitzen. Manchmal benutzen wir auch die Variante $\{x \in M \mid p(x)\}$, die alle Elemente aus M umfasst, die die Eigenschaft p besitzen.
$A \cup B$ *Vereinigung*: Menge aller Elemente, die in A oder B vorkommen.
$A \cap B$ *Durchschnitt*: Menge aller Elemente, die sowohl in A als auch in B vorkommen.
$A \setminus B$ *Differenz*: Menge aller Elemente von A, die nicht in B liegen.
$\mathbb{N}$ Menge der natürlichen Zahlen.
$\mathbb{Z}$ Menge der ganzen Zahlen.
$\mathbb{R}$ Menge der reellen Zahlen.

Es sollte nicht übersehen werden, dass wir sowohl *endliche* als auch *unendliche* Mengen zulassen.[2] So sind z. B. die oben aufgeführten speziellen Mengen $\mathbb{N}$, $\mathbb{Z}$ und $\mathbb{R}$ unendlich. Aber auch eine Mengenbeschreibung $\{x \mid p(x)\}$ kann zu unendlichen Mengen führen.

Tupel. Für unsere Zwecke spielt auch die Konstruktion von *Tupeln* eine große Rolle. Dafür gibt es in der Mengenlehre ebenfalls Standardkonstruktionen.

$A \times B$ *Produkt*: Menge aller Paare $\langle a, b\rangle$ mit $a \in A$ und $b \in B$. Für Produkte benutzen wir die *Projektionen* $\pi_1\langle a, b\rangle = a$ und $\pi_2\langle a, b\rangle = b$. Wir verallgemeinern das auch auf die ganze Produktmenge und schreiben $\pi_1(A \times B) = A$ und $\pi_2(A \times B) = B$.
$A_1 \times \cdots \times A_n$ *Produkt*: Verallgemeinerung der Paarbildung auf n-Tupel mit den entsprechenden Projektionen $\pi_1, \ldots, \pi_n$. Beachte: Für $n = 0$ ergibt sich die Menge, die nur aus dem leeren Tupel $\langle\rangle$ besteht.
A^n *Potenz*: Das n-fache Produkt $A \times \cdots \times A$.
A^* *Sequenzen*: Menge aller Folgen aus Elementen von A, d. h. $A^0 \cup A^1 \cup A^2 \cup A^3 \ldots$

Relationen und Funktionen. Eine (zweistellige) ***Relation*** R zwischen den Mengen A und B ist eine Menge von Paaren $\langle a, b\rangle$ mit $a \in A$ und $b \in B$; d.h., $R \subseteq A \times B$. Es gibt zwar eine Reihe von Ansätzen in der Informatik, Programmierkonzepte auf Relationen aufzubauen,[3] für uns sind Relationen aber nur als begriffliche Voraussetzung für den Funktionsbegriff interessant. Wir wollen also im Folgenden die begrifflichen Grundlagen schaffen für eine weitere Mengenkonstruktion:

$A \to B$ *Funktionenraum*: Menge aller Funktionen von A in B.

[2] In der Mathematik ist das kein Problem, weil man hier nur mit gedanklichen Objekten umgeht.

[3] Der bekannteste Bereich sind wohl die „relationalen Datenbanken“, aber es gibt auch im Bereich der Programmiermethodik einige Ideen in dieser Richtung.

DEFINITION (Funktion, Abbildung)

*Eine **Funktion** f ist ein Tripel $\langle D_f, W_f, R_f \rangle$, bestehend aus einer **Definitionsmenge** D_f, einer **Wertemenge** W_f und einer Relation $R_f \subseteq D_f \times W_f$, die **Funktionsgraph** genannt wird. Dieser Funktionsgraph muss* linkseindeutig *sein, d. h., es gibt* keine *zwei Paare $\langle a, b_1 \rangle \in R_f$ und $\langle a, b_2 \rangle \in R_f$ mit $b_1 \neq b_2$.*

*Wir sagen, dass die Funktion f den Argumentwert x in den Resultatwert y **abbildet**, wenn das Paar $\langle x, y \rangle$ im Funktionsgraphen vorhanden ist, also $\langle x, y \rangle \in R_f$. Deshalb wird für Funktionen oft auch synonym der Begriff **Abbildung** gebraucht.*

Die Mengen D_f und W_f können selbst wieder Produktmengen sein; unsere Definition schließt also Funktionen ein, die Tupel in Tupel abbilden.

Wir haben hier eine erste kleine Abweichung von der Standardterminologie der Mathematik. Dort wird üblicherweise nur der Funktionsgraph für sich betrachtet. In der Informatik empfiehlt es sich aber (wie wir im weiteren Verlauf noch sehen werden), den Definitions- und Wertebereich explizit in den Funktionsbegriff mit aufzunehmen.

Beispiele: Aus der elementaren Arithmetik kennen wir eine Fülle von Funktionen:

- Die Funktion *Addition* auf ganzen Zahlen ist ein Tripel $\langle \mathbb{Z} \times \mathbb{Z}, \mathbb{Z}, R \rangle$ mit einer Relation $R = \{\ldots, \langle\langle -1, -2 \rangle, -3 \rangle, \ldots, \langle\langle 2, 3 \rangle, 5 \rangle, \ldots\}$.
- Die Funktion *Quadrat* auf natürlichen Zahlen ist ein Tripel $\langle \mathbb{N}, \mathbb{N}, R \rangle$ mit einer Relation $R = \{\langle 0, 0 \rangle, \langle 1, 1 \rangle, \langle 2, 4 \rangle, \langle 3, 9 \rangle, \ldots\}$.

Nun gibt es bekanntlich Funktionen, die nicht für alle Werte definiert sind. Das Standardbeispiel ist die Division durch Null, die kein Ergebnis hat. Man spricht dann von *partiellen Funktionen.*[4]

DEFINITION (partielle/totale Funktion)

*Eine Funktion $f = \langle D, W, R \rangle$ heißt **partiell**, wenn in R nicht allen Elementen von D Ergebnisse zugeordnet werden. Formal: $\pi_1(R) \subset D$. Andernfalls, also wenn $\pi_1(R) = D$ gilt, heißt die Funktion **total**.*

*Wir nennen die Menge $\widehat{D} = \pi_1(R)$ den **echten Definitionsbereich** von f und entsprechend $\widehat{W} = \pi_2(R)$ den **echten Wertebereich**.*

In der Mathematik sind partielle Funktionen sehr unbeliebt, weil sie viele technische Probleme machen. Deshalb wendet man gerne den Trick an, partielle Funktionen künstlich zu totalisieren.

[4] Die Terminologie in der Literatur ist hier etwas ambivalent. Wenn man z. B. Sätze liest wie *„Weil f partiell ist, ...“*, dann ist damit üblicherweise eine Funktion gemeint, die tatsächlich undefinierte Stellen hat, also unserer Definition entspricht. In Formulierungen wie *„Sei F die Menge aller partiellen Funktionen ...“* werden dagegen die totalen Funktionen als Grenzfall unter die partiellen subsumiert.

Definition (Totalisierung mit $\perp$)

Sei $f = \langle D, W, R \rangle$ eine partielle Funktion. Ihre ***Totalisierung*** *liefert eine totale Funktion $f^{\perp} = \langle D^{\perp}, W^{\perp}, R^{\perp} \rangle$, die folgendermaßen definiert ist:*

- *Definitions- und Wertebereich werden beide um ein künstliches Element $\perp$ (genannt „Bottom") erweitert zu $D^{\perp} = D \cup \{\perp\}$ und $W^{\perp} = W \cup \{\perp\}$. $\perp$ wird auch als* ***undefiniertes Element*** *bezeichnet.*
- *Dann wird die Relation R erweitert zu $R^{\perp}$, indem für jedes Element $x \in D^{\perp}$, das in R kein Ergebnis hat, das Paar $\langle x, \perp \rangle$ hinzugefügt wird. (Beachte, dass dadurch insbesondere $\langle \perp, \perp \rangle$ entsteht.)*

Beispiele: Für elementare arithmetische Funktionen liefert die Totalisierung leicht modifizierte Funktionen:

- Die Totalisierung der ganzzahligen *Division* ist Tripel $\langle \mathbb{N}^{\perp} \times \mathbb{N}^{\perp}, \mathbb{N}^{\perp}, R \rangle$ mit $R = \{\ldots, \langle\langle 7, \perp\rangle, \perp\rangle, \langle\langle 7, 0\rangle, \perp\rangle, \langle\langle 7, 1\rangle, 7\rangle, \langle\langle 7, 2\rangle, 3\rangle, \ldots\}$.
- Die totalisierte Funktion *Quadratwurzel* auf natürlichen Zahlen ist ein Tripel $\langle \mathbb{N}^{\perp}, \mathbb{N}^{\perp}, R \rangle$ mit $R = \{\langle \perp, \perp\rangle, \langle 1, 1\rangle, \langle 2, \perp\rangle, \langle 3, \perp\rangle, \langle 4, 2\rangle, \ldots\}$.

Da die Vervollständigung mit $\perp$ nur in der Gedankenwelt der Mathematik die Probleme beseitigt, werden wir aus Sicht der Informatik auch die so totalisierten Funktionen weiterhin als *partielle* Funktionen bezeichnen.

Applikation und Komposition von Funktionen. Für Funktionen gibt es zwei zentrale Operationen:

$f(x)$	*Applikation*: Liefert dasjenige Element y (möglicherweise $\perp$), das im Funktionsgraphen x zugeordnet ist, d. h., $\langle x, y \rangle \in R_f$.
$g \circ f$	*Komposition*: Eine neue Funktion h, für die für alle Werte x gilt: $h(x) = (g \circ f)(x) = g(f(x))$.

Aufgrund unserer obigen, etwas komplexeren Definition des Funktionsbegriffs sollten wir die Komposition genauer fassen. Seien also $f = \langle D_f, W_f, R_f \rangle$ und $g = \langle D_g, W_g, R_g \rangle$ gegeben. Wenn $W_f \subseteq D_g$ gilt, dann liefert die Komposition $h = (g \circ f)$ eine neue Funktion $h = \langle D_f, W_g, R_h \rangle$ mit $R_h = \{\langle x, z \rangle \mid \text{es gibt } \langle x, y \rangle \in R_f \text{ und } \langle y, z \rangle \in R_g\}$.

Diese kurze Auflistung soll als Skizze des mathematischen Modells genügen. Zum Aufschreiben haben wir klassische Schreibweisen der Mathematik benutzt, die ziemlich präzise, aber letztlich nicht starr formalisiert sind. (Das zeigt sich insbesondere bei unserer freizügigen Verwendung der „drei Pünktchen" '. . .'.) Im Folgenden müssen wir uns mit der Frage nach einer präziseren Darstellung dieses Modells befassen, also einer Darstellung, die auch für die Programmierung von Computern brauchbar ist.

2. Funktionen als Programmiersprache

Die funktionale Programmierung möchte die Eleganz der Mathematik in die Welt des Programmierens übertragen.[1] Dabei müssen wir zwei Probleme lösen:

- Fast alle interessanten Funktionen sind *unendlich*, und selbst die endlichen sind fast immer *unvorstellbar groß*. Deshalb müssen wir Wege finden, sie auf endliche (und sogar kurze) Weise darzustellen.[2]
- Wir müssen eine geeignete *Syntax* finden, d.h. Notationen, die so präzise festgelegt sind, dass sogar ein Computer sie unzweideutig „verstehen" kann. Dabei muss man das Kunststück vollbringen, der Beschränktheit des Computers nicht allzu viel von der ursprünglichen Eleganz zu opfern.

Hinweis: In einer Hinsicht werden wir in diesem Buch „schummeln": Wir werden uns die Freiheit nehmen, einige Symbole so hinzuschreiben, wie das ein ordentlicher Mathematiker tun würde und wie das heute auch von Texteditoren wie LaTeX standardmäßig geleistet wird. Das heißt, wir werden zum Beispiel `x ≤ y` schreiben, und nicht `x <= y`. Letzteres, also die sog. ASCII-Notation, ist heute leider immer noch für Programme fast aller Sprachen und Systeme die Norm.[3]

2.1 Definition einfacher Funktionen

Wir beginnen mit elementaren Grundmechanismen zur Beschreibung von Funktionen. Dabei müssen naturgemäß zunächst einige Aspekte offen bleiben, die wir dann in den folgenden Kapiteln nach und nach ergänzen wollen.

Ganz naiv können wir uns vorstellen, dass Funktionen „schwarze Kästen" sind, in die wir Eingabewerte hineingeben und aus denen dann die passenden Ausgabewerte herauskommen. Eine Funktion `dup` zur Verdopplung von Zahlen sieht dann so aus:

[1] Angesichts der heutigen Programmierpraxis ist dies ein unbestreitbarer Gewinn.

[2] Eine Darstellung von Funktionen durch ihre Funktionsgraphen wird oft als *intensionale* Sicht bezeichnet, die Darstellungen, die wir im Folgenden entwickeln wollen, als *extensionale* Sicht.

[3] Tabelle 2.3 auf Seite 31 am Ende dieses Kapitels (Abschnitt 2.6) gibt unsere Symbole in ASCII-Schreibweise an.

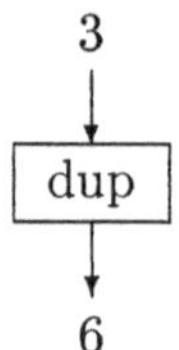

Im vorigen Kapitel haben wir gesehen, dass in der Mathematik solch eine Funktion eine Relation zwischen Ein- und Ausgabewerten ist. Wir können uns den obigen Kasten also mit einem entsprechenden Inhalt vorstellen:

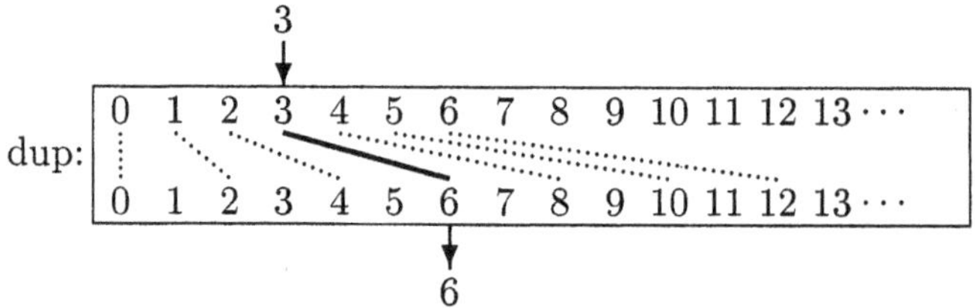

Dieses Bild illustriert alle Aspekte, die wir im vorigen Kapitel aufgelistet haben: Definitions- und Wertebereich sind jeweils die natürlichen Zahlen. Der Funktionsgraph – angedeutet durch die Striche – ordnet jeder Argumentzahl eine Resultatzahl zu (die Funktion ist also total). Der Wertebereich wird aber nicht ausgeschöpft.

Außerdem sieht man sehr schön das oben angesprochene Problem: Der Inhalt des Kastens ist unendlich groß und somit nicht aufschreibbar (was wir mit der Pünktchen-Schreibweise '...' geschickt umgangen haben). *Dieses Problem zu lösen, ist Gegenstand der nächsten Abschnitte.*

2.1.1 Der Computer als „Taschenrechner“: Grundterme

Nehmen wir einmal an, wir haben einen Interpreter (s. Abschnitt 0) vor uns. Von einem solchen Interpreter können wir uns einfache Ausdrücke ausrechnen lassen:[4]

```
dup(3)
>> 6
```

Wir gehen hier davon aus, dass der Interpreter die Funktion dup „kennt“, d. h. also, mit dem Inhalt des Kastens vertraut ist und ihn entsprechend anwenden kann. Das geht natürlich auch mit allen anderen Funktionen, die der Interpreter kennt, zum Beispiel mit

```
3 + 4
>> 7
```

[4] Wir gehen davon aus, dass die Antworten des Computers mit den Zeichen >> eingeleitet werden. Außerdem schreiben wir sie zur besseren Hervorhebung *kursiv.*

Wir können aber auch mehrere Funktionen miteinander verbinden:[5]

```
sqrt(9) + (2 * sin(90°))
>> 5
```

Auch hier ist eine ganz naheliegende intuitive Vorstellung, dass die Werte „von einem Kasten zum nächsten" fließen:

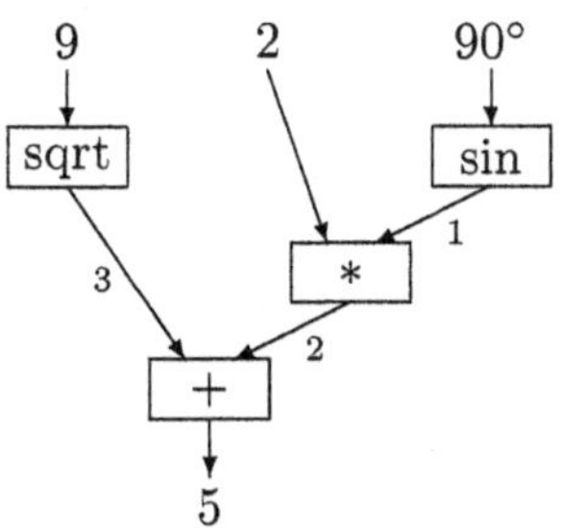

Um die Sache interessanter zu gestalten, wollen wir uns nicht nur mit solch künstlichen Formeln abgeben, sondern uns ein echtes Beispiel ansehen.

Beispiel 2.1 (Schiefer Wurf)

In Physikbüchern kann man folgende Berechnung für den „schiefen Wurf" nachlesen: Ein Körper wird in einem Winkel φ mit einer Anfangsgeschwindigkeit v_0 geworfen. Für die Höhe und die Weite dieses Wurfes ergeben sich dabei folgende mathematische Formeln (vgl. Abb. 2.1):

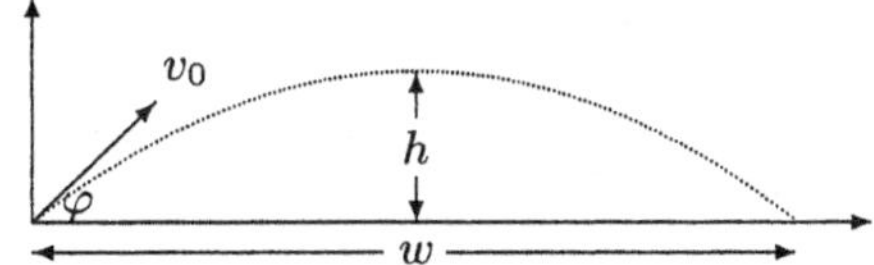

Abb. 2.1. Schiefer Wurf

$$\textit{Wurfhöhe: } h = \frac{v_0^2}{2g}\sin^2\varphi \qquad \textit{Wurfweite: } w = \frac{v_0^2}{g}\sin 2\varphi$$

Wenn wir jetzt zum Beispiel wissen wollen, wie weit der Wurf bei einer Anfangsgeschwindigkeit von $10\frac{m}{s}$ und einem Winkel von 30° gehen wird, können wir folgende Formel ausrechnen lassen:

```
(square(10)/9.81) * sin(2 * 30°)
>> 8.8279858
```

[5] Die trigonometrischen Funktionen wie `sin` oder `cos` erwarten ihr Argument im Bogenmaß. Bei 90° ist das z. B. die Zahl '1.5707963267949'. Aus Gründen der Lesbarkeit nehmen wir uns deshalb hier im Buch die Freiheit, 90°, 60° etc. zu schreiben. (Man kann das '°'-Symbol als Operator in Postfixschreibweise auffassen – s. Kap. 6.) Eine andere Möglichkeit ist, '$\pi/2$', '$\pi/3$' etc. zu schreiben.

Und wenn wir das Gleiche für die Winkel von 45° *und* 60° *wissen wollen, müssen wir die Formel noch zweimal ausrechnen lassen:*

```
(square(10)/9.81) * sin(2 * 45°)
» 10.19368
(square(10)/9.81) * sin(2 * 60°)
» 8.8279858
```

(Das nährt den Verdacht – den etwas Mathematik sofort bestätigt –, dass die größte Weite bei 45° *erreicht wird.)*

Diese Beispiele illustrieren den Aufbau von elementaren Ausdrücken. Eine präzisere Beschreibung liefert die folgende Definition:

Definition (Elementarer Ausdruck, Grundterm)
Das elementarste Konzept zum Aufbau von Programmen sind Ausdrücke*:*

- *Ein* ***elementarer Ausdruck*** *– auch* ***Grundterm*** *genannt – setzt sich zusammen aus Konstanten wie z.B. den Zahlen* 10, 9.81, 45, *und aus (geschachtelten) Anwendungen von Funktionen wie* square, sin, *, /.
- *Von großer Bedeutung für die Lesbarkeit ist dabei die sog.* Infixnotation *bei Funktionen wie * und / (s. Kap. 6). Der Ausdruck* $3 * (4 + 5)$ *liest sich eben leichter als der Ausdruck* mult(3, add(4, 5)). *Konzeptuell sind Infixnotationen aber auch nur ganz gewöhnliche Funktionsanwendungen.*

Die *Auswertung* eines solchen Ausdrucks kann man sich leicht als „Datenfluss" durch ein Netz von Funktionskästen vorstellen. Zum Beispiel kann die obige Formel zur Berechnung der Wurfweite folgendermaßen visualisiert werden (wobei wir zur Abwechslung den Fluss nicht von oben nach unten, sondern von links nach rechts laufen lassen):

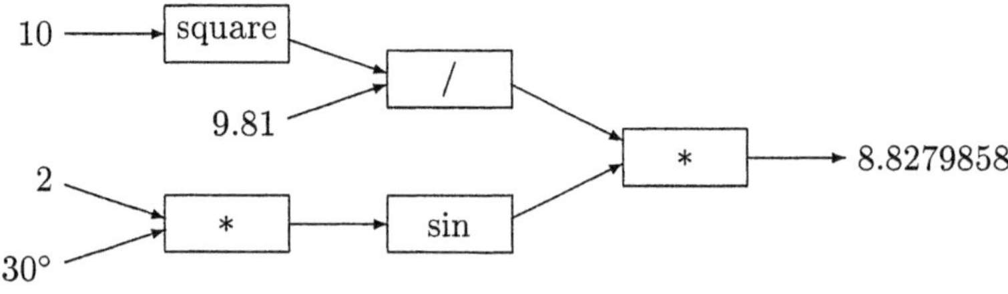

Für die *Anwendung* der einzelnen Funktionen – also den Fluss *durch* die jeweiligen Kästchen – nehmen wir für den Augenblick an, dass der Interpreter sie „kennt", also für alle Zahlen, die hineinfließen, „weiß", welche Zahlen herauskommen müssen.

2.1.2 Darstellung von Funktionen durch Terme

Bis jetzt können wir nur Funktionen anwenden, die der Interpreter „kennt" – also sog. *elementare* oder *primitive Funktionen.* Was wir brauchen, ist eine Methode, um selbst neue Funktionen einführen zu können.

Terme. Im obigen Beispiel war eine schöne physikalische Formel gegeben:

$$\text{Wurfweite:} \quad w = \frac{v_0^2}{g} \sin 2\varphi$$

Um diese Formel für verschiedene Zahlenwerte auszurechnen, mussten wir sie immer wieder neu eintippen. Das ist unbefriedigend. Was wir eigentlich sagen wollen, ist: *„Rechne die Formel ... aus, wobei für die Geschwindigkeit* v_0 *der Wert* $10\frac{m}{s}$ *und für den Winkel der Wert* $30°$ *genommen werden soll."* In unseren Kästchen können wir das so illustrieren, dass wir die Eingabepunkte benennen und im Inneren die entsprechende Formel eintragen (womit erstmals auch das Problem der endlichen Darstellung gelöst ist).

$$\begin{array}{l} 10 \rightarrow v_0 \\ 30° \rightarrow \varphi \end{array} \boxed{\frac{v_0^2}{g} \sin 2\varphi} \rightarrow 8.8279858$$

Das sieht richtig schön aus – aber so schön ist das Leben nicht, wenn man's mit Computern zu tun hat. Dann muss man das anschauliche Bild in einen banalen linearen Text verwandeln, der sich auf einer Tastatur eintippen lässt. Traditionell führt das auf Notationen der Art

```
(λ v0,phi . (square(v0)/9.81) * sin(2 * phi)) (10,30°)
>> 8.8279858
```

Dieser Text enthält die gleichen Aussagen wie das obige Bild – nur eben nicht so leserlich.

DEFINITION (Ausdruck, Term, Variable, λ-Ausdruck)

Zur Erklärung von Funktionsausdrücken brauchen wir folgende Konzepte:

- *In einem Teilausdruck wie '*`(square(v0)/9.81) * sin(2 * phi)`*' sind jetzt nicht nur Funktionen und Konstanten sondern auch* ***Variablen*** *enthalten (*`v0` *und* `phi`*). In diesem Fall sprechen wir von einem allgemeinen* ***Term*** *(im Gegensatz zu den obigen Grundtermen, in denen keine Variablen vorkommen dürfen).*
- *In einem Vorspann wie '*`λ v0,phi .`*' werden diese Variablen* `v0` *und* `phi` *mittels der sogenannten λ-Notation „angekündigt". Man sagt, dass die Variablen in dem Ausdruck* ***gebunden*** *werden.*
  Beachte, dass die Reihenfolge der Variablen in der λ-Bindung wesentlich ist, um die richtige Assoziation zu den Argumenten herzustellen.
- *Den gesamten Ausdruck* `(λ v0,phi . (square(v0)/9.81) * sin(2 * phi))` *bezeichnet man als* ***λ-Ausdruck*** *oder auch als* ***λ-Term****.*

Ein solcher λ-Ausdruck[6] lässt sich auf Argumente anwenden. Diese ***Applikation*** wird dann ausgewertet, indem die Argumente an den Stellen der entsprechenden Variablen eingesetzt werden und dann der so entstehende Grundterm ausgerechnet wird.

Zur Illustration wollen wir die Auswertung des obigen Beispiels betrachten. Sie erfolgt in zwei Schritten: Einsetzen der Argumente; Auswertung des entstehenden Grundterms.

```
(λ v0,phi . (square(v0)/9.81) * sin(2 * phi)) (10,30°)
                                    -- Einsetzen der Argumente
⇝ (square(10)/9.81) * sin(2 * 30°)
                                    -- Ausrechnen des Grundterms
⇝ 8.8279858
```

Wir können die neue Situation natürlich auch durch unsere Vorstellung von Datenflüssen visualisieren. Dann wird durch die Definition ein neuer Funktionskasten eingeführt, in dessen Innerem ein entsprechendes Flussnetz enthalten ist.

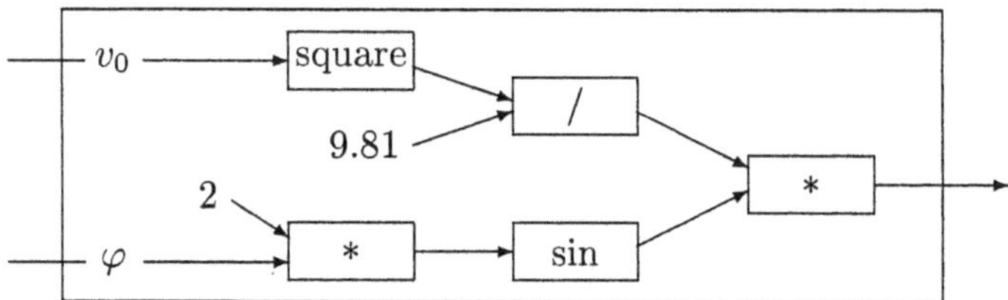

Beachte, dass die beiden Konstanten 9.81 und 2 innerhalb des Kastens verborgen sind. Die Parameter werden zu den Benennungen der entsprechenden Eingangslinien.

2.1.3 Die Funktionsdefinition

So weit so gut. Aber unser Ausgangsproblem löst das noch immer nicht. Denn nach wie vor müssen wir den langen λ-Ausdruck für jede Berechnung neu eintippen (was allerdings in modernen Texteditoren mit „copy“ sehr leicht wird, weil wir immer den gleichen Text benutzen). Das legt den nächsten Schritt nahe: Wir geben dem langen λ-Ausdruck einen kurzen Namen. Diesen Namen können wir dann in allen Anwendungen verwenden.

[6] Weshalb ausgerechnet der Buchstabe λ zu dieser Ehre gelangt ist, wird in einer Anekdote begründet: Der Mathematiker A. Church, der die λ-Ausdrücke erfunden hat, arbeitete ursprünglich mit einer Notation der Art $(\widehat{n}\,.\,n+1)$. Das war zwar handschriftlich leicht machbar, für das Drucken musste er sich aber eine Ersatznotation ausdenken. Seine Idee war $(\wedge n\,.\,n+1)$. Der Setzer hatte aber auch das '∧' nicht und nahm das 'λ' als bestmögliche optische Approximation an die Wünsche seines Kunden.

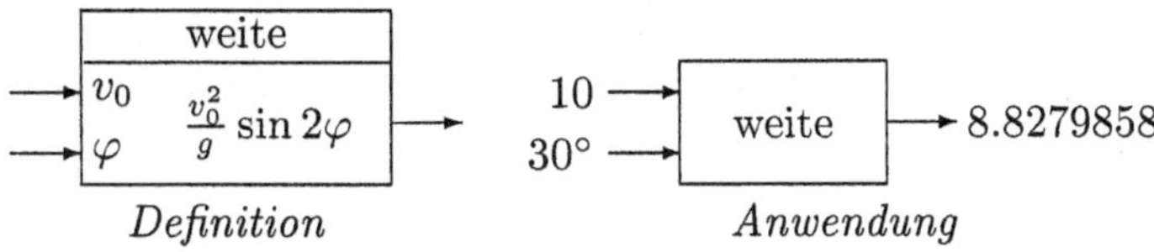

Definition *Anwendung*

In der linearen Notation unserer Programmiersprache schreiben wir das als eine Definition, die dann beliebig oft anwendbar ist.

```
DEF weite == λ v0,phi . (square(v0)/9.81) ∗ sin(2 ∗ phi)
```

```
weite(10, 30°)
>> 8.8279858
weite(10, 45°)
>> 10.19368
weite(10, 60°)
>> 8.8279858
```

DEFINITION (Funktionsdefinition)

*Eine **Funktionsdefinition** erfolgt in der Form* DEF `f` == ≪ `Ausdruck` ≫.

- *Dabei wird der **Funktionsname*** `f` *als Abkürzung für den Ausdruck auf der rechten Seite des Gleichheitszeichens eingeführt.*
- *Der Ausdruck auf der rechten Seite wird als **Rumpf** der Funktion bezeichnet. Er ist im Allgemeinen ein λ-Ausdruck.*
- *Die in dem λ-Ausdruck des Rumpfes gebundenen Variablen – also bei uns* `v0` *und* `phi` *– werden auch **Parameter** der Funktion genannt.*

Die ***Applikation*** des Funktionsnamens auf Argumente wird ausgewertet, indem zuerst der Rumpf an die Stelle des Namens gesetzt wird und dann die Auswertung wie oben beschrieben erfolgt.

Zum Beispiel wird eine Applikation unserer obigen Funktion `weite` in folgenden drei Schritten ausgewertet:

```
weite(15, 85°)                                     -- Name ersetzen
⇝ (λ v0,phi. (square(v0)/9.81) ∗ sin(2 ∗ phi)) (15, 85°)
                                                   -- Argumente einsetzen
⇝ ((square(15)/9.81) ∗ sin(2 ∗ 85°))               -- ausrechnen
⇝ 3.9827564
```

Übrigens: Unsere Kästchendarstellung illustriert auch noch eine weitere Eigenschaft von Funktionsdefinitionen (genauer: der λ-Bindung). Die Parameterbezeichnungen sind ***verschattet***, d. h., sie liegen im Inneren des Kastens und sind deshalb von außen nicht sichtbar. Bei der Anwendung der Funktion ergibt sich nur aus der Reihenfolge der Aufschreibung, welcher Argumentwert zu welchem Parameter gehört. Deshalb können wir die Parameterbezeichnungen auch ohne weiteres durch andere Namen ersetzen, ohne dadurch irgendetwas an der Bedeutung der Funktion zu ändern:

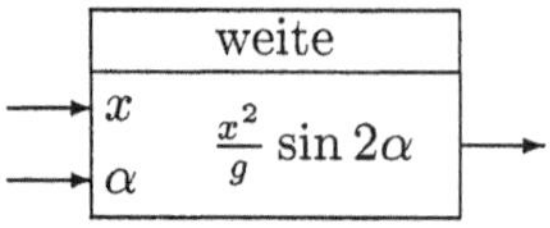

weite	
x α	$\frac{x^2}{g} \sin 2\alpha$

In der Programmnotation geht das natürlich auch:

```
DEF weite == λ x, alpha . (square(x)/9.81) * sin(2 * alpha)
```

Allerdings ist es offensichtlich nicht zulässig, für die Parameter Namen wie `square` oder `sin` zu verwenden, denn das würde im Konflikt mit den benötigten Funktionsnamen stehen.[7]

Natürlich können wir auch mehrere Funktionen einführen und anwenden. Und als Grenzfall von Funktionen können wir auch Namen für Werte einführen:

```
DEF weite == λ v0, phi. (square(v0)/g) * sin(2 * phi)
DEF hoehe == λ v0, phi. (square(v0)/(2 * g)) * square(sin(phi))
DEF g == 9.81

weite(20, 90°)
>> 0
hoehe(20, 90°)
>> 20.38736
g
>> 9.81
```

Dieses Beispiel illustriert eine Reihe weiterer Aspekte von Definitionen:

- Wenn man Namen wie g für simple Werte einführt, dann ist der Rumpf natürlich kein λ-Term, sondern nur ein Grundterm.
- Neu eingeführte Funktionen – wie z. B. g – können in den Definitionen anderer Funktionen benutzt werden.
- Die Reihenfolge, in der die einzelnen Definitionen erfolgen, spielt dabei keine Rolle.[8]

Tabelle 2.1. Bestandteile von Funktionsdefinitionen

Name	Parameter	Rumpf
hoehe	v0, phi	(square(v0)/g) * sin(2 * phi)
weite	v0, phi	(square(v0)/(2 * g)) * square(sin(phi))
g		9.81

[7] Mehr über Namen und ihren Geltungsbereich in Kap. 10.

[8] ... zumindest für die Sprache OPAL; zum Beispiel bei ML ist das anders.

Übung 2.1. Geben Sie Funktionsdefinitionen für folgende Formeln an.
(a) Mathematische Formeln: Lösungen einer quadratischen Gleichung; Volumen eines regulären Tetraeders, eines Kreiszylinders und eines Kreiskegels.
(b) Physikalische Formeln: Auftrieb eines Körpers in einer Flüssigkeit, Druck eines Gases in einem Gefäß.
(c) Umrechnungsformeln: Fahrenheit ↔ Celsius; Kilometer ↔ Meilen; deutscher Benzinverbrauch (Liter pro hundert Kilometer) ↔ amerikanischer Benzinverbrauch (Miles per Gallon).
(d) Sonstige Formeln: Zinsberechnung.
Was sind dabei jeweils sinnvollerweise Parameter und was sind Konstanten?

Übrigens: Die Einführung von Namen für spezielle Konstanten wie 9.81 *ist dringend zu empfehlen. Ansonsten muss man im Falle einer Änderung unter Umständen Tausende von Programmzeilen durchsuchen, um alle Vorkommnisse der Konstanten konsistent ersetzen zu können.*[9]

> `Prinzip der Programmierung`
> *Benutze nie Konstanten (mit Ausnahme trivialer Werte wie* 0, 1 *oder* 2*) direkt in Ausdrücken, sondern führe Namen für sie ein.*

2.2 Definitions- und Wertebereiche: Typisierung

Die Funktionen `weite` und `hoehe` können – zumindest im Prinzip – auf beliebige Zahlen angewandt werden. Aber es macht offensichtlich keinen Sinn, sie auf Texte, Uhrzeiten oder Musiknoten anzuwenden. Wir drücken diese Eigenschaft in folgender Form aus:

```
FUN dup: nat → nat
FUN square: real → real
FUN weite: real × real → real
FUN hoehe: real × real → real
FUN g: real
```

Damit haben wir ein weiteres zentrales Sprachmittel, das in folgender Definition erfasst wird:

[9] Im Falle der Gravitationskonstanten 9.81 mag der Bedarf für eine spätere Modifikation unwahrscheinlich erscheinen; aber auch hier sind Fälle denkbar: Vielleicht soll die Genauigkeit auf mehr Stellen hinter dem Komma erweitert werden, oder das Programm soll auf den Mond oder auf andere Planeten angewandt werden. Auf jeden Fall ist diese Maßnahme für „politische Konstanten", wie z. B. Mehrwertsteuer oder Rentenversicherungssätze, ratsam.

DEFINITION (Typ, Funktionalität)

*Der **Typ** einer Funktion (auch ihre **Funktionalität** genannt) wird folgendermaßen festgelegt:*

- *Mit dem Schlüsselwort* FUN *geben wir den Definitons- und Wertebereich einer Funktion an (die – wie in der Mathematik üblich – durch einen Pfeil getrennt werden).*
- *Der Definitions- und der Wertebereich können nicht nur aus elementaren Mengen bestehen, sondern auch aus Produkten von Mengen.*
- *Als Basis für die Typbeschreibung haben wir Namen für elementare Mengen (wie* `nat`, `int`, `real`, `char`, `string`, *usw.). Diese Namen werden als **Sorten** bezeichnet.*
- *Als Grenzfall von Funktionen haben wir auch Konstanten wie die Erdanziehung* `g`. *Hier ist der Definitionsbereich leer. Aus Gründen der Lesbarkeit lassen wir den Pfeil weg und geben nur den Wertebereich an.*

Auch wenn Tupel grundsätzlich als Wertebereich zugelassen sind, gilt in der Praxis, daß man hier in „99% aller Fälle“ nur eine einzige Sorte antreffen wird – im Gegensatz zum Definitionsbereich, wo Tupel eher die Regel als die Ausnahme sind.

Konstanten werden manchmal auch *nullstellige Funktionen* genannt. Wir wollen diesen Begriff aber für eine andere Form von Funktionen reservieren.

Tabelle 2.2. Definitions- und Wertebereiche

Name	Definitionsbereich	Wertebereich
`hoehe`	`real` × `real`	`real`
`weite`	`real` × `real`	`real`
`g`		`real`

Das Konzept der Typisierung stellt eigentlich einen Kompromiss zwischen idealen Wunschvorstellungen und praktischer Realisierbarkeit dar:

Zweck der Typisierung ist es, Programmierfehler möglichst frühzeitig im Entwicklungsprozess aufdecken und sie möglichst exakt klassifizieren zu können. Denn man weiß heute, dass die Behebung eines Fehlers umso billiger ist (gemessen in verschwendeter Arbeitszeit), je früher er gefunden wird. Und Typfehler werden schon bei der Compilierung gefunden.

Ideal wäre es also, wenn mit der Typisierung der *echte* Definitions- und Wertebereich (vgl. Abschnitt 1.2) charakterisiert würden. Das ist aber ein unerreichbares Ziel: Denn es lässt sich zeigen, dass eine solche exakte Charakterisierung aus mathematischen Gründen nicht immer möglich ist (zumindest nicht mit den Mitteln von Programmiersprachen). Und auch in den Fällen, wo es mathematisch möglich ist, wäre der Rechenaufwand meist so groß, dass eine Korrektheitsprüfung nicht praktikabel ist.

Praxis ist es deshalb, mit Hilfe der Typisierung eine möglichst akkurate Eingrenzung der echten Definitions- und Wertebereiche zu erreichen, allerdings nur so weit, wie es vom Aufwand her durch den Compiler vernünftig zu leisten ist.

Übung 2.2. Geben Sie zu den diversen Funktionen aus Übung 2.1 jeweils den entsprechenden Typ an.

2.3 Einige Beispiele für Funktionen

Zum Abschluß dieser illustrierenden Einführung wollen wir noch einige einfache Funktionen auflisten. Dabei gehen wir davon aus, dass eine Reihe von Funktionen vordefiniert[10] existieren: Neben den schon bisher benutzten Standardfunktionen wie '+', '−', '*' und '/' sind das die Quadratwurzel `sqrt` und die Restbildung '%' bei der ganzzahligen Division. (Beachte, dass bei `nat` der Operator '/' für die ganzzahlige Division steht, also z. B. 9/4 = 2.)

```
FUN square: real → real                          -- Quadrat von x
DEF square == λx . x * x

FUN squaresum: real × real → real                -- Summe der Quadrate
DEF squaresum == λx, y . square(x) + square(y)

FUN sqrts: real → real × real                    -- beide Quadratwurzeln
DEF sqrts == λx. (−sqrt(x), sqrt(x))

FUN mwst: real                                   -- Mehrwertsteuersatz
FUN brutto: real → real                          -- Betrag mit Steuer
FUN netto: real → real                           -- Betrag ohne Steuer
DEF mwst == 0.16
DEF brutto == λ betrag . betrag + (betrag * mwst)
DEF netto == λ betrag . betrag/(1 + mwst)

FUN errorMessage: denotation                     -- konstanter String
DEF errorMessage == "An error occurred!"
```

2.4 Funktionen in ML und HASKELL

Die meisten funktionalen Sprachen sehen sich relativ ähnlich. Deshalb wollen wir zum Vergleich kurz skizzieren, wie die hier eingeführten Sprachmittel in anderen Sprachen aussehen.

[10] In Abschnitt 3.2 werden wir genauer diskutieren, was vordefinierte Funktionen sind und wie man sie verfügbar macht.

An dieser Stelle sollten wir auch anmerken, dass in funktionalen Sprachen die bevorzugte Form der Funktionsdefinition nicht λ-Ausdrücke benutzt, sondern eher die Gestalt mathematischer Gleichungen hat. Solche notationellen Varianten wollen wir jedoch erst später (in Kap. 6) betrachten.

2.4.1 Funktionen in ML

In ML *geht man grundsätzlich davon aus, dass Funktionen in gleichungsorientierter Form definiert werden* (s. Abschnitt 6.1.1). Deshalb ist die λ-Schreibweise hier etwas stiefmütterlich behandelt und sieht folglich nicht sehr lesefreundlich aus. Trotzdem wollen wir sie der Vollständigkeit halber auch zeigen:

```
val weite = fn (v0,phi) => (square(v0)/g) * sin(2.0*phi);
```

Auf eine solche Eingabe antwortet der Interpreter, indem er den Typ der Funktion mitteilt:

» *val weite = fn : real ∗ real → real*

Das heißt, an Stelle unseres Schlüsselwortes DEF wird in ML das Symbol `val` benutzt, und an Stelle unseres FUN das Symbol `fn`. Auch das Symbol λ wird durch `fn` ersetzt. Der Punkt wird durch `=>` ersetzt.

Aber – wie gesagt – die eigentliche Schreibweise von ML*-Funktionen werden wir erst in Abschnitt 6.3.1 kennenlernen.*

Einer der *wesentlichen Unterschiede* zwischen OPAL und ML betrifft den Umgang mit der Typinformation.

- In OPAL muss der Programmierer bei der Deklaration einer Funktion den Typ explizit angeben und das System prüft, ob der Rumpf typkorrekt ist.
- In ML muss der Programmierer dagegen über den Typ gar nichts sagen; das System rechnet ihn aus.

Welche Variante man besser findet, ist weitgehend Geschmackssache. ML legt stärkeres Gewicht auf Bequemlichkeit für den Programmierer. OPAL zielt dagegen auf erhöhte Programmiersicherheit ab, indem redundante Angaben verlangt werden, die dann zur Konsistenzprüfung dienen. (Redundanz ist bekanntlich das wichtigste Mittel, um Fehler entdecken zu können.)

2.4.2 Funktionen in GOFER und HASKELL

In HASKELL *ist es ähnlich wie in* ML*: Funktionen sollten eigentlich nur gleichungsartig geschrieben werden.* Trotzdem wollen wir auch hier kurz die λ-artige Schreibweise zeigen.

In HASKELL werden Funktionsdeklarationen und Typangaben nicht von einem speziellen Schlüsselwort eingeleitet. Unser Standardbeispiel sieht also so aus:

```
weite :: (Float,Float) -> Float
weite = \(v0,phi) -> (square(v0)/g) * sin(2.0*phi)
```

Das heißt, das Symbol 'λ' wird in HASKELL-ASCII als '\' geschrieben und der Punkt wird durch '->' ersetzt. Und wo man bei OPAL-Typen einen Doppelpunkt schreibt, muss man in HASKELL deren zwei spendieren. Dafür spart man von dem doppelten Gleichheitszeichen der OPAL-Definitionen in HASKELL eines.

Der Produkttyp wird als geklammertes Tupel geschrieben, dessen Komponenten nicht durch $\times$, sondern durch Komma getrennt sind. Anstelle des Namens `real` wird für reelle Zahlen `Float` genommen (s. Abschnitt 3.3.2).

Aber auch bei HASKELL *gilt: Die eigentliche Form der Funktionsdefinition werden wir erst in Abschnitt 6.3.2 kennenlernen.*

2.5 Kommentare

> *If the code and the comments disagree, then both are probably wrong.* N. Schryer [7]

Programme werden nicht nur geschrieben, sondern auch gelesen. Bei professioneller Software-Entwicklung finden z. B. sog. Inspektionen oder *Walk-Throughs* statt, bei denen Programme systematisch von anderen Mitarbeitern gegengelesen werden, um Fehler zu finden. Aber auch bei späteren Modifikationen müssen die Programme erst einmal gelesen und verstanden werden, bevor man mit dem Ändern anfangen kann. Dabei zeigt sich ein interessantes Phänomen: Selbst dem Autor eines Programmes kann es sehr schwer fallen, sein eigenes Produkt zu verstehen, wenn er es später wieder einmal lesen muss.

Der bloße Programmtext ist im Allgemeinen nur sehr schwer zu verstehen – schließlich ist er ja auf die Bedürfnisse einer Maschine ausgerichtet und nicht auf die von menschlichen Lesern. Vor allem aber spiegelt er in keiner Weise die Intentionen wider, die der Programmierer erreichen wollte. Deshalb ist der Programmcode grundsätzlich mit *Kommentaren* zu annotieren, in denen erläuternde Erklärungen enthalten sind.[11,12]

---

[11] Solche Kommentare sind allerdings nur die unterste Stufe einer Dokumentation. Gutes Software-Engineering erfordert in diesem Zusammenhang noch eine ganze Reihe von weiteren Aktivitäten (die allerdings über den Rahmen dieses Buches hinausgehen).

[12] Aufgrund des beschränkten Platzes müssen wir in einem Buch bei Kommentaren weit sparsamer sein, als man das in der Praxis tun dürfte. Dafür stehen aber im umgebenden Text jeweils umfangreiche Erklärungen der Programme.

> `Prinzip der Programmierung`
> *Programme **müssen** mit präzisen und aussagekräftigen Kommentaren versehen sein.*

OPAL unterscheidet – wie viele andere Sprachen auch – zwei Arten von Kommentaren:

- *Zeilenkommentare* werden durch das Symbol '`--`' eingeleitet, das den Rest der Zeile zum Kommentar macht.
- *Abschnittskommentare* werden durch die „Klammern" `/* ... */` eingeschlossen, die den ganzen dazwischenliegenden Text zum Kommentar machen.
  Abschnittskommentare können auch geschachtelt sein. Das heißt, ein Kommentar der Bauart `/* ... /* ... */ ... */` ist zulässig. (So eine Situation ist während der Testphase oft nützlich: Man „kommentiert einen Programmteil aus", um den Rest ungestört zu testen. Dadurch bleiben innere Kommentare unberührt. Wenn man dann die äußeren Kommentarklammern wieder löscht, bleiben die inneren Kommentare unverändert erhalten.)

Eine Warnung: Ein Fehler, den man am Anfang leicht macht, besteht darin, eine „Kommentarbox" folgender Bauart zu schreiben:

```
------------------------------------------------------------
-- Das soll ein schoener Kommentarkasten sein
--
-- [leider ist er aber falsch]
------------------------------------------------------------
```

Das Problem ist, dass OPAL Folgen von Graphemen als einen Operator behandelt. Die beiden langen Zeilen sind also nicht '`--`' gefolgt von einem Strich bestehend aus 58 '`-`', sondern jeweils ein (undefinierter) Operator der Länge 60. Richtig muss es so aussehen:

```
-- ----------------------------------------------------------
-- Das soll ein schoener Kommentarkasten sein
--
-- [und der klappt auch]
-- ----------------------------------------------------------
```

ML sieht nur die Absatzkommentare vor, die zwischen den Klammersymbolen `(* ... *)` eingeschlossen werden. Diese Kommentare dürfen geschachtelt sein.

In HASKELL sehen die Kommentare aus wie in OPAL: Es gibt Zeilenkommentare, die ebenfalls mit '`--`' eingeleitet werden, und Abschnittskommentare, die mit den Klammern `{- ... -}` eingeschlossen werden. (Im Gegensatz zu OPAL ist alles, was rechts von '--' steht, Kommentar; man kann also durchgehende Strichzeilen schreiben.)

2.6 ASCII-Notationen für OPAL

Wie schon erwähnt, wollen wir uns in diesem Text nicht sklavisch an die Beschränktheiten des ASCII-Zeichensatzes halten, sondern unsere Programme etwas lesbarer schreiben. Unser Standardbeispiel sieht an einem Terminal so aus:

```
FUN weite: real ** real -> real
DEF weite == \\ v0, phi . (square(v0)/g) * sin(2*phi)
```

Die ASCII-Darstellungen der in diesem Buch benutzten mathematischen Zeichen sind in Tabelle 2.3 aufgelistet.

Die Schreibweise von Zahlen in OPAL wird in Abschnitt 3.2.1 gezeigt.

Tabelle 2.3. ASCII-Darstellungen

<table>
<tr><th>Buch-Notation</th><th>ASCII-Darstellung</th><th>Erläuterung</th></tr>
<tr><td>$\times$</td><td>**</td><td>Tupeltyp</td></tr>
<tr><td>$\rightarrow$</td><td>-></td><td>Funktionstyp</td></tr>
<tr><td>λ</td><td>\\</td><td>Lambda-Abstraktion</td></tr>
<tr><td>$\circ$</td><td>o</td><td>Funktionskomposition</td></tr>
<tr><td>$\geq$</td><td>>=</td><td>größer-gleich</td></tr>
<tr><td>$\leq$</td><td><=</td><td>kleiner-gleich</td></tr>
<tr><td>$\neq$</td><td>|=</td><td>ungleich</td></tr>
<tr><td>$\Diamond$</td><td><></td><td>leere Sequenz</td></tr>
<tr><td>$+\!\!+$</td><td>++</td><td>Konkatenation</td></tr>
<tr><td>$\triangleleft$</td><td>|</td><td>Filter</td></tr>
<tr><td>$\wedge$</td><td>and</td><td>Konjunktion</td></tr>
<tr><td>$\vee$</td><td>or</td><td>Disjunktion</td></tr>
<tr><td>$\neg$</td><td>~</td><td>Negation</td></tr>
<tr><td>π</td><td>pi</td><td>Zahl π</td></tr>
</table>

Anmerkung: Die weiter vorne benutzten Schreibweisen wie sin(30°) waren nur lesbarer Ersatz für die eigentliche Notation sin(0.5235987756) mit dem Argument im Bogenmaß.

3. Modularisierung

Ernsthafte Softwareprodukte umfassen Hunderte oder gar Tausende von Funktionen und Typen. Deshalb braucht man Mittel, um diese überbordende Fülle sinnvoll organisieren und überschaubar strukturieren zu können. Im Software-Engineering hat sich dafür der Begriff *Modularisierung* eingebürgert.

Wenn die Modularisierung eines Softwareprodukts etwas taugen soll, müssen die einzelnen *Module* gewissen Anforderungen genügen:

Abstraktion durch „Geheimnisprinzip". Die Elemente eines Moduls – also seine Daten- und Operationsdefinitionen – zerfallen üblicherweise in zwei Gruppen. Die einen machen die Essenz des Moduls aus und sind deshalb für die Umgebung *sichtbar* und benutzbar. Die anderen sind nur Hilfsdefinitionen, mit denen die essentiellen Elemente leichter und besser beschreibbar sind; sie sind deshalb nur intern bekannt und werden vor der Umgebung *verborgen*.

Damit zerfällt ein Modul also in zwei Teile: Die ***Schnittstelle*** beschreibt, wie das Modul mit dem Kontext interagieren kann, und die ***Implementierung*** beschreibt, wie die einzelnen Elemente des Moduls realisiert werden.[1]

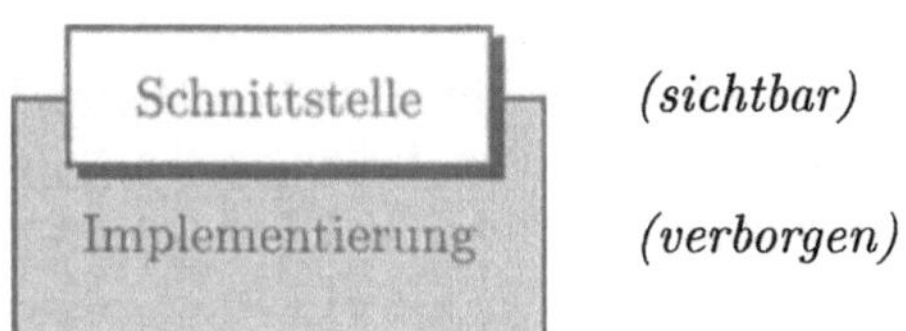

Hierarchischer Aufbau. Die Definition von Modulen bezieht sich fast immer auch auf Elemente anderer Module. So benötigt z. B. die Vergleichsoperation '$\leq$' auf reellen Zahlen als Ergebnis boolesche Werte, und ein Modul „Mengen von Zahlen" baut offensichtlich auf einem Modul „Zahlen" auf.

Mit anderen Worten: Ein Modul kann fast nie aus sich selbst heraus verstanden werden; es benötigt im Allgemeinen als *Kontext* eine Reihe anderer Module.

[1] Das Prinzip hat sich schließlich in der Technik schon lange bewährt: So sieht der Benutzer eines Radios auch nur ein paar Knöpfe und Schalter, die technische Realisierung ist im Gehäuse verborgen.

Das führt dazu, dass die Module eines Softwareprodukts im Allgemeinen in einer *Hierarchie* von Abhängigkeiten organisiert sind. Ein typisches Beispiel könnte etwa so aussehen wie in Abb. 3.1: Ein Modulsystem für Operationen auf geometrischen Objekten besteht aus Modulen für Dreiecke, Rechtecke, Kreise, Linien, Punkte usw. Alle diese Einzelmodule sind zusammengefasst in einem Hauptmodul `Geometry`, und alle basieren letztlich auf einem Modul für die rellen Zahlen.

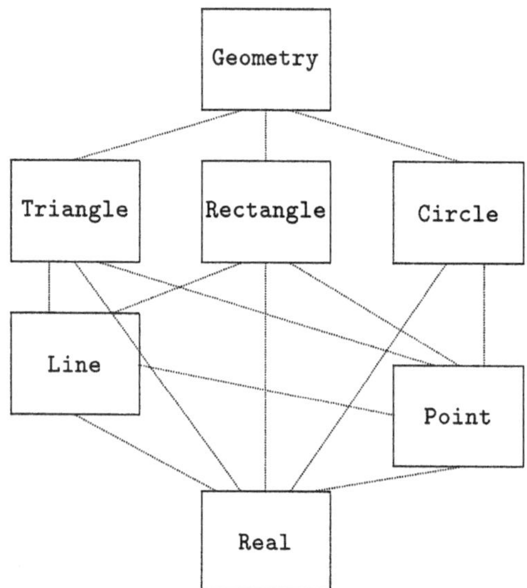

Abb. 3.1. Eine Modulhierarchie

Basismodule. Als unterste Elemente einer solchen Hierarchie von Abhängigkeiten hat man eine Reihe von Modulen, in denen elementare Standardtypen und -operationen zusammengefasst sind. Zu diesen gehören üblicherweise Module für

- *Zahlen*, also z.B. `Nat`, `Int`, `Real`, `Complex` etc.
- *Texte*, also z.B. `Denotation`, `String`, `Char` etc.
- *Standardstrukturen*, also z.B. `Set`, `Seq`, `Map`, `Array` etc.
- *Ein-/Ausgabe*, also z.B. `Stream`, `File`, `Com` etc.

Einige dieser Module – z.B. die für Zahlen und Texte – sind in vielen Programmiersprachen gar nicht als Module ausgewiesen, sondern vielmehr direkt in die Sprache integriert. In anderen Programmiersprachen sind sie dagegen in Form von Modul-Bibliotheken verfügbar gemacht.[2] Den letzteren

[2] Der Vorteil ist, dass damit keine Trennung zwischen den Modulen, die zur Sprache gehören, und denen, die nur in der Bibliothek stehen, nötig wird. Denn letztlich ist die Grenze zwischen beiden Kategorien immer artifiziell.

Weg geht auch OPAL, wo alle Standardmodule außer BOOL und DENOTATION nicht zur Sprache selbst gehören, sondern in der sog. *Bibliotheca Opalica* gesammelt sind.

3.1 Strukturen

Die Module von OPAL werden ***Strukturen*** genannt. (Der Begriff wurde aus der Algebra übernommen, weil die OPAL-Strukturen genau das sind, was in der Mathematik als „algebraische Strukturen“ bezeichnet wird.)

Beispiel: Wenn wir die Berechnungen zum *Schiefen Wurf* aus dem vorigen Kapitel in einem Modul zusammenfassen wollen, können wir uns die Situation in einer bildlichen Illustration folgendermaßen vor Augen führen:

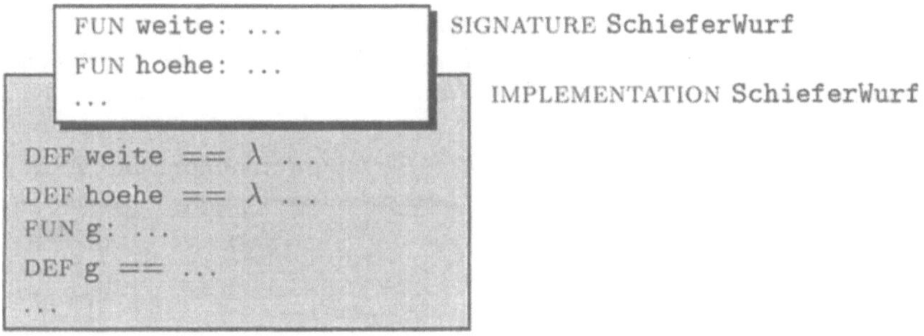

```
FUN weite: ...          SIGNATURE SchieferWurf
FUN hoehe: ...
...                     IMPLEMENTATION SchieferWurf
DEF weite == λ ...
DEF hoehe == λ ...
FUN g: ...
DEF g == ...
...
```

Dass in der Zeichnung die Signatur (also die Schnittstelle) nach außen wie nach innen ragt, soll andeuten, dass sie an beiden Stellen sichtbar ist.

3.1.1 Schnittstellen (Signaturen)

In der ***Schnittstellenbeschreibung*** listen wir diejenigen Funktionen auf, die von der Struktur nach außen sichtbar gemacht und damit zum Gebrauch zur Verfügung gestellt werden. In OPAL wird diese Schnittstelle als ***Signatur*** der Struktur bezeichnet. (Das Wort kommt ebenfalls aus der Algebra.)

BEISPIEL 3.1 (Struktur für den schiefen Wurf: Schnittstelle)

Wir fassen die Funktionen, die wir im vorigen Kapitel für den schiefen Wurf eingeführt haben, in einer Struktur zusammen. Der Signaturteil dieser Struktur gibt die sichtbaren Funktionen weite *und* hoehe *samt ihrer Funktionalität an. (Die drei Pünktchen '...' deuten an, dass noch etwas fehlt, was wir weiter unten nachtragen werden.)*

```
SIGNATURE SchieferWurf
        ...
  FUN weite: real × real → real
  FUN hoehe: real × real → real
```

3.1.2 Implementierungsteil

Im ***Implementierungsteil*** einer Struktur werden alle Funktions*definitionen* zusammengefasst. Außerdem sind auch die Funktionalitäten der (verborgenen) Hilfsfunktionen der Struktur im Implementierungsteil enthalten.

Die Zusammengehörigkeit von Schnittstelle und Implementierung wird dadurch ausgedrückt, dass Signatur- und Implementierungsteil den gleichen Namen haben.

Man beachte, dass die Signatur, also die Schnittstelle, nicht nur nach außen, sondern auch nach innen bekannt ist. Das heißt, alle in der Signatur aufgelisteten Funktionalitäten sind auch im Implementierungsteil bekannt.

BEISPIEL 3.2 (Struktur für den schiefen Wurf: Implementierung)

Im Implementierungsteil zur obigen Signatur werden die Definitionen für die Funktionen `weite` *und* `hoehe` *angegeben. Außerdem wird die Hilfskonstante* `g` *definiert. Da sie in der Schnittstelle nicht vorkommt, muss jetzt auch ihre Funktionalität angegeben werden.*

Der Implementierungsteil dieser Struktur ist unten angegeben. (Auch hier deuten die drei Pünktchen '...' an, dass noch etwas fehlt, was wir weiter unten nachtragen werden.)

```
IMPLEMENTATION SchieferWurf
                ...
  DEF weite == λ v0,phi. (square(v0)/g) * sin(2*phi)
  DEF hoehe == λ v0,phi. (square(v0)/(2*g)) * square(sin(phi))

  --Verborgene Hilfsgroesse
  FUN g: real
  DEF g == 9.81
```

Diese Struktur ist insofern noch etwas ungewöhnlich, als sie nur eine verborgene Hilfsgröße hat. (Aber das haben kleine Demonstrationsbeispiele so an sich.) In der Praxis machen die Hilfsfunktionen meist den überwiegenden Teil einer Struktur aus.

Was außerdem noch fehlt, ist der Bezug zu anderen Strukturen. Darauf kommen wir später nochmals zurück.

3.1.3 Importe

Wir haben in der Einleitung zu diesem Kapitel gesehen, dass Module hierarchisch aufeinander abgestützt sind. Diese Abhängigkeiten müssen natürlich im Programm irgendwo notiert werden. Das geschieht durch einen sog. ***Import***.

In unserer Beispielstruktur `SchieferWurf` benutzen wir in der Implementierung an mehreren Stellen relle Zahlen und ihre Funktionen. Also müssen wir bei der Definition der Struktur SchieferWurf noch angeben, dass sie die rellen Zahlen benutzen soll. (Dieser fehlende Teil ist im obigen Beispiel mit den drei Punkten '...' angedeutet.) Insgesamt ergibt sich also:

```
IMPLEMENTATION SchieferWurf
  IMPORT Real COMPLETELY
  DEF weite == λ v0,phi. (square(v0)/g) * sin(2 * phi)
  DEF hoehe == λ v0,phi. (square(v0)/(2 * g)) * square(sin(phi))
  -- Verborgene Hilfsgroesse
  FUN g: real
  DEF g == 9.81
```

Mit dem Schlüsselwort COMPLETELY wird ausgedrückt, dass alle Sorten und Funktionen, die in Real sichtbar definiert sind, in der Struktur SchieferWurf benutzt werden dürfen.

Offensichtlich benötigen wir aber gar nicht alle Funktionen von Real in unserer Struktur. Um die Dokumentationsqualität zu verbessern, können wir uns daher dafür entscheiden, nur die benötigten Dinge aufzulisten. Das sieht dann so aus:

```
IMPLEMENTATION SchieferWurf
  IMPORT Real ONLY real * / square sin 2
                ...
```

Das heißt, wir investieren Schreibaufwand, um den Dokumentationswert – und damit auch die Fehlervermeidung – zu verbessern.

Im *Signaturteil* muss man aber vorsichtiger sein. Der Grund ist, dass die importierten Sorten und Funktionen wieder „re-exportiert" werden, weshalb die Schnittstelle wohlüberlegt und nicht unnötig groß sein sollte. Deshalb ist hier der ONLY-Import empfehlenswert, wobei man sich im Allgemeinen nur auf das notwendige Minimum beschränken sollte.

In unserem Beispiel haben wir also für die '...' in der obigen Signatur folgenden Import einzusetzen (weil wir außer der Sorte real im Signaturteil von SchieferWurf nichts benötigen):

```
SIGNATURE SchieferWurf
  IMPORT Real ONLY real
  FUN weite: real × real → real
  FUN hoehe: real × real → real
```

Zusammenfassung. Damit haben wir also folgende Situation: Eine Struktur „exportiert" alle Sorten und Funktionen, die in ihrem Signaturteil aufgelistet sind. Wir bezeichnen das als die ***Exportschnittstelle***. Diese Sorten und Funktionen können dann von anderen Strukturen – im Signatur- und im Implementierungsteil – importiert werden. Wir bezeichnen das als ***Importschnittstelle***. Dabei kann die Importschnittstelle mit Hilfe des ONLY-Konstrukts auf eine Teilmenge der entsprechenden Exportschnittstelle eingeschränkt werden.

DEFINITION (Struktur)

Strukturen *sind die wesentlichen Modularisierungskonzepte zum Schreiben größerer Programme.*

- *Eine Struktur hat einen* ***Signaturteil*** *(die Schnittstelle nach außen) und einen* ***Implementierungsteil*** *(die interne Realisierung). Beide Teile sind über ihren gemeinsamen Namen einander zugeordnet.*

```
SIGNATURE A
...
IMPLEMENTATION A
...
```

- *Strukturen stützen sich auf andere Strukturen durch* ***Importe****.*

```
IMPORT B COMPLETELY
IMPORT C ONLY ...
```

Im ersten Fall wird alles importiert, was B *exportiert (d. h., der ganze Signaturteil von* B*, einschließlich der dortigen Importe). Im zweiten Fall wird nur die Teilmenge des Exports von* C *importiert, die hinter dem Schlüsselwort* ONLY *aufgelistet ist.*

- *Im Implementierungsteil stehen zum einen die Definitionen (*DEF*), die zu den im Signaturteil angegebenen Funktionen (*FUN*) gehören, zum anderen aber auch vollständige Hilfsfunktionen (*FUN *und* DEF*).*

In OPAL gilt eine Besonderheit: Die Strukturen BOOL und DENOTATION werden automatisch importiert, ohne dass im Programm eine Import-Anweisung nötig ist.

BEISPIEL 3.3 (Struktur für den schiefen Wurf; Zusammenfassung)

Die obige Struktur für den schiefen Wurf sieht also insgesamt folgendermaßen aus:

Der Signaturteil beschreibt die Schnittstelle:

```
SIGNATURE SchieferWurf

  IMPORT Real ONLY real

  FUN weite: real × real → real
  FUN hoehe: real × real → real
```

Der zugehörige Implementierungsteil liefert die Definitionen und (verborgenen) Hilfsfunktionen und -konstanten:

```
IMPLEMENTATION SchieferWurf

  IMPORT Real COMPLETELY

  DEF weite == λ v0, phi. (square(v0)/g) * sin(2 * phi)
  DEF hoehe == λ v0, phi. (square(v0)/(2 * g)) * square(sin(phi))

  --Verborgene Hilfsgroesse
  FUN g: real
  DEF g == 9.81
```

Man sieht hier, dass die Information in der Schnittstelle (dem Signaturteil) auf ein Minimum beschränkt ist.

Übrigens: Da die Schnittstelle das Einzige ist, was andere Programmierer (die die Struktur benutzen wollen) zu sehen bekommen, muss hier ausreichend *Dokumentation* vorhanden sein, um alle Funktionen verstehen zu können.[3]

Übung 3.1. Schreiben Sie Strukturen `Triangle`, `Rectangle` *und* `Circle`, *in denen jeweils die elementaren geometrischen Funktionen wie Umfang, Fläche etc. zusammengefasst sind (s. auch Abb. 3.1).*

Übung 3.2. Entwerfen und schreiben Sie ein Modulsystem, in dem physikalische Formeln – sinnvoll strukturiert – zusammengefasst sind.

3.2 Elementare Strukturen

Wir haben bisher bei der Formulierung unserer Funktionen ganz pragmatisch auf elementare Funktionen wie Addition oder Multiplikation zurückgegriffen. Bei der Angabe der Funktionalitäten haben wir ebenfalls ganz naiv Sorten wie `nat` oder `real` benutzt. Jetzt wollen wir – zumindest skizzenhaft – nachtragen, wo diese Sorten und Funktionen herkommen: In OPAL sind sie in der sog. *Bibliotheca Opalica* gesammelt.[4]

Entsprechend dem schon erwähnten Geheimnisprinzip werden von den Bibliotheksstrukturen natürlich nur die *Schnittstellen* bekanntgegeben. Die Implementierungen sind uns verborgen.

Man beachte übrigens, dass Strukturen neben Funktionen auch Sorten einführen können.

[3] Da unsere Beispiele vor allem der Illustration der jeweiligen Programmierkonzepte dienen, müssen wir sie jeweils möglichst knapp halten und „auf den Punkt" bringen. Deshalb müssen leider solche – in der Praxis eminent wichtigen – methodischen Aspekte hier meist unter den Tisch fallen.

[4] Die *Bibliotheca Opalica* umfasst eine Fülle von Strukturen. Wir beschränken uns hier auf einige wenige Beispiele.

3.2.1 Zahlstrukturen

Als Zahlstrukturen benutzen wir hier die natürlichen, die ganzen und die reellen Zahlen. Zu ihnen gehören die üblichen arithmetischen Operationen, bei den reellen Zahlen außerdem noch die trigonometrischen Funktionen.

Die natürlichen Zahlen. Die Struktur `Nat` umfasst im Wesentlichen die Funktionen in Abb. 3.2. (Zur Erinnerung: Da die Struktur `BOOL` automatisch importiert wird, ist die Verwendung der Sorte `bool` wohldefiniert.)

```
SIGNATURE Nat
  SORT nat                              -- Sorte der natürlichen Zahlen
  FUN + : nat × nat → nat               -- Addition
  FUN − : nat × nat → nat               -- Subtraktion
  FUN * : nat × nat → nat               -- Multiplikation
  FUN / : nat × nat → nat               -- Division (ganzzahlig)
  FUN % : nat × nat → nat               -- Rest (bei Division)
  FUN double : nat → nat                -- Verdopplung
  FUN half : nat → nat                  -- Halbierung

  FUN = : nat × nat → bool              -- “gleich”
  FUN ≠ : nat × nat → bool              -- “ungleich”
  FUN > : nat × nat → bool              -- “größer”
  FUN ≥ : nat × nat → bool              -- “größer oder gleich”
  FUN < : nat × nat → bool              -- “kleiner”
  FUN ≤ : nat × nat → bool              -- “kleiner oder gleich”

  FUN min : nat × nat → nat             -- Minimum zweier Zahlen
  FUN max : nat × nat → nat             -- Maximum zweier Zahlen

  FUN even? : nat → bool                -- “gerade?”
  FUN odd? : nat → bool                 -- “ungerade?”

  FUN ! : denotation → nat              -- Konversion
```

Abb. 3.2. Die Struktur `Nat` der natürlichen Zahlen

Als Besonderheit von OPAL sind nur einige der Zahlen `0`, `1`, `2`, ... vordefiniert. Alle anderen müssen durch Konversion aus „Denotationen“ gewonnen werden, also z. B.

```
DEF size == "981"!
```

Das ist eine *Text*konstante `"981"`, für die erst das nachfolgende Ausrufezeichen eine Konversion in eine Zahl bewirkt.[5]

[5] Das sieht zwar unschön aus, hat aber auch Vorteile: So muss man sich nicht beim Sprachentwurf auf eine Standardnotation für Zahlen festlegen, sondern kann mit verschiedenen Darstellungen arbeiten.

Man beachte, dass nicht nur die Subtraktion und die Division, sondern auch die Addition und die Multiplikation *partielle Funktionen* sind. Denn der Zahlbereich von Computern ist beschränkt.

Die ganzen Zahlen. Die Struktur `Int` (s. Abb. 3.3) hat im Wesentlichen die gleichen Funktionen wie `Nat` (natürlich mit entsprechend auf `int` geänderten Funktionalitäten). Der wichtigste Unterschied ist, dass die Subtraktion jetzt weniger partiell ist (sie macht nicht schon bei der Null, sondern erst beim Unterschreiten der kleinsten darstellbaren Zahl Probleme). Außerdem ergeben vorzeichenorientierte Funktionen jetzt einen Sinn.

```
SIGNATURE Int
  SORT int                         -- Sorte der ganzen Zahlen
  ...
  ≪ analog zu Nat ≫
  ...
  FUN − : int → int                -- Negation
  FUN abs : int → int              -- Absolutbetrag
  FUN sign : int → int             -- Vorzeichen (+1,0,-1)
```

Abb. 3.3. Die Struktur `Int` der ganzen Zahlen

Trickreich sind hier Division und Rest, da für beide die Erweiterung von `nat` auf `int` subtile mathematische Probleme bereitet. Da die Mathematik keine eindeutige Festlegung liefert, liegt die Entscheidung beim Sprachdesigner. In OPAL wurde die Erweiterung so vorgenommen, dass z. B. gilt:

```
−5/ + 3 = −1        −5 % +3 = −2
+5/ − 3 = −1        +5 % −3 = +2
−5/ − 3 = +1        −5 % −3 = −2
```

Die rellen Zahlen. Die Struktur `Real` (s. Abb. 3.4) bietet schon ein bisschen mehr. Auch hier haben wir die üblichen arithmetischen Funktionen (mit entsprechend auf `real` geänderten Funktionalitäten). Natürlich fehlt jetzt die Operation `%`, da bei der Division kein Rest mehr entsteht. Dafür kommen aber eine Reihe von Operationen hinzu (von denen wir aber nur einige exemplarisch angeben).

Die Zahl `eps` ist die kleinste Zahl, für die `1+eps` ≠ `1` gilt. Bei den trigonometrischen Funktionen nützen wir erstmals eine Abkürzungsmöglichkeit aus, die uns OPAL bietet: Wenn mehrere Funktionen die gleiche Funktionalität haben, dürfen wir sie gemeinsam einführen.

Das Rundungsproblem. Bei reellen Zahlen ist große Vorsicht geboten. Aufgrund der beschränkten Stellenzahl in Computern sind alle Rechnungen mit *Rundungsfehlern* behaftet. Deshalb wird ein naiver Vergleich `x = y` so gut wie immer `false` liefern. Aus diesem Grund muss man immer testen, ob

```
SIGNATURE Real
  SORT real                                -- Sorte der reellen Zahlen
  ...
  ≪ analog zu Int ≫
  ...
  FUN pi : real                            -- die Konstante π
  FUN e : real                             -- die Konstante e
  FUN eps : real                           -- eine ganz kleine Zahl

  FUN pow : real × real → real             -- Potenzierung
  FUN sqrt : real → real                   -- Quadratwurzel
  FUN exp : real → real                    -- Exponentialfunktion
  FUN ln : real → real                     -- Logarithmus (natürlicher)
  FUN log : real → real                    -- Logarithmus (dezimaler)

  FUN sin cos tan : real → real            -- trigonometrische Funktionen
  ...
```

Abb. 3.4. Die Struktur `Real` der reellen Zahlen

`abs(x − y) < Eps` gilt (wobei `Eps` eine selbstgewählte kleine Zahl ist, die jeweils die gewünschte Rechengenauigkeit bestimmt). Darauf kommen wir unter anderem in den Abschnitten 5.2 und 8.2.2 noch einmal zurück.

Übung 3.3. Berechnen Sie arithmetische Ausdrücke und analysieren Sie ihre Exaktheit.
(a) Einfache Ausdrücke: `(10/2)*2`, `(10/3)*3`, `(10*(10/7)*7 = sqrt(100)*sqrt(100))` *usw.*
(b) Berechnen Sie `sin(π/2)`, `sin(2 * (π/2))`, `sin(10 * (π/2))`, `sin(100 * (π/2))` *usw.*

3.2.2 Zeichen und Texte

Offensichtlich wollen wir in der Programmierung nicht nur mit Zahlen hantieren, sondern auch mit Texten. Dazu gibt es die Sorten `char` und `denotation`. Erstere steht für die Zeichen des sogenannten ASCII-Zeichensatzes, letztere für Folgen solcher Zeichen. Auch hier wollen wir wieder nur die wichtigsten Funktionen exemplarisch herausgreifen.

Der ASCII-Zeichensatz. Durch die Struktur `Char` werden die ASCII-Zeichen verfügbar gemacht (s. Abb. 3.5), wobei vor allem Konstanten für Sonderzeichen, sowie Vergleichs- und Konversionsoperationen bereitgestellt werden. Mit Hilfe der Konversionsfunktion können wir Elemente der Sorte `char` direkt angeben, z. B. `"a"!`, `"M"!`, `"7"!` oder `"*"!`

Texte. Folgen von Zeichen werden in der Struktur `Denotation` verfügbar gemacht (s. Abb. 3.6). Das Wichtigste bei Denotationen ist, dass sie direkt in der Form `"Das ist eine Denotation."` geschrieben werden können. Insbesondere ist `""` die leere Zeichenfolge. Es gibt aber noch eine Reihe von Funktionen, mit denen Denotationen weiter bearbeitet werden können (s. Abb. 3.6).

```
SIGNATURE Char
  SORT char                              -- Sorte der Ascii-Zeichen
  FUN newline : char                     -- neue Zeile
  FUN bell : char                        -- Glocke
  ...
  FUN = : char × char → bool             -- "gleich?"
  FUN ≠ : char × char → bool             -- "ungleich?"
  FUN > : char × char → bool             -- "größer?"
  FUN ≥ : char × char → bool             -- "größer oder gleich?"
  ...
  FUN succ : char → char                 -- nächstes Zeichen
  FUN pred : char → char                 -- voriges Zeichen

  FUN lower? : char → bool               -- "Kleinbuchstabe?"
  FUN upper? : char → bool               -- "Großbuchstabe?"
  FUN letter? : char → bool              -- "Buchstabe?"
  FUN digit? : char → bool               -- "Ziffer?"
  ...
  FUN printable? : char → bool           -- "druckbares Zeichen?"
  ...
  FUN upper : char → char                -- Umwandeln in Großbuchstaben
  FUN lower : char → char                -- Umwandeln in Kleinbuchstaben

  FUN ! : denotation → char              -- Konversion
```

Abb. 3.5. Die Struktur Char der ASCII-Zeichen

Die Zeichen in einer Folge D sind von 0 bis $n-1$ durchnummeriert, wobei n die Länge von D ist. Die Vergleiche sind lexikographisch. Damit gilt z. B.

```
("Hal" ++ "lo") ⇝ "Hallo"             -- Konkatenation
#("Hallo") ⇝ 5                        -- Länge
"Hallo" ! 4 ⇝ o                       -- Selektion
"Hallo" ! 0 ⇝ H                       -- Selektion
slice("Hallo", 1, 3) ⇝ "all"          -- Ausschnitt
delete("Hallo", 1, 3) ⇝ "Ho"          -- Löschen
insert("Hlo", 1, "al") ⇝ "Hallo"      -- Einfügen
("Hallo" < "Leute") ⇝ true            -- Vergleich
("Hall" < "Hallo") ⇝ true             -- Vergleich
("" < "Hallo") ⇝ true                 -- Vergleich
```

Hinweis: Einige Operationen auf Denotationen sind nicht sonderlich effizient (z. B. die Änderung). Daher sollte man Denotationen hauptsächlich für Konstanten nutzen (z. B. für Ausgabetexte). Wenn man viel mit den Zeichenfolgen arbeiten will, sollte man sie in die effizientere Sorte string umwandeln (die in der Struktur String aus der *Bibliotheca Opalica* definiert ist).

```
SIGNATURE Denotation
  IMPORT Nat  ONLY nat
         Char ONLY char
  SORT denotation
  FUN ++ : denotation × denotation → denotation        -- Konkatenation
  FUN slice : denotation × nat × nat → denotation      -- Teilfolge
  FUN delete : denotation × nat × nat → denotation     -- Streichen
  FUN insert :  denotation × nat × denotation → denotation
  FUN ! : denotation × nat → char                      -- Selektion
      ...
  FUN  = : denotation × denotation → bool              -- "gleich?"
  FUN  ≠ : denotation × denotation → bool              -- "ungleich?"
  FUN  > : denotation × denotation → bool              -- "größer?"
  FUN  ≥ : denotation × denotation → bool              -- "größer-gleich?"
  ...
  FUN # :  denotation → nat                            -- Länge
  ...
```

Abb. 3.6. Die Struktur `Denotation` der Zeichenfolgen (Texte)

3.2.3 Die Wahrheitswerte

Als Letztes wollen wir uns noch die elementarste Struktur ansehen, nämlich die der beiden Wahrheitswerte `true` und `false`. Sie werden gemeinsam mit ihren wichtigsten Operationen in der Struktur `BOOL` definiert[6] (s. Abb. 3.7). Die Sorte der Wahrheitswerte heißt `bool`.

```
SIGNATURE BOOL
  SORT bool                          -- Sorte der Wahrheitswerte
  FUN true  false                    -- die beiden Konstanten
  FUN ¬ :  bool → bool               -- Negation
  FUN ∧ :  bool × bool → bool        -- Konjunktion ("und")
  FUN ∨ :  bool × bool → bool        -- Disjunktion ("oder")
  FUN = :  bool × bool → bool        -- Äquivalenz ("gleich")
  FUN ≠ :  bool × bool → bool        -- Antivalenz ("ungleich")
```

Abb. 3.7. Die Struktur `BOOL` der Wahrheitswerte

Zur Erinnerung: Die Schreibweise der schönen mathematischen Symbole ∧, ∨ etc. auf ASCII-Terminals ist auf Seite 31 in Tabelle 2.3 angegeben.

[6] Die Struktur `BOOL` wird vom OPAL-Compiler immer automatisch importiert (weil sonst die Fallunterscheidung IF ... FI nicht benutzt werden könnte.)

3.3 Modularisierung in ML und HASKELL

Wie alle modernen Sprachen, besitzen auch ML und HASKELL Konzepte zur Modularisierung.[7] Auch wenn die grundlegenden Ideen in allen Sprachen wieder sehr ähnlich sind, unterscheiden sich die Notationen in diesem Bereich doch stärker.

3.3.1 Modularisierung in ML

In ML lassen sich – ähnlich wie in OPAL– Signaturen als Schnittstellen von Modulen definieren. Unser Standardbeispiel sieht dann so aus:

```
signature SchieferWurf =
   sig
       val weite : (real * real ) -> real
       val hoehe : (real * real ) -> real
   end;
```

Zu einer solchen Signatur kann man eine entsprechende Struktur angeben. Im Gegensatz zu OPAL müssen die Namen der beiden allerdings verschieden sein.

```
structure WurfImplementierung : SchieferWurf =
  struct
    fun weite(v0,phi) = (square(v0)/g) * sin(2.0*phi)
    fun hoehe(v0,phi) = (square(v0)/(2.0*g)) * square(sin(phi))
    val g = 9.81
  end;
```

Dass eine Struktur zu einer bestimmten Signatur gehört, wird – analog zum Typ einer Funktion – dadurch ausgedrückt, dass der Signaturname durch einen Doppelpunkt getrennt hinter den Strukturnamen geschrieben wird.

Elemente der Struktur, die in der Signatur *nicht* enthalten sind (wie in unserem Beispiel die Konstante g), sind verschattet. OPAL und ML sind hier also ganz ähnlich.

Beim Zugriff auf Elemente einer Struktur ist ML allerdings etwas anders als OPAL. Wenn man in einer Struktur Elemente einer anderen Struktur benutzen will, muss man das im Allgemeinen durch eine Herkunftsangabe machen. Um z. B. die Funktion `weite` in einer anderen Struktur zu benutzen, müssen wir schreiben `WurfImplementierung.weite(...)`. Wenn man das vermeiden will, kann man auch die Struktur „öffnen“:

```
open WurfImplementierung
```

[7] Das HASKELL-Derivat GOFER verzichtet jedoch auf dieses Programmiermittel, da die Sprache eher als einfache Basis zum Experimentieren gedacht ist.

Das bewirkt das Gleiche wie IMPORT ... COMPLETELY in OPAL. Bei Signaturen gibt es einen ähnlichen Effekt, der mit dem Schlüsselwort `include` erreicht wird.

Die elementaren Strukturen für `int`, `real`, `string` und `bool` mit den zugehörigen Funktionen sind in ML – im Gegensatz zu OPAL – direkt in die Sprache (und damit in den Compiler) eingebaut. Sie müssen also nicht aus einer Bibliothek importiert werden. Für die natürlichen Zahlen gibt es keinen eigenen Typ.

3.3.2 Modularisierung in HASKELL

In HASKELL wird die Modularisierung durch „*Modules*“ erreicht. Unser Standardbeispiel wird so geschrieben:

```
module SchieferWurf where
weite = \ (v0,phi) -> ...
hoehe = \ (v0,phi) -> ...
g = 9.81
```

Die Elemente eines solchen Moduls werden durch eine Import-Anweisung verfügbar gemacht:

```
module Foo where
import SchieferWurf
foo = ... weite(...) ... hoehe(...) ...
```

Was jetzt noch fehlt, ist eine vernünftige Schnittstellen-Beschreibung. In der obigen Version wird *alles* aus dem Modul `SchieferWurf` in `Foo` importiert, also auch die Konstante `g`. Umgekehrt werden aber durch `import Foo` die Operationen `weite`, `hoehe` und `g` *nicht* mit importiert. (Das heißt, HASKELL hat keinen automatischen Re-export.)

Um einen gezielten *Export* zu ermöglichen, sieht HASKELL folgende Notation vor:

```
module SchieferWurf (weite, hoehe) where
...

module Foo (foo, weite, hoehe) where
...
```

Das heißt, dem Modulnamen folgt eine Liste all derjenigen Elemente, die exportiert werden. Diese können dabei auch aus importierten Strukturen stammen, also reexportiert werden. HASKELL sieht übrigens eine Abkürzung vor: Wenn alle Elemente eines importierten Moduls reexportiert werden sollen, darf man einfach schreiben

```
module Foo (foo, module SchieferWurf) where
...
```

Selektiver Import ist in HASKELL auch möglich: Man fügt die Liste der zu importierenden Elemente an die `import`-Anweisung an. Um z. B. nur die Funktion `weite` zu importieren, schreibt man

```
import SchieferWurf (weite)
```

(Das entspricht also der Notation IMPORT `SchieferWurf` ONLY `weite` von OPAL.) In HASKELL hat man aber auch die Alternative, die Negativliste der zu verbergenden Elemente anzugeben:

```
import SchieferWurf hiding (hoehe)
```

Übrigens kann man in HASKELL beim Import auch Umbenennungen vornehmen:

```
module Foo
import SchieferWurf(weite,hoehe)
       renaming (weite to width, hoehe to height)
```

Jetzt kann man (nur noch) die Funktionen `width` und `height` anwenden, gerechnet wird aber natürlich genau das, was im Modul `SchieferWurf` für `weite` und `hoehe` definiert ist.

Schließlich kann man in HASKELL auch *Interfaces* definieren. Diese entsprechen ziemlich genau den SIGNATURE-Teilen von OPAL.[8]

Auch in HASKELL sind – wie in ML– die elementaren Strukturen für `Int`, `Float`, `Char`, `String` und `Bool` direkt in die Sprache eingebaut. Man beachte, dass HASKELL den Typ der reellen Zahlen mit `Float` bezeichnet und so – richtigerweise – ausdrückt, dass man es beim Programmieren genau genommen nicht mit reellen Zahlen, sondern nur mit sogenannten „Gleitpunktzahlen" (engl.: *floating-point numbers*) zu tun hat.[9] Für die natürlichen Zahlen gibt es keinen eigenen Typ.

---

[8] In einer früheren Version von OPAL gab es auch so etwas wie die Import- und Export-Listen von HASKELL. Praktische Erfahrungen haben aber gezeigt, dass bei Softwareprojekten einer halbwegs realistischen Größe diese Listen buchstäblich seitenlang werden. Diese Beobachtung hat dazu geführt, die Export-Schnittstellen in einen eigenen Signatur-Teil auszulagern. Offensichtlich hat eine ähnliche Überlegung die HASKELL-Autoren dazu geführt, die *Interfaces* zuzulassen.

[9] Andererseits müsste man dann auch zugeben, dass man es auch nicht mit *den* natürlichen oder *den* ganzen Zahlen zu tun hat, sondern jeweils nur mit Zahlen sehr beschränkter Größe.

4. Ausdrücke

Alles, was wir bis jetzt an Funktionen programmieren können, sind elementare arithmetische Formeln – also nicht viel mehr, als ein besserer Taschenrechner auch schon kann. Deshalb ist es dringend nötig, dass wir unseren Sprachschatz etwas anreichern.

4.1 Bedingte Ausdrücke

Entscheidungen zu treffen ist eine der zentralen Aktivitäten bei der Lösung von Problemen. Und wenn wir in der Informatik Programme schreiben wollen, die interessante Aufgaben lösen, dann müssen unsere sprachlichen Ausdrucksmittel auch Möglichkeiten zur Fallunterscheidung enthalten. In mathematischen Texten findet man dafür üblicherweise Schreibweisen der Art

$$max(a, b) = \begin{cases} a, \text{ falls } a \geq b \\ b, \text{ sonst} \end{cases}$$

4.1.1 Alternative Ausdrücke

Diese Schreibweise der Mathematik wird in Programmiersprachen fast identisch nachgebaut (soweit das eben mit ASCII-Zeichen möglich ist):

```
DEF max == λa,b . IF a ≥ b THEN a
                           ELSE b FI
```

Mit Hilfe dieser Fallunterscheidung lassen sich weitere bekannte mathematische Funktionen formulieren:

```
DEF min == λa,b . IF a ≤ b THEN a          -- Minimum
                           ELSE b FI

DEF abs == λx . IF x ≥ 0 THEN x            -- Absolutbetrag
                         ELSE −x FI

DEF ∸ == λa,b . IF a ≥ b THEN a − b        -- symmetrische Differenz
                         ELSE b − a FI
```

DEFINITION (Fallunterscheidung)

*Eine **Fallunterscheidung** hat die allgemeine Form*
IF ***Bedingung*** THEN ***Ja-Ausdruck*** ELSE ***Nein-Ausdruck*** FI.

- *Die Bedingung ist ein* boolescher Ausdruck, *d.h., ein Ausdruck, der entweder den Wert "true" oder den Wert "false" hat. Der Typ solcher Ausdrücke ist* `bool`.
- *Die Ausdrücke im* THEN- *und* ELSE-*Zweig müssen Werte des gleichen Typs abliefern (also beide* `nat` *oder beide* `real` *oder beide ...).*
- IF *und* FI *dienen primär als „Klammern", um die Fallunterscheidung syntaktisch deutlich abzugrenzen.*
- *Fallunterscheidungen sind ganz normale Ausdrücke und lassen sich deshalb auch in größere Ausdrücke einbauen. Allerdings muss man dann (zumindest in* OPAL*) zusätzliche Klammern schreiben:* ... a + (IF ... FI) ...

4.1.2 Bewachte Ausdrücke

Häufig steht man vor der Notwendigkeit, *mehr als zwei* Fälle zu unterscheiden. Das können wir tun, indem wir bedingte Ausdrücke schachteln.

```
DEF sign == λx . IF x > 0 THEN +1
                          ELSE
                 IF x = 0 THEN  0
                          ELSE -1 FI FI
```

Von der Lesbarkeit ist diese letzte Version allerdings nicht sehr glücklich. Deshalb sieht OPAL eine notationelle Variante vor, die einen deutlich höheren Dokumentationswert hat:[1]

```
DEF sign == λx . IF x > 0 THEN +1
                 IF x = 0 THEN  0
                 IF x < 0 THEN -1 FI
```

Das heißt, wir können mehrere Fälle „gleichberechtigt" nebeneinander aufschreiben. Das FI am Ende schließt dann die ganze Liste ab. Damit diese Variante *problemlos* benutzt werden kann, sollte man folgende Eigenschaften beachten:

- Die Bedingungen (*Wächter* oder *Guards* genannt) sollten *paarweise disjunkt* sein, also nicht gleichzeitig gelten.
- Die Bedingungen sollten *vollständig* sein; d.h., es sollte nie vorkommen, dass keiner der *Guards* gilt.

[1] Diese Form der Fallunterscheidung geht auf E. W. Dijkstra zurück [14].

Diese Kriterien haben wir als „Soll"-Eigenschaften formuliert. Das heißt, sie können auch missachtet werden. Dann wird aber das Verständnis dieser Art der Fallunterscheidung subtiler.

Was geschieht, wenn die Guards nicht disjunkt sind? Um das zu diskutieren, betrachten wir ein simples Beispiel. Nehmen wir an, wir müssten den Ablauf von Arbeitsprozessen planen, die jeweils Prioritäten besitzen. Dann können wir schreiben:

```
FUN schedule: process × process → process
DEF schedule == λP, Q . IF priority(P) ≥ priority(Q) THEN P
                        IF priority(Q) ≥ priority(P) THEN Q FI
```

Für den – hier interessanten – Fall, dass P und Q die gleiche Priorität besitzen, sagt dieses Programm *gar nichts*(!) darüber aus, welcher von beiden Prozessen das Rennen macht. Mit anderen Worten, es bleibt dem Compiler überlassen, wie er solch eine unbestimmte Situation auflöst. (Insbesondere kann man sich nicht darauf verlassen, dass die Reihenfolge der Aufschreibung genommen wird.)[2] Man nennt diese Situation ***nichtdeterminiert***: Wir wissen bei einer Funktion nicht ganz genau, welches von mehreren möglichen Resultaten sie liefert.[3]

Was geschieht, wenn nicht alle Fälle erfasst sind? Dann ist die Antwort einfach: Das Programm ist nur partiell definiert. Als Beispiel betrachten wir eine abgewandelte Version der obigen Auswahlfunktion:

```
DEF schedule == λ P, Q . IF priority(P) > priority(Q) THEN P
                         IF priority(Q) > priority(P) THEN Q FI
```

Jetzt ist verboten, dass zwei Prozesse mit gleicher Priorität kommen. Falls es doch passiert, dann ist die Funktion undefiniert (d. h., es geschieht im Prinzip das Gleiche wie etwa bei der Division durch Null).

Zum Abschluss wollen wir noch an einem kleinen Beispiel zeigen, wie die Formen mit und ohne ELSE sich auf die Verständlichkeit auswirken. Im „Dijkstra-Stil" bestimmt man das Maximum dreier Werte ganz selbstverständlich folgendermaßen:

```
DEF max == λ a, b, c .
      IF a ≥ b ∧ a ≥ c THEN a
      IF b ≥ a ∧ b ≥ c THEN b
      IF c ≥ a ∧ c ≥ b THEN c FI
```

Im „traditionellen" Stil sehen die Programme dagegen meist so aus:

[2] Methodisch ist eine solche Unbestimmtheit nicht problematisch, sondern – im Gegenteil – sogar erwünscht. Wenn zum Beispiel bei gleicher Priorität die Auswahl unerheblich ist, dann sollte das im Programm erkennbar sein.

[3] Eine genauere Diskussion der Vor- und Nachteile sowie der semantischen Subtilitäten von nichtdeterminierten Programmen geht allerdings weit über den Rahmen unseres Buches hinaus. Mehr dazu findet man bei Dijkstra [14] oder auch in [6].

```
DEF max == λ a, b, c .
    IF a ≥ b THEN (IF a ≥ c THEN a          -- a ≥ b ∧ a ≥ c
                            ELSE  c FI )    -- a ≥ b ∧ c > a
             ELSE (IF b ≥ c THEN b          -- b > a ∧ b ≥ c
                            ELSE  c FI ) FI -- b > a ∧ c > b
```

Man sieht deutlich, dass ohne die erläuternden Kommentare die geschachtelten Bedingungen nur sehr schwer nachvollziehbar wären – was sehr schnell zu Flüchtigkeitsfehlern im Programm führen kann.

Natürlich kann man den „Dijkstra-Stil" auch mit ELSE simulieren:

```
DEF max == λ a, b, c .
    IF a ≥ b ∧ a ≥ c THEN a
                     ELSE
    IF b ≥ a ∧ b ≥ c THEN b
                     ELSE  c FI FI
```

Abgesehen davon, dass wir jetzt zwei abschließende FI brauchen (weil wir nicht mehr eine Liste von Bedingungen, sondern zwei unabhängige, geschachtelte Fallunterscheidungen haben), ist der Dokumentationswert aber immer noch schlechter.

Übrigens: Wenn man unbedingt will, kann man auch die Dijkstra-Form mit einem abschließenden ELSE beenden, also schreiben:

```
DEF max == λa, b, c .
    IF a ≥ b ∧ a ≥ c THEN a
    IF b ≥ a ∧ b ≥ c THEN b
                     ELSE  c FI
```

Das ist zwar korrekt, aber schlechter Geschmack.

Natürlich würden viele Leute auch Fallunterscheidungen gerne graphisch darstellen, also im Stil von „Datenfluss zwischen Boxen", wie wir es in Kap. 2 für Funktionsapplikationen getan haben. Allerdings erweist sich das Zeichnen als deutlich komplizierter und leider auch als weniger intuitiv. In der Literatur gibt es die unterschiedlichsten Vorschläge (von denen sich keiner wirklich durchgesetzt hat). Deshalb können wir Phantasie walten lassen und uns eine eigene Konvention ausdenken. Zum Beispiel könnten wir

```
DEF max == λa,b,c . IF a ≥ b ∧ a ≥ c THEN a
                    IF b ≥ a ∧ b ≥ c THEN b
                    IF c ≥ a ∧ c ≥ b THEN c FI
```

graphisch darstellen wie in Abb. 4.1. Damit solch eine Zeichnung halbwegs ordentlich aussieht, müssen wir einige Konventionen einführen:

- Eine Fallunterscheidung wird durch mehrere nebeneinander stehende „bewachte Boxen" dargestellt.
- Eine bewachte Box ist dabei eine übliche Ausdrucksbox, der eine andere Box mit dem (booleschen) Wächterausdruck vorgeschaltet ist. Diese „Guard"-Box zeichnen wir nicht als Rechteck, sondern als Fünfeck.

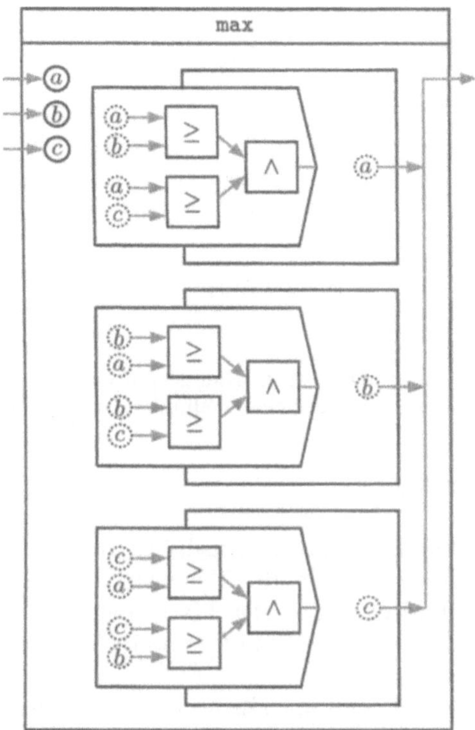

Abb. 4.1. Graphische Darstellung einer Fallunterscheidung

Neben diesen Festlegungen für die graphische Darstellung von Fallunterscheidungen stoßen wir noch auf ein generelles Problem größerer Diagramme:

- Damit wir nicht von den Eingangsparametern aus Linien kreuz und quer durch das Bild ziehen müssen, benutzen wir benannte Anschlusspunkte wie (a) und (a).

An diesem kleinen Beispiel ist sicher ungewöhnlich, dass die eigentlichen Ausdrücke nur aus einem Parameterzugriff bestehen; normalerweise würden hier längere Flussdiagramme (wie in den vorigen Kapiteln) stehen.

Diese Abbildung deutet aber auch an, dass die vollständige graphische Darstellung *aller* Ausdrücke nicht unbedingt die Lesbarkeit steigert. Deshalb sind hier halbgraphische Darstellungen wie in Abb. 4.2 oft besser.

Übung 4.1. Schreiben Sie eine Funktion, die für ein gegebenes Jahr bestimmt, ob es ein Schaltjahr ist.

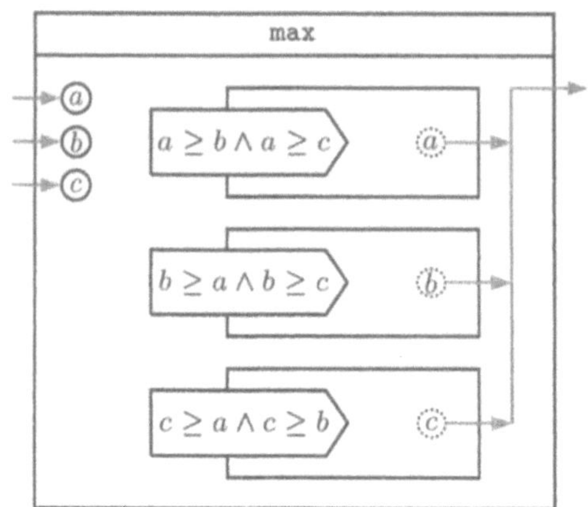

Abb. 4.2. Halbgraphische Darstellung einer Fallunterscheidung

4.2 Benennung von Teilausdrücken

Ein wichtiges Hilfsmittel, um große und unübersichtliche Ausdrücke zu *strukturieren*, besteht darin, *abkürzende Bezeichnungen* für Teilausdrücke einzuführen. Das ist ebenfalls eine Standardtechnik in der Mathematik und vielen anderen Disziplinen. So kann man zum Beispiel in Geometriebüchern Erklärungen finden wie

Nach der Heron'schen Formel berechnet man die Fläche eines Dreiecks mit den Seiten a, b, c vermöge der Formel

$$F_\triangle = \sqrt{s \cdot (s-a) \cdot (s-b) \cdot (s-c)} \qquad \textit{wobei} \qquad s = \frac{a+b+c}{2}$$

Wie man hier deutlich sieht, ist diese Abkürzungstechnik immer dann besonders hilfreich, wenn ein Teilausdruck mehrfach vorkommt. Wegen dieser Nützlichkeit hat man das Konzept auch in Programmiersprachen übernommen:

```
FUN heron: real × real × real → real
DEF heron == λa, b, c .
      sqrt(s ∗ (s − a) ∗ (s − b) ∗ (s − c))
      WHERE
      s == (a + b + c)/2
```

Die Geschmäcker der Menschen sind verschieden, und so sähen es manche Leute lieber, wenn s eingeführt würde, *bevor* es benutzt wird. Um es auch denen Recht zu machen, bieten wir eine alternative Schreibweise an:

```
DEF heron == λa, b, c .
      LET
      s == (a + b + c)/2
      IN
      sqrt(s ∗ (s − a) ∗ (s − b) ∗ (s − c))
```

Beide Notationen sind völlig äquivalent. Natürlich können wir in einer Funktion auch mehrere Abkürzungen für Teilausdrücke einführen, wie das folgende Beispiel zeigt, das die *beiden* Lösungen einer quadratischen Gleichung $ax^2 + bx + c = 0$ liefert.

```
FUN roots: real × real × real → real × real
DEF roots == λa,b,c . (x1,x2)
                      WHERE
                      x1 == (−b + d)/(2 ∗ a)
                      x2 == (−b − d)/(2 ∗ a)
                      d  == sqrt((b ∗ b) − (4 ∗ a ∗ c))
```

DEFINITION (Lokale Deklaration)

Für die Einführung abkürzender Namen für Teilausdrücke gilt:

- *Die abkürzenden Namen werden als* **lokale Deklarationen** *eingeführt, entweder in der Form* LET ... IN ... *oder in der Form* ... WHERE ...
- *Es können mehrere Namen zugleich deklariert werden (wie im Beispiel* `roots`*).*
- *Die Definition eines Namens kann sich auf andere der lokal deklarierten Namen stützen (wie z.B.* `x1` *und* `x2` *auf* `d` *in* `roots`*).*
- *Bei gemeinsamen Deklarationen spielt die Reihenfolge der Aufschreibung* keine *Rolle. (Der* OPAL*-Compiler findet die notwendigen Abhängigkeiten selbst heraus.)*
  Es dürfen aber **keine zyklischen Abhängigkeiten** *entstehen!*
- *Es können links auch Tupel von Namen eingeführt werden (wie in Abschnitt 4.3 illustriert).*
- *Auf der rechten Seite können selbstverständlich alle Arten von Ausdrücken stehen, also insbesondere auch Fallunterscheidungen und λ-Ausdrücke.*
- *Die lokal deklarierten Namen können nur innerhalb des Funktionsrumpfs benutzt werden. Außerhalb sind sie „nicht bekannt".*

Hinweis: Mehr zu Namen und ihrer Sichtbarkeit wird in Abschnitt 10 gesagt werden.

Worin besteht der Unterschied zwischen lokalen Deklarationen wie `s` *in der Funktion* `heron` *und Konstanten wie der Gravitation* `g` *in den Beispielen in Abschnitt 2.1.2?* Oder anders ausgedrückt: Wann nimmt man die eine Form und wann die andere?

- Methodisch gesehen ist `g` eine „globale" Konstante, die in allen Funktionen (der jeweiligen Struktur) bekannt ist und benutzt werden kann. Dagegen ist `s` eine „lokale" Konstante, die nur im Rumpf der Funktion, in der sie deklariert ist, benötigt wird und außerhalb auch nicht bekannt ist.

- Technisch gesehen könnte man s gar nicht globalisieren, da der definierende Ausdruck von den Parametern der Funktion heron abhängt. Der Wert von s ist also bei jeder Applikation von heron ein anderer.

Dass die lokal deklarierten Größen auch Funktionen (also λ-Ausdrücke) sein dürfen, wird durch das folgende kleine Beispiel illustriert:

```
DEF squaresum == λa,b .
    sq(a) + sq(b)
    WHERE
    sq == λ x . x * x
```

Es würde übrigens nichts ausmachen, wenn wir den Parameter x der lokalen Funktion a oder b nennen würden (s. Abschnitt 10).

Übung 4.2. Schreiben Sie eine Funktion, die für ein gegebenes Datum (Tag, Monat, Jahr) zwischen 1901 und 2000 bestimmt, um welchen Wochentag es sich handelt. (Hinweis: Der 1.1.1901 war ein Mittwoch.)

4.3 Tupel von Ausdrücken

Der Vollständigkeit halber wollen wir auch noch eine Form der Ausdruckbildung ansprechen, die wir schon ganz selbstverständlich in vielen der vorausgegangenen Beispiele benutzt haben: die Bildung von ***Tupelausdrücken*** oder ***Tupeltermen***. Sie erfolgt einfach dadurch, dass eine Reihe von Ausdrücken in Klammern eingeschlossen und durch Kommas getrennt werden. Üblicherweise treffen wir solche Tupel als Argumente von Funktionsapplikationen an:

```
...weite(10,45)...
```

Aber es kann auch vorkommen, dass der ganze Rumpf einer Funktion ein Tupelausdruck ist:

```
FUN sqrts: real → real × real              -- beide Quadratwurzeln
DEF sqrts == λx . (sqrt(x), −sqrt(x))

FUN divmod: nat × nat → nat × nat          -- Quotient und Rest
DEF divmod == λa,b . (a/b, a % b)
```

Solche Funktionen werden in der Praxis fast ausschließlich in LET- und WHERE-Deklarationen benutzt, so dass man sich auf ihre Ergebnisse einzeln beziehen kann.

```
... LET (quot,rest) == divmod(a,b) IN ... quot ... rest ...
```

Hier sieht man, dass in lokalen Deklarationen auf der linken Seite auch Tupel von neuen Namen zulässig sind.

4.4 Ausdrücke in ML und HASKELL

Ausdrücke sind die elementarsten Konstrukte von funktionalen (und anderen) Sprachen. Deshalb sind die Unterschiede hier auch minimal.

4.4.1 Ausdrücke in ML

Die Fallunterscheidung sieht aus wie in OPAL mit dem einzigen Unterschied, dass das abschließende `fi` fehlt.[4]

```
val max = fn (a, b) => if a ≥ b then a else b;
```

» *val max = fn : int ∗ int → int*

Die „Dijkstra-Form" gibt es in ML nicht; man muss sich hier also mit geschachtelten Fallunterscheidungen behelfen.

Die `let`-Konstruktion ist ähnlich wie in OPAL. Die neuen Variablen müssen aber mit dem Schlüsselwort `val` (bzw. `fun`) eingeleitet und der ganze Ausdruck mit `end` abgeschlossen werden. Außerdem *muss die Reihenfolge den kausalen Abhängigkeiten entsprechen.*

```
val roots = fn (a, b, c) =>
    let val d  = sqrt((b ∗ b) − (4.0 ∗ a ∗ c))
        val x1 = (−b + d)/(2.0 ∗ a)
        val x2 = (−b − d)/(2.0 ∗ a)
    in
      (x1, x2)
    end;
```

» *val roots = fn : real ∗ real ∗ real → real ∗ real*

Hinweis: Mehr zu ML-Funktionen und -Ausdrücken findet man in Kap. 6.

4.4.2 Ausdrücke in GOFER und HASKELL

Die Fallunterscheidung wird wie bei ML geschrieben (also ohne abschließendes `fi`).

```
max = \ (a, b) -> if a >= b then a else b
```

Die „Dijkstra-Form" gibt es nicht, sie muss durch geschachtelte Fallunterscheidungen simuliert werden.

Hinweis: Im Zusammenhang mit gleichungsorientierten Funktionsdefinitionen gibt es noch eine Variante für die Fallunterscheidung, die der Dijkstra-Form sehr nahe kommt (s. Abschnitt 6.3). Außerdem gibt es noch eine sogenannte `case`-Konstruktion, auf die wir hier aber nicht eingehen können,

---

[4] Tatsächlich muss man z. B. `val max = fn (a : int, b) => if a ≥ b then a else b;` schreiben, da ML sonst nicht weiß, für welchen Typ (`int` oder `real`) die Operation $\geq$ genommen werden soll.

da sie nur im Zusammenhang mit bestimmten Datenstrukturen sinnvoll ist (s. Kap. 12).

Lokale Deklarationen mit `let` und `where` dienen unterschiedlichen Zwecken (sind also nicht einfach gegeneinander austauschbar): `where`-Deklarationen beziehen sich auf den ganzen Funktionsrumpf, `let`-Deklarationen dagegen beziehen sich nur auf einen (Teil-)Ausdruck. Das wird in dem folgenden, etwas artifiziellen Programm illustriert:[5]

```
roots :: (Float,Float,Float) -> (Float,Float)
roots (a,b,c) =
        (x1, x2)
        where
        d  = sqrt((b*b)-(4.0*a*c))
        x1 = let z = -b+d
                 n = 2.0*a
             in z/n
        x2 = let z = -b-d
                 n = 2.0*a
             in z/n
```

Sollen mehrere Deklarationen auf eine Zeile geschrieben werden, dann sind sie durch Semikolon zu trennen:

```
x1 = let z = -b+d; n = 2.0*a in z/n
```

Mehrere Deklarationen können – wie in OPAL– in beliebiger Reihenfolge angegeben werden.

Dass das Ganze etwas subtil ist, zeigt folgende Variation. Hätten wir die obige Definition als λ-Ausdruck

```
roots = \ (a,b,c) ->
        (x1, x2)
        where
        d  = sqrt((b*b)-(4.0*a*c))        -- Fehler!
        ...
```

geschrieben, dann hätten wir Fehlermeldungen der Art

```
4: Value not in scope: 'a'
```

bekommen. Denn die `where`-Klausel bezieht sich auf den *ganzen* Rumpf (also zurück bis zum '=') – und das heißt jetzt: auf den ganzen Ausdruck `\ (a,b,c) -> (x1, x2)` und nicht nur auf `(x1,x2)`. Damit sind `a,b,c` in `d = sqrt(...)` *nicht* bekannt.

Hinweis: Mehr zu HASKELL*-Funktionen und -Ausdrücken findet man in Kap. 6 und mehr zur Gültigkeit von Namen in Kap. 10.*

---

[5] Die Funktionsdefinition muss dabei in sog. gleichungsorientierter Form geschrieben werden (s. Kap. 6.3.2.)

5. Rekursion

Ein Mops kam in die Küche und stahl dem Koch ein Ei. Da nahm der Koch das Messer und schlug den Mops entzwei. Da kamen viele Möpse und gruben ihm ein Grab. Drauf setzten sie 'nen Grabstein, auf dem geschrieben stand: Ein Mops kam in die Küche ... (Deutsches Gesangsgut)

Das wohl wichtigste Prinzip bei der Formulierung von Algorithmen besteht darin, das gleiche Berechnungsmuster wieder und wieder anzuwenden – allerdings auf immer einfachere Daten. Dieses Prinzip ist in der Mathematik altbekannt, doch es wird ebenso im Bereich der Ingenieurwissenschaften angewandt, und es findet sich auch im Alltagsleben.

BEISPIEL 5.1 (Rekursion)

Die folgenden Beispiele veranschaulichen das Rekursionsprinzip in unterschiedlichen Bereichen.

a) In der Legende der „Türme von Hanoi" muss ein Stapel von unterschiedlich großen Scheiben von einem Pfahl auf einen zweiten Pfahl übertragen werden unter Zuhilfenahme eines Hilfspfahls. Dabei darf jeweils nur eine Scheibe pro Zug bewegt werden und nie eine größere auf einer kleineren Scheibe liegen.

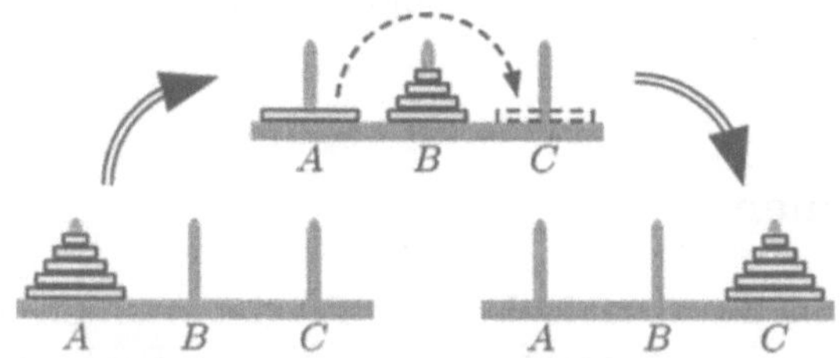

Abb. 5.1. Die Türme von Hanoi

Die in Abb. 5.1 skizzierte Lösungsidee kann – informell – folgendermaßen beschrieben werden:

```
Bewege N Steine von A nach C (über B):
  Falls N = 1: Transportiere den Stein von A nach C.
  Falls N > 1: Bewege N − 1 Steine von A nach B (über C);
               Lege den verbleibenden Stein von A nach C;
               Bewege N − 1 Steine von B nach C (über A)
```

(Aufgabe: Wieviele Transporte einzelner Steine werden ausgeführt?)

b) Ein Addierwerk für vierstellige Dualzahlen $a = \langle a_0, a_1, a_2, a_3 \rangle$ *und* $b = \langle b_0, b_1, b_2, b_3 \rangle$ *lässt sich durch folgende Anordnung erreichen:*

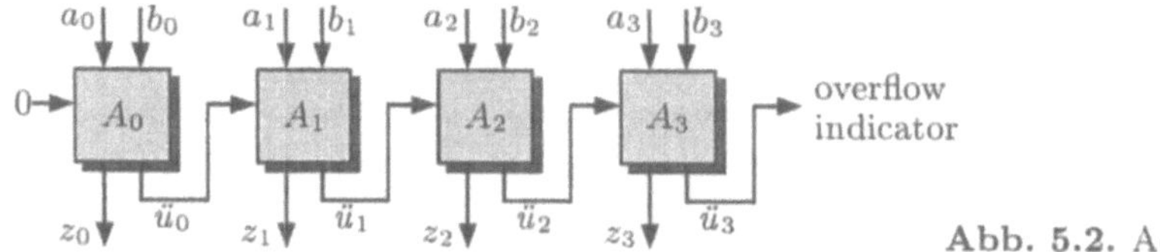

Abb. 5.2. Addierwerk

Jeder der „Addierer" A_i *bildet dabei die Summe (zur Basis 2) der beiden Stellen* a_i *und* b_i *und des Überlaufs* $ü_{i-1}$ *der vorherigen Stelle.*

c) Die „Fakultäts-Funktion", in der Mathematik meist geschreiben als n!, berechnet das Produkt aller Zahlen 1, 2, ..., n. Das wird rekursiv folgendermaßen geschrieben:

$$\begin{aligned} 0! &= 1 \\ (n+1)! &= (n+1) * n! \end{aligned}$$

Offensichtlich braucht man ein so wichtiges Mittel der Problemlösung auch zum Programmieren. Dabei beschränkt man sich in der traditionellen imperativen Programmierung (also in Sprachen wie PASCAL, C, FORTRAN etc.) meistens auf den Spezialfall der „Iteration" – d. h. auf „while-Schleifen", „for-Schleifen" u. ä. – und verwendet das allgemeine Konzept der „rekursiven Prozeduren" eher zurückhaltend. In der funktionalen Programmierung dagegen verwendet man grundsätzlich das allgemeine – und elegantere – Konzept der „rekursiven Funktionen".

5.1 Rekursive Funktionen

Die Einführung von Rekursion in unsere funktionale Programmierwelt ist ausgesprochen simpel. Wir erlauben ganz einfach, dass bei einer Funktionsdefinition die Funktion selbst im Rumpf benutzt werden darf. (Man beachte, dass wir das bei der Einführung der Funktionsdefinition im Abschnitt 2.1.3 nicht ausgeschlossen haben – im Gegensatz zu lokalen LET- und WHERE-Deklarationen, die nicht-zyklisch sein müssen.)

Beispiel 5.2 (Fakultät)

Die oben erwähnte Fakultätsfunktion *hat die Form*

```
FUN fac: nat → nat
DEF fac == λn. IF n = 0 THEN 1
                        ELSE n * fac(n − 1) FI .
```

Das sieht alles sehr nach Münchhausens Trick mit dem Sichameigenen-SchopfeausdemSumpfziehen aus. *Wie kann eine Funktion zu ihrer eigenen Definition herangezogen werden?* Dass das sehr wohl gehen kann, wollen wir uns an folgender Auswertung klar machen:

```
fac(5)
[Name ersetzen]
⇝ (λn. IF n = 0 THEN 1 ELSE n * fac(n − 1) FI )(5)
[Argument einsetzen]
⇝ IF 5 = 0 THEN 1 ELSE 5 * fac(5 − 1) FI
[Ausrechnen]
⇝ 5 * fac(4)
⇝ 5 * ((λn. IF n = 0 THEN 1 ELSE n * fac(n − 1) FI )(4))
⇝ 5 * (IF 4 = 0 THEN 1 ELSE 4 * fac(4 − 1) FI )
⇝ 5 * (4 * fac(3))
...
⇝ 5 * (4 * (3 * fac(2)))
...
⇝ 5 * (4 * (3 * (2 * fac(1))))
...
⇝ 5 * (4 * (3 * (2 * (1 * fac(0)))))
...
⇝ 5 * (4 * (3 * (2 * (1 * 1))))
⇝ 120
```

Dieses Beispiel zeigt, dass zwar zur Auswertung der Funktion `fac` immer wieder die Funktion `fac` selbst aufgerufen wird – man nennt diese wiederholten Aufrufe ***Inkarnationen*** der Funktion –, diese erneuten Aufrufe aber auf immer kleinere Zahlen angewandt werden. Wenn schließlich die Null erreicht ist, bricht die Inkarnationskette ab. Wir sagen dann, dass die (Auswertung der) Funktion ***terminiert***.

Offensichtlich ist ein zentraler Aspekt bei rekursiven Funktionen, das Abbrechen der Inkarnationskette zu garantieren. Ansonsten erhalten wir eine ***nicht-terminierende*** Funktion, bei der der Rechner (in der Theorie) unendlich lange arbeitet.[1] In unserer mathematischen Sicht von Funktionen setzen wir *nicht-terminierende Funktionen* gleich mit *undefinierten Funktionen*.

[1] In der Praxis heißt das, dass der Rechner so lange arbeitet, bis er von außen unterbrochen wird (z. B. durch das Betriebssystem wegen *Timeout* oder durch den Benutzer, wenn der vom langen Warten frustriert ist).

DEFINITION (Rekursive Funktion)
Es gibt direkt und indirekt rekursive Funktionen:

- *Eine Funktionsdeklaration der Form*
  DEF f == λx. E
  *heißt (*direkt*)* ***rekursiv****, wenn der Rumpf* E *mindestens einen Aufruf von* f *selbst enthält.*
- *Eine Funktion* f *heißt* ***indirekt rekursiv****, wenn es Funktionen* g, h, ..., k *gibt, so dass gilt:* f *ruft* g, g *ruft* h, h *ruft* ..., ..., k *ruft* f. *(Man beachte, dass damit natürlich auch die anderen Funktionen rekursiv sind.)*

In unseren graphischen Darstellungen zeigt sich Rekursion ganz einfach darin, dass in der gerade definierten Funktionsbox eine Anwendung der Box selbst enthalten ist. Das ist z. B. in Abb. 5.3 zu sehen, wo eine `fac`-Box in der Definition der `fac`-Box benutzt wird.

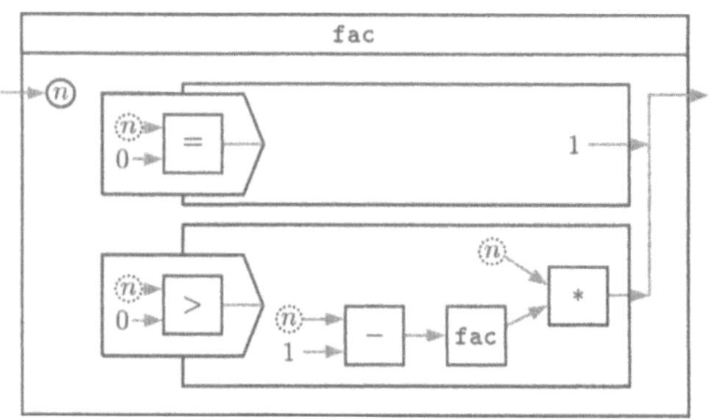

Abb. 5.3. Graphische Darstellung der Fakultätsfunktion

5.2 Beispiele für rekursive Funktionen

Zur Veranschaulichung des Konzepts wollen wir noch einige rekursive Funktionen betrachten.[2]

BEISPIEL 5.3 (Variationen und Kombinationen; Binomialfunktion)

Wie viele Möglichkeiten gibt es, beim Lotto „sechs Richtige" zu haben? Oder: Wie viele Möglichkeiten gibt es bei einem Rennen mit zehn Pferden für die Reihenfolge der ersten drei? Das sind spezielle Fälle der allgemeinen Frage:

[2] Das erste dieser Beispiele ist aus [37] übernommen.

„Wie viele Möglichkeiten gibt es, aus n Elementen k Elemente auszuwählen (ohne bzw. mit Berücksichtigung der Reihenfolge)?"

Betrachten wir zuerst die Sache mit den Pferden. Für den ersten Platz gibt es 10 Möglichkeiten. Bei jeder dieser Möglichkeiten gibt es dann noch 9 Kandidaten für den zweiten Platz, und dann noch jedesmal 8 Varianten für den dritten Platz. Insgesamt haben wir also $10 \cdot 9 \cdot 8 = 720$ *Variationen. Allgemein ergibt sich die* Variationszahl *als*

$$V_n^k \stackrel{\text{def}}{=} n \cdot (n-1) \cdot (n-2) \cdot \ldots \cdot (n-(k-1)) = \frac{n!}{(n-k)!}$$

Nun zum Lotto. Hier interessiert uns die Reihenfolge der ausgewählten Elemente überhaupt nicht. Das heißt aber: Für jede Gruppe von k ausgewählten Elementen gibt es $k!$ *Permutationen unter den entsprechenden Variationen, die sich nur in der Reihenfolge unterscheiden. Damit erhalten wir als Formel für die Zahl der* Kombinationen

$$C_n^k \stackrel{\text{def}}{=} \frac{V_n^k}{k!} = \frac{n!}{(n-k)! \cdot k!} \stackrel{\text{def}}{=} \binom{n}{k}$$

Diese Funktion ist unter dem Namen Binomialfunktion *bekannt, und sie wird gelesen „n über k". Für diesen Binomialkoeffizienten rechnet man sofort die Gültigkeit der folgenden Gesetze nach:*

$$\binom{n}{0} = 1, \quad \binom{n}{n} = 1, \quad \binom{n}{k} = \binom{n-1}{k-1} + \binom{n-1}{k} \text{ für } n > k > 0.$$

Aus diesen Gleichungen erhalten wir unmittelbar die Funktion:

```
FUN binom: nat × nat → nat
DEF binom == λn,k .
    IF k = 0 ∨ k = n THEN 1
                     ELSE binom(n − 1,k − 1) + binom(n − 1,k) FI
```

Man beachte, dass der Rumpf der Funktion auch mehr als einen rekursiven Aufruf enthalten kann.

Dieses Beispiel zeigt: Wenn die Mathematik erst einmal klar ist (also das Anwendungsproblem verstanden und gelöst ist), dann ist die Umsetzung in ein funktionales Programm nahezu trivial.

Beispiel 5.4 (Potenzierung)

Wir wollen für eine reelle Zahl a die n-te Potenz a^n *berechnen. Das lässt sich ganz einfach rekursiv beschreiben, indem man die mathematischen Gleichheiten* $a^0 = 1$ *und* $a^{n+1} = a \cdot a^n$ *in ein Programm umsetzt:*

```
FUN pow: real × nat → real
DEF pow == λ a,n .
    IF n = 0 THEN 1
    IF n > 0 THEN a * pow(a,n − 1) FI
```

Man kann aber besser arbeiten. Denn es gelten ja bekanntlich auch noch andere mathematische Gleichungen, die wir ausnutzen können: $a^{2n} = (a^2)^n$ *und* $a^{2n+1} = a \cdot (a^2)^n$. *Auch das lässt sich ganz einfach in ein Programm umsetzen:*

```
DEF pow == λ a,n .
    IF n = 0              THEN 1
    IF n > 0 ∧ even(n)    THEN pow(a * a, n/2)
    IF n > 0 ∧ odd(n)     THEN pow(a * a, n/2) * a FI
```

Bei diesem Programm nützen wir noch die Tatsache aus, dass für die ganzzahlige Division z. B. gilt $6/2 = 3$ *und ebenso* $7/2 = 3$. *Wir brauchen also im ungeraden Fall nicht zu schreiben* $(n-1)/2$.

Übrigens hätte es bei der letzten Abfrage auch gereicht, nur `odd(n)` *zu schreiben, da das die Eigenschaft* `n > 0` *einschließt. In unserer Version ist aber der Dokumentationswert höher.*

Wenn wir die beiden Verfahren vergleichen, dann sehen wir schnell, dass z. B. für die Berechnung von a^{1000} im ersten Fall 1000 rekursive Aufrufe erfolgen, während im zweiten Verfahren nur 10 (also $\log_2 n$) rekursive Aufrufe benötigt werden. Wir kommen auf solche *Aufwandsschätzungen* in Kap. 11 noch einmal zurück.

Man nennt solche Verfahren, die auf iterierter Halbierung des Suchraumes basieren, ***Bisektionsverfahren***. Unser nächstes Beispiel zeigt die Idee der Bisektion noch viel eindrucksvoller.

BEISPIEL 5.5 (Quadratwurzel)

Wir wollen die Quadratwurzel einer reellen Zahl $a \geq 1$ *berechnen. Ein einfaches Verfahren dazu wird im folgenden Diagramm für den Fall* $\sqrt{19}$ *illustriert:*

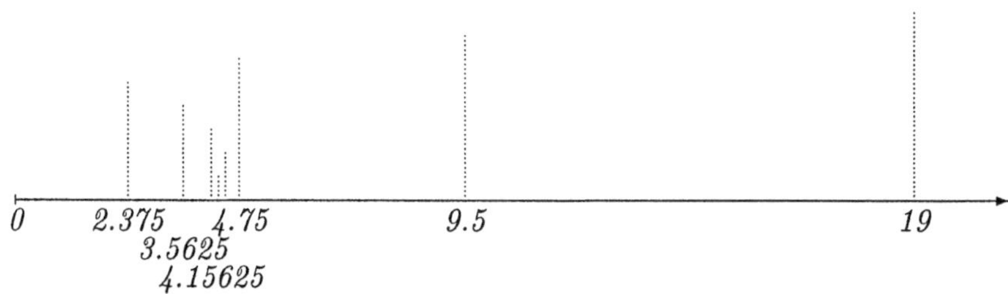

Wir wissen, dass $\sqrt{19}$ *im Intervall* $[0 \dots 19]$ *liegen muss. Wir halbieren dieses Intervall und prüfen (durch Quadrieren von 9.5), ob der gesuchte Wert im linken oder rechten Teilintervall liegt. Dieses halbieren wir dann wieder. Und so weiter. Wir hören auf, wenn wir den gesuchten Wert hinreichend genau approximiert haben (was wir im Programm unten durch das Symbol* $\simeq$ *ausdrücken, s. Abschnitt 8.2.2).*

Aus Dokumentationsgründen wollen wir hier auch die Modularisierung mit berücksichtigen. Das zeigt, dass die Funktion sqrt*, die uns eigentlich interessiert, tatsächlich durch eine verborgene Hilfsfunktion* approx *realisiert wird.*

```
FUN sqrt: ...                 SIGNATURE Sqrt
IMPORT Real ...                   IMPLEMENTATION Sqrt

IMPORT Real...
DEF sqrt == ...
FUN approx: ...
DEF approx == ...
...
```

```
SIGNATURE Sqrt
  IMPORT Real ONLY real
  FUN sqrt: real → real        -- Argument muss ≥ 1 sein

IMPLEMENTATION Sqrt
  IMPORT Real COMPLETELY
  DEF sqrt == λx . approx(x, 0, x)
  FUN approx: real × real × real → real
  DEF approx == λx, low, high .
      LET
      middle == (low + high)/2
      IN
      IF square(middle) ≃ x THEN middle
                             ELSE
      IF square(middle) > x THEN approx(x, low, middle)
      IF square(middle) < x THEN approx(x, middle, high) FI FI
  FUN ≃ : real × real → bool
  DEF ≃ == λx, y . abs(x − y) < 0.0000001
```

Man sieht hier sehr deutlich ein Beispiel für ein generelles Phänomen: Die (verborgenen) Hilfsfunktionen sind umfangreicher als die eigentliche Funktion.

Man beachte, dass in dem obigen Beispiel approx eine Mischung aus ELSE-Form und Dijkstra-Form benutzt wird. Das ELSE ist notwendig, weil der Fall square(middle) $\simeq$ x Vorrang vor den beiden anderen Fällen haben muss (mit denen er ja teilweise überlappt).

Man beachte auch, dass wir – wie üblich – den Gleichheitstest für real durch einen Test '$\simeq$' auf näherungsweise Gleichheit ersetzen müssen.

Übung 5.1. Warum funktioniert das Verfahren nicht für Werte a mit $0 \leq a < 1$? Wie muss man das Programm ändern, damit auch dieser Bereich erfasst wird?

Die bisherigen Beispiele waren primär an Zahlen orientiert. Jetzt wollen wir zur Abrundung auch ein Beispiel betrachten, das mit Texten arbeitet.[3]

BEISPIEL 5.6 (Wortsuche)

Wir wollen prüfen, ob ein gegebenes Wort in einem Text (z. B. einem Artikel oder Buch) vorkommt. Wort und Text sind dabei beide als Werte vom Typ `denotation` *gegeben.*

Wir wählen dazu ein ganz einfaches Verfahren[4]*: Wir testen, ob das Wort am Anfang des Textes steht. Wenn nicht, lassen wir den ersten Buchstaben des Textes weg und prüfen, ob unser Wort jetzt am Anfang steht. Und so weiter.*

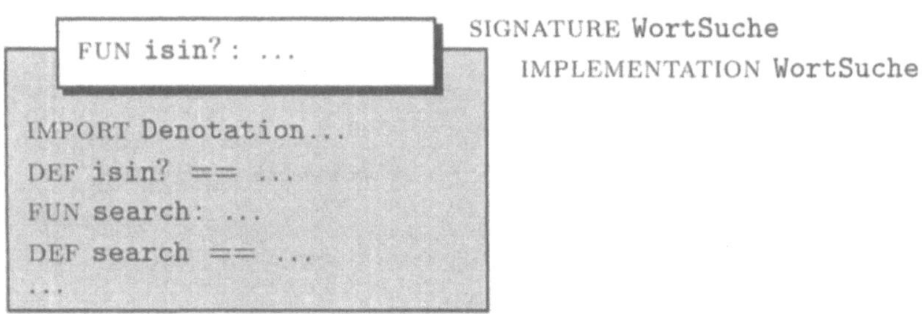

Da die Sorte `denotation` *in* OPAL *automatisch verfügbar ist, brauchen wir im Signaturteil (ausnahmsweise) nichts zu importieren. Im Implementierungsteil müssen wir die Struktur* `Denotation` *aber importieren, da wir viele Operationen benutzen wollen (vgl. Abb. 3.6), die nicht automatisch vorhanden sind.*

```
SIGNATURE WortSuche
  FUN isin? : denotation × denotation → bool
```

Anmerkung*: Dass wir Funktionsnamen wie* `isin?` *und* `starts?` *mit einem Fragezeichen abschließen, ist pure Konvention und Geschmackssache. (*OPAL *erlaubt das, wie übrigens auch einige andere Sprachen.)*

Bei der Implementierung schließen wir in der Funktion `isin?` *zunächst einmal den pathologischen Randfall aus, dass jemand das leere Wort sucht. (Das ist per Definition überall enthalten.) Die eigentliche Suche wird dann durch die rekursive Hilfsfunktion* `search` *erledigt, die sich ihrerseits auf die Hilfsfunktion* `starts?` *abstützt.*

Den Test `starts?` *führen wir so durch, dass wir aus dem jeweiligen Text mittels einer Hilfsfunktion* `lead` *das Anfangsstück der passenden Länge ausschneiden und mit dem Wort vergleichen. (Das Ausschneiden ist auch dann definiert, wenn der Text nicht mehr lang genug ist: Dann erhalten wir einfach*

---

[3] Diese Art von Beispielen wird aber erst wirklich spannend, wenn wir (ab Kap. 15) mit Datenstrukturen wie Listen oder Bäumen arbeiten.

[4] In der Literatur findet man ganz ausgeklügelte Verfahren, die etwas schneller laufen als das unsere.

den ganzen Text.) Spätestens hier hätten wir übrigens entdeckt, dass wir den pathologischen Randfall der Suche nach dem leeren Wort vermeiden müssen. Denn für n = 0 *wäre* n − 1 *undefiniert gewesen.*

Zur Implementierung der Hilfsfunktionen `lead` *und* `rest` *stützen wir uns auf die vordefinierten Funktionen* `delete` *und* `slice` *der Struktur* `Denotation` *(vgl. Abb. 3.6 auf Seite 44).*

```
IMPLEMENTATION WortSuche
  IMPORT Denotation COMPLETELY
         Nat        COMPLETELY
  DEF isin? == λ Wort,Text .
      IF (Wort = "") THEN true
      IF (Wort ≠ "") THEN search(Wort,Text) FI

  FUN search: denotation × denotation → bool
  DEF search == λ Wort,Text .
        --Wort ist garantiert nichtleer
      IF Text = ""              THEN false
                                ELSE
      IF starts?(Wort,Text) THEN true
                                ELSE search(Wort,rest(Text)) FI
  FUN starts? : denotation × denotation → bool
  DEF starts? == λ Wort,Text .
        --Wort und Text sind garantiert nichtleer
      (Wort = lead(Text, #(Wort)))

  FUN rest: denotation → denotation
  DEF rest == λ T . delete(T,0,0)

  FUN lead: denotation × nat → denotation
  DEF lead == λ T,n . slice(T,0,n − 1)
```

Die Hilfsfunktionen `rest` *und* `lead` *haben wir nur der Bequemlichkeit und der Lesbarkeit halber eingeführt.*

Übung 5.2. Realisieren Sie die Funktion `starts?` *aus dem obigen Beispiel rekursiv, und zwar ohne Verwendung der Operation* `slice`*. Das heißt, das Wort und der Text sollen buchstabenweise verglichen werden. Achten Sie dabei auf die Definiertheit aller Situationen!*

Übung 5.3. Für einen gegebenen Text t stelle man fest, ob er ein Palindrom *ist, d. h., ob er von vorne und von hinten gelesen gleich ist.*

Übung 5.4. Schreiben Sie eine Funktion, die prüft, ob zwei Worte (`denotations`*) „ähnlich" sind. Betrachten Sie als „Ähnlichkeit" folgende unterschiedliche Definitionen:*

(a) Zwei Worte heißen ähnlich*, wenn sie sich nur in einem Buchstaben unterscheiden.*
(b) Zwei Worte heißen ähnlich*, wenn sie durch Auslassen/Hinzufügen genau eines Buchstabens ineinander übergehen.*

(c) Zwei Worte heißen ähnlich, *wenn sie durch Vertauschung zweier Buchstaben ineinander übergehen.*
Wie ändert sich die Funktion, wenn man alle drei Möglichkeiten als Definition von Ähnlichkeit akzeptiert?

Übung 5.5. Schreiben Sie eine Funktion, die die Summe aller geraden Zahlen zwischen zwei gegebenen Zahlen i und j berechnet.

Übung 5.6. Schreiben Sie in Analogie zur obigen Funktion `pow` *eine Multiplikationsfunktion für natürliche Zahlen in einer langsamen und in einer schnellen Variante. Geht das auch für die Division?*

Übung 5.7. Es sei eine stetige Funktion f gegeben, für die bekannt sei, dass an den beiden Stellen a und b (mit $a < b$) gilt: $f(a) > 0$ und $f(b) < 0$. Man bestimme eine Nullstelle *der Funktion, d. h. einen Wert x, für den $f(x) = 0$ gilt. (Die angegebenen Bedingungen garantieren gerade die Existenz einer solchen Nullstelle; das heißt, die Aufgabe ist lösbar.)*

5.3 Klassifikation rekursiver Situationen

Im Laufe der Entwicklung eines Programms ist es oft wichtig seine Struktur näher zu analysieren. Dazu sind zwei Aspekte von besonderer Bedeutung:

- der *Rekursionstyp* der Funktionen,
- der *Aufrufgraph* für die Funktionen.

Wir beginnen mit einer Klassifizierung der Rekursionstypen. Dabei unterscheiden wir vier grundlegende Muster.

Repetitive Rekursion. Der Rumpf einer *repetitiven Funktion* besteht aus einem bedingten Ausdruck, für den gilt: In jedem Zweig kommt höchstens ein rekursiver Aufruf vor, und dieser Aufruf ist die äußerste Operation. Ein Beispiel für diesen Rekursionstyp ist unsere obige Funktion `approx`. Ein weiteres Beispiel ist:

```
DEF mod == λa,b .
    IF a < b THEN a
    IF a ≥ b THEN mod(a − b, b) FI
```

Lineare Rekursion. Auch hier besteht der Rumpf der Funktion aus einem bedingten Ausdruck, für den gilt: In jedem Zweig kommt höchstens ein rekursiver Aufruf vor. Dieser Aufruf muss jetzt jedoch nicht die äußerste Operation sein. Damit führt jeder Aufruf der Funktion unmittelbar höchstens zu einem weiteren Aufruf; das heißt, es entsteht insgesamt eine *lineare Kette von Aufrufen*. Ein Beispiel für diesen Rekursionstyp ist unsere obige Funktion `fac`. Ein weiteres Beispiel ist:

```
DEF invSqSum == λn .
    IF n = 0 THEN 0
    IF n > 0 THEN 1/(n ∗ n) + invSqSum(n − 1) FI
```

Baumartige Rekursion. *Baumartig rekursive Funktionen* sind dadurch charakterisiert, dass mehrere rekursive Aufrufe nebeneinander in einem Ausdruck vorkommen. Somit führt im Allgemeinen ein Aufruf der Funktion zu einer *baumartigen Kaskade* von weiteren Aufrufen. Ein Beispiel für diesen Rekursionstyp ist unsere obige Funktion `binom`. Ein weiteres Beispiel ist die bekannte Fibonnacci-Funktion:

```
DEF fib == λn .
    IF n = 0 THEN 0
    IF n = 1 THEN 1
    IF n ≥ 2 THEN fib(n − 1) + fib(n − 2) FI
```

Geschachtelte Rekursion. *Geschachtelt rekursive Funktionen* sind dadurch charakterisiert, dass *als Argumente* eines rekursiven Aufrufs weitere rekursive Aufrufe auftreten. Zwei Beispiele für diesen Rekursionstyp sind:

```
DEF f91 == λx .
    IF x > 100 THEN x − 10
    IF x ≤ 100 THEN f91(f91(x + 11)) FI
```

(Diese Funktion liefert für jeden Eingabewert unter 102 das Ergebnis 91.)

```
DEF mod == λa, b .
    IF a < b             THEN a
    IF b ≤ a ∧ a < 2 ∗ b THEN a − b
    IF a ≥ 2 ∗ b         THEN mod(mod(a, 2 ∗ b), b) FI
```

(Diese Funktion ist eine schnelle Variante der ganzzahligen Division.)
Anmerkung: In der Theorie der rekursiven Funktionen wird gezeigt, dass es geschachtelte Rekursionen gibt, die man nicht auf einfachere Rekursionstypen reduzieren kann. Das bekannteste Beispiel liefert folgende Funktion (entdeckt von dem Logiker Wilhelm Ackermann, 1896 - 1962):

```
DEF ack == λm, n .
    IF m = 0         THEN n + 1
    IF m > 0 ∧ n = 0 THEN ack(m − 1, 1)
    IF m > 0 ∧ n ≠ 0 THEN ack(m − 1, ack(m, n − 1)) FI
```

Man kann zeigen, dass diese Funktion schneller wächst als jede nichtgeschachtelte Funktion. (Würde man 4 Dezimalziffern pro Sekunde schreiben, so bräuchte man zum Aufschreiben des Ergebnisses von `ack(4, 4)` bereits $10^{10^{19727}}$ Sekunden - zum Vergleich: Die Erde ist ca. 10^{17} Sekunden alt.)

Während die bisherigen Begriffe sich auf einzelne Funktionen beziehen, betrifft der nächste Gruppen von zwei oder mehr Funktionen.

Verschränkte Rekursion. *Verschränkte Rekursion* liegt vor, wenn zwei oder mehr Funktionen sich gegenseitig aufrufen. Diese Situation tritt bei größeren Programmsystemen häufig auf; wir werden sie z. B. bei Interpretern (in Abschnitt 18.6.2) antreffen. Das folgende – zugegeben recht artifizielle – Beispiel zeigt das Prinzip:

```
FUN even? : nat → bool
FUN odd? : nat → bool
DEF even? == λn. IF n = 0 THEN true
                 IF n > 0 THEN odd?(n − 1) FI
DEF odd?  == λn. IF n = 0 THEN false
                 IF n > 0 THEN even?(n − 1) FI
```

Aufrufgraph.. Neben dem Rekursionstyp spielt auch der ***Aufrufgraph*** eine große Rolle, insbesondere bei Systemen, die aus mehreren Funktionen bestehen. Dabei erhält man den Aufrufgraphen eines Systems von Funktionen, indem man für jede Funktion einen Knoten einführt und vom Knoten (f) zum Knoten (h) eine gerichtete Kante (f)⟶(h) zieht, falls der Rumpf von f einen Aufruf von h enthält.

Beispiel: Im Folgenden zeigen wir ein einfaches System von zwei Funktionen und seinen Aufrufgraphen:

```
DEF ggt == λa,b .
    IF b = 0 THEN a
    IF b > 0 THEN ggt(b,mod(a,b)) FI
DEF mod == λa,b .
    IF a < b THEN a
    IF a ≥ b THEN mod(a − b,b) FI
```

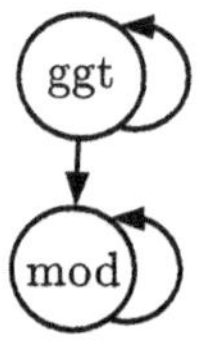

ggt
mod

Man beachte: Wenn man beide Funktionen als ein gemeinsames System betrachtet, liegt *geschachtelte Rekursion* vor. Aufgrund der „hierarchischen“ Aufrufsituation kann jedoch jede Funktion für sich als *repetitiv* betrachtet werden.

6. Ein bisschen syntaktischer Zucker

Die bisherigen Definitionen spiegeln den essentiellen Kern der Funktionsdefinition wider. Aber nur Puristen lassen sich mit einem kargen Kern abspeisen. Und weil wir keine Puristen sind, wollen wir noch einige notationelle Variationen einführen, die zwar keine neuen Konzepte mit sich bringen, aber die Lesbarkeit von Programmen wesentlich verbessern können.

6.1 Wider die λ-Notation

Die λ-Notation ist klassisch und auch sehr mächtig.[1] Aber wie so oft sind die Geschmäcker auch hier verschieden. Deshalb gibt es in funktionalen Sprachen im Allgemeinen Alternativen zur λ-Schreibweise.

6.1.1 Gleichungsartige Definitionen

Bei Funktionsdefinitionen haben viele Leute eine Vorliebe für Notationen, die eher an mathematische Gleichungen erinnern. Sie würden an Stelle einer Definition wie

```
DEF weite == λv0,phi . (square(v0)/g) * sin(2*phi)
```

lieber eine „Gleichung“ schreiben:

```
DEF weite(v0,phi) == (square(v0)/g) * sin(2*phi)
```

Beide Notationen sind in der Tat völlig äquivalent. Der OPAL-Compiler akzeptiert deshalb auch beide Formen gleichermaßen. (Es bleibt also dem Geschmack der Programmierer überlassen, welche Form sie vorziehen.)

Natürlich sind auch auf der linken Seite von Definitionen Infixschreibweisen möglich. Wir können also z. B. schreiben:

```
FUN over: nat × nat → nat
DEF n over k == binom(n,k)
```

oder auch

[1] Wie mächtig sie tatsächlich ist (nämlich universell), kann man in der Theoretischen Informatik lernen.

```
FUN ^ : real × nat → real
DEF a^n == pow(a,n)
```

Natürlich müssen wir bei solch einer Definition nicht auf eine zuvor definierte Funktion wie pow zurückgreifen, sondern können direkt definieren:

```
DEF a^n == IF n = 0 THEN 1
           IF n > 0 THEN a * (a^(n - 1)) FI
```

Die Funktionen aus dem vorigen Kapitel können dann z. B. so formuliert werden:

```
DEF Wort isin? Text == ...
DEF Wort starts? Text == ...
```

Wir werden von jetzt an bevorzugt die Gleichungsnotation verwenden.

6.1.2 Die „Wildcard"-Notation

Bisher haben wir λ-Ausdrücke eigentlich nur auf der rechten Seite von Funktionsdefinitionen kennengelernt – und da können wir sie sogar durch die gleichungsorientierte Notation ersetzen. Wir werden aber in Kürze sehen, dass diese λ-Ausdrücke auch an anderen Stellen sehr bequeme und ausdrucksstarke Programmiermittel sind.

Und immer dann, wenn etwas nützlich, bequem und häufiger benutzbar wird, wollen die Leute es möglichst kurz und knapp hinschreiben können. So entstehen dann alle möglichen Spezialnotationen für alle möglichen Spezialfälle. Eine davon betrifft den – in der Praxis häufigen – Fall von λ-Ausdrücken mit einer Variablen. Aus Gründen der Lesbarkeit erlauben wir, z. B. an Stelle von

```
(λx . x ≤ 0)
```

als gleichwertige Abkürzung zu schreiben:

```
(_ ≤ 0)
```

Das hier benutzte „*Wildcard*"-Symbol '_' – das *Underscore*-Zeichen auf der ASCII-Tastatur – steht als Stellvertreter für eine anonyme λ-Variable. (Offensichtlich funktioniert das nur für Ausdrücke mit einer λ-Variablen.) Wir können dann z. B.

```
(_ ≤ 0)(1)
```

schreiben, was den Wert false liefert, oder

```
(_ + 1)(2)
```

was den Wert 3 liefert.

6.2 Wider die Klammergebirge

Kein vernünftiger Mathematiker schreibt Ausdrücke wie

$$\texttt{mult(sqrt(add(x, y)), sub(x, div(y, add(x, div(y, 2)))))}.$$

(So etwas fällt höchstens Informatikern ein.) In ordentlicher Notation liest sich das so:

$$\sqrt{x+y} \cdot (x - \frac{y}{x+\frac{y}{2}})$$

Das würden wir natürlich gerne nachbauen. Aber die alte Technologie der ASCII-Terminals hat das nicht zugelassen.[2] Es ist aber wenigstens ein Kompromiss entstanden:

$$\texttt{sqrt(x + y) * (x - (y/(x + y/2)))}$$

Dieser Kompromiss vermeidet die „Klammergebirge" (für die zum Beispiel die Programmiersprache LISP bis heute berüchtigt ist), macht es aber notwendig, dass wir für Funktionen entsprechende Schreibweisen vorsehen.

- Am bekanntesten ist die sogenannte ***Infixnotation***: Bei einer zweistelligen Funktion wird das Funktionssymbol *zwischen* die Argumente geschrieben, also z. B. `a + b` oder `x/2` an Stelle von `add(a, b)` oder `div(x, 2)`.
- Auch die ***Postfixnotation*** trifft man in der Mathematik gelegentlich an: Bei einer einstelligen Funktion wird das Funktionssymbol *hinter* das Argument geschrieben. Das bekannteste Beispiel ist die Fakultätsfunktion, die als nachgestelltes Ausrufezeichen `x!` geschrieben wird, aber auch die Umwandlung von Winkeln ins Bogenmaß kann schön lesbar in der Form `90°` dargestellt werden.
  In der *Bibliotheca Opalica* wird das Ausrufezeichen üblicherweise für *Konversionen* benutzt, etwa `"27.365"!` als Konversion einer Denotation in eine reelle Zahl.
- Dual zur Postfixnotation gibt es auch die ***Präfixnotation***: Zum Beispiel wird die boolesche Negation im Allgemeinen in der Form `¬x` notiert.

Damit entsteht das Problem der Kennzeichnung, welche Funktion nun zum Beispiel in Infixnotation geschrieben werden soll und welche nicht.

In OPAL wird diese Frage auf ganz einfache Weise angegangen: *Jede zweistellige* Funktion kann auch in *Infixnotation* benutzt werden. (Es ist also legal, anstelle von `weite(10, 30°)` zu schreiben `10 weite 30°` – was dieses Beispiel aber eher verwirrender als lesbarer machen würde.) Und *jede einstellige* Funktion kann auch in *Postfixnotation* benutzt werden. Es ist also legal, anstelle von `square(29)` auch `29 square` zu schreiben. Besonders schön ist das bei Schreibweisen wie `90°` oder `10 min`.

In OPAL helfen zwei weitere Konventionen, bei der Anwendung von Infixoperationen Klammern zu sparen:

[2] Und trotz der Allgegenwart der modernen Graphikterminals hat sich dieser nostalgische Flair bei den Programmiersprachen bis heute unerklärlicherweise erhalten.

- Die mehrfache Anwendung ein- und desselben Infixoperators braucht nicht geklammert zu werden. Man kann also ... a+b+c+d ... schreiben. Nach der Konvention wird in diesen Fällen von *rechts* her geklammert, für OPAL ist dieser Ausdruck also gleichbedeutend mit ... a + (b + (c + d)) ...
- Wenn nur eine Klammerung die Typen der beteiligen Funktionen respektiert, findet OPAL diese Klammerung selbst heraus. Man braucht also Ausdrücke wie a < b + c and b + c < d nicht zu klammern.

Mit diesen Konventionen kann man sich viele Klammern ersparen. Es handelt sich aber immer noch um einen Behelf.

Exkurs:. Da wir uns aber nicht von den Grenzen der einen oder anderen Sprache einengen lassen wollen, diskutieren wir noch kurz einen allgemeineren Ansatz, den man leider in den heutigen Sprachen nur selten und auch nur in eingeschränkter Form findet.[3]

Wir könnten *Infixnotationen* in der Funktionalität kennzeichnen, indem wir das Symbol '_' als Platzhalter für die Parameter an die entsprechenden Stellen setzen. Auch in der Definition wird dann die Infixnotation benutzt.

```
FUN _ + _ : real × real → real        -- (Nicht OPAL-1!)
DEF x + y == ...
```

Die Postfixnotation sollten wir dann analog zur Infixnotation kennzeichnen:

```
FUN _! : nat → nat        -- (Nicht OPAL-1!)
DEF n ! == ...
```

Bei der Präfixnotation sollten wir darauf verzichten, sie für spezielle Funktionen explizit vorzusehen. Stattdessen könnten wir allgemein festlegen, dass jede einstellige Funktion in Präfixnotation angewandt werden kann, d. h. ohne Klammern. Wir könnten also schreiben:

```
FUN − : real → real
DEF −x == (0 − x)        -- (Nicht OPAL-1!)
```

Man beachte, dass damit z. B. sin x gleichwertig wäre zu sin(x), während wir natürlich nach wie vor divmod(a, b) schreiben müssten, denn hier dienen die Klammern der Tupelbildung.

Wenn man schon so weit gekommen ist, dann will man noch einen Schritt weiter gehen. Warum sollte man sich bei diesen schönen Notationen auf einen oder zwei Parameter beschränken? Damit kämen wir zur allgemeinen ***Mixfixnotation*** (die als Grenzfälle die Infix-, Präfix- und Postfixnotation subsumiert):

```
FUN _ ≤ _ ≤ _: real × real × real → bool        -- (Nicht OPAL-1!)
DEF a ≤ b ≤ c == (a ≤ b) ∧ (b ≤ c)
```

Wie in unseren Beispielen schon angedeutet, nehmen wir in der Informatik gegenüber der Mathematik noch eine weitere Verallgemeinerung vor: Für Mixfixnotationen erlauben wir als (Fragmente von) Funktionsnamen nicht

[3] Dieses Konzept soll in der Revision OPAL-2 auch realisiert werden.

nur sogenannte Grapheme (wie +, ∗, ≤ etc.), sondern beliebige Identifikatoren. Damit könnten wir dann z. B. schreiben:

```
FUN _with _ replaced by _ : array × nat × real → array
DEF A with i replaced by x == ...                -- (Nicht OPAL-1!)
```

Aber leider gibt's nichts ganz umsonst. Und auch unsere schönen Mixfixnotationen haben ihren Preis: Wenn wir nämlich

```
...a + sin b ∗ c ≥ cos d/e...
```

schreiben, dann ist nicht mehr klar, welche Operation sich jetzt auf welche Argumente bezieht. In der Mathematik hat man deshalb ***Präzedenzregeln*** eingeführt, die z. B. festlegen, dass Multiplikation und Division stärker binden als Addition und Subtraktion. Etwas Ähnliches verwenden wir hier auch. So könnte z. B. durch die Angaben

```
FUN _ + _ : real × real → real  PRIO(+ < ∗)    -- (Nicht OPAL-1!)
                                 ASSOC(+)       -- (Nicht OPAL-1!)
```

bestimmt werden, dass der Ausdruck `a+b+c∗d` gleichwertig ist zu der Klammerung (`a` + `b`) + (`c` · `d`). Im übrigen gilt, dass Präfixoperationen – also auch die normale Funktionsapplikation – Vorrang vor allen anderen Operationen haben. Die wichtigste Regel ist aber, dass die Klammerung so zu wählen ist, dass *Typkorrektheit* hergestellt wird.

Mit diesen Regeln ist der weiter oben angegebene Ausdruck also gleichwertig zu

```
...(a + (sin b ∗ c)) ≥ (cos d/e)...
```

Aber – wie gesagt – das ist Zukunftsmusik, nicht Stand der heutigen Programmiersprachen.

6.3 Notationelle Eigenheiten von ML und HASKELL

Notationen sind Geschmackssache und es wird daher nicht überraschen, dass die Designer der verschiedenen Programmiersprachen ihre Phantasie haben spielen lassen. Trotzdem hält sich die Vielfalt der Schreibweisen noch in überschaubaren Grenzen.

Wichtig ist bei allen funktionalen Sprachen, dass sie die *gleichungsartige Funktionsdefinition als Normalfall* betrachten, so dass die früher gezeigten Varianten der λ-Notation in ihrer Hässlichkeit nicht störend auffallen.

6.3.1 Notationelle Eigenheiten von ML

ML pflegt die gleichungsorientierten Definitionen. Deshalb schreibt man an Stelle der – zugegeben – hässlichen Form

```
val weite = fn (v0,phi) => (square(v0)/g) * sin(2.0*phi);
```

grundsätzlich die wesentlich schönere Form

```
fun weite(v0,phi) = (square(v0)/g) * sin(2.0*phi);
```

Man beachte, dass dabei das Schlüsselwort `val` durch `fun` ersetzt wird. Übrigens dürfen die mit `fun` gleichungsartig geschriebenen Funktionen auch rekursiv sein, während man bei den λ-artig geschriebenen Funktionen `val rec` schreiben muss.

Eine kleine Besonderheit ist, dass in ML bei verschränkt rekursiven Funktionen das Schlüsselwort '`and`' zu verwenden ist:

```
fun even(n) = if n = 0 then true  else odd(n-1)
and odd(n)  = if n = 0 then false else even(n-1);
```

Der Grund ist, dass der ML-Compiler Funktionen immer erst *nach* ihrer Definition kennt – im Gegensatz zu OPAL und HASKELL, wo eine Funktion in der *ganzen* Struktur bekannt ist. (Darauf gehen wir in Kap. 10 genauer ein.)

Infix-Funktionen kann man in ML durch das Schlüsselwort `infix` auszeichnen:

```
infix ++
fun A ++ B = concat(A,B);
```

Dabei gilt standardmäßig eine linksassoziative Klammerung; das heißt, `A++B++C` ist das Gleiche wie `(A++B)++C`. Wenn man rechtsassoziative Klammerung will, also `A++(B++C)`, dann muss man den Operator mit `infixr` kennzeichnen.

Es lassen sich auch Präzedenzen für die Operatoren angeben. Wenn wir zum Beispiel

```
infix 6 ++
```

schreiben, dann hat der Operator '`++`' die Präzedenzstufe 6 (wie die Addition, aber schwächer als die Multiplikation, die 7 hat).

Die schnelle Variante der Potenzierungsfunktion aus dem vorigen Kapitel könnte man also in ML so schreiben:

```
infix 8 pow
fun a pow n =
    if      n = 0         then 1
    else if n > 0 andalso
            even(n)       then (a*a) pow (n div 2)
                          else (a*a) pow (n div 2) * a
```

6.3.2 Notationelle Eigenheiten von GOFER und HASKELL

Auch für HASKELL gilt, dass die Standardform der Funktionsdefinition gleichungsorientiert ist. Unser Standardbeispiel lautet also:

```
weite(v0,phi) = (square(v0)/g) * sin(2*phi)
```

HASKELL hat auch eine Form von „bedingten Gleichungen", d. h. eine Kombination von gleichungsorientierten Funktionsdefinitionen mit Fallunterscheidungen.

```
max a b
  | a >= b      = a
  | otherwise   = b
```

Diese von HASKELLianern bevorzugte Notation bedeutet das Gleiche wie die traditionelle Notation

```
max a b = if a >= b then a else b
```

Die Ausdrücke zwischen dem senkrechten Strich '|' und dem Gleichheitszeichen '=' heißen *Guards*. Solche bedingten Gleichungen können auch mehr als zwei Fälle enthalten, die dann in der Reihenfolge der Aufschreibung abgearbeitet werden (im Gegensatz zu OPAL, wo die Reihenfolge beliebig ist).

In HASKELL werden Operatoren wie '+', '*' etc. in Infix-Notation benutzt. Aber man kann auch jede zweistellige Funktion als Operator benutzen, indem man sie in Hochkommata einschließt. Die oben eingeführte Funktion max kann also auch so benutzt werden:

```
... x ‘max‘ y ...
```

Unser Standardbeispiel der Potenzierungsfunktion kann also in HASKELL folgendermaßen formuliert werden:

```
infixl 8 ‘pow‘
a ‘pow‘ n
  | n == 0               = 1
  | n > 0 && even(n)     = (a*a) ‘pow‘ (n-1)
  | otherwise            = (a*a) ‘pow‘ (n-1) * a
```

Die Abseitsregel. Eine notationelle Besonderheit von HASKELL ist die Möglichkeit der layoutabhängigen Syntax (*Abseitsregel*, engl. *offside rule*, genannt in Anlehnung an die entsprechende Regel im American Football). Das bedeutet, dass das Layout, also die Einrückungen im Programmtext, wesentlichen Einfluss auf die Bedeutung des Programms hat.[4]

---

[4] In der Frühzeit der Informatik, also zu Zeiten der sog. Assembler-Programmierung sowie der ersten höheren Programmiersprachen wie COBOL und FORTRAN, war das die Standardtechnik. Mit dem Fortschritt im Compilerbau wurden solche Zwänge aber als antiquiert verworfen. Mit Sprachen wie OCCAM und HASKELL feiert dieses *Feature* jetzt wieder fröhliche Urständ.

Zum Beispiel kann man in einem where-Ausdruck problemlos über Zeilen hinweg schreiben, wenn man eine entsprechende Einrückung vornimmt:

```
... where steuer = nettobetrag *
                   mehrwertsteuersatz
          bruttobetrag = nettobetrag + steuer
```

Die Deklaration des Wertes **steuer** endet erst, wenn Text kommt, der auf gleicher Höhe oder weiter links beginnt, also bei **bruttobetrag**. Die genauen Regeln lauten:

- Das erste Zeichen nach let oder where bestimmt die nächste „Box".
- Beginnt eine Zeile genau am linken Rand der aktuellen Box, dann liegt eine neue Deklaration vor.
- Ist eine Zeile gegenüber der aktuellen Box nach rechts eingerückt, dann gilt sie als Fortsetzung der vorigen Zeile.
- Beginnt eine Zeile weiter links als die aktuelle Box (sie ist „im Abseits"), dann gilt die Box als beendet.

Wir können also schreiben (für die Fläche eines Kreises mit dem Durchmesser d):

```
flaeche d =
  sq(r) * pi
  where
  r      = half d
  sq x   = x * x
  half x = x / 2
```

Ohne die Abseitsregel wäre das nicht zu unterscheiden von

```
flaeche d =
  sq(r) * pi
  where r = half d sq x = x * x half x = x / 2
```

Damit wäre dann völlig unklar, wo Funktionsapplikationen enden und wo Deklarationen anfangen – vor allem, wenn Funktionen in „Curry-Form" (s. Kap. 8) vorkommen. (In OPAL ist das der Grund, weshalb lokal deklarierte Funktionen nur in der λ-Notation und nicht in der Gleichungsnotation geschrieben werden dürfen.)

Anmerkung: Wer seine Deklarationen unbedingt in eine Zeile schreiben will, der darf das in HASKELL auch tun: Allerdings ist dann eine explizite Trennung der Deklarationen mit einem Semikolon notwendig.

```
flaeche d =
  sq(r) * pi
  where r = half d; sq x = x * x; half x = x / 2
```

Das gilt aber nicht als empfohlener Stil.

7. Drei Beispiele aus der Numerik

Wir haben jetzt einen Punkt erreicht, an dem wir für etwas größere Beispiele gerüstet sind. Und da wir bisher primär mit Zahlen gearbeitet haben, liegt es nahe, auch diese Beispiele aus der Numerischen Mathematik zu holen. Wir wollen den mathematischen Tiefgang jedoch auf einem Niveau halten, das mit ordentlicher Schulmathematik noch nachvollziehbar ist.

7.1 Berechnung der Quadratwurzel

Die ***Quadratwurzel*** $x = \sqrt{a}$ ist eine Funktion, für die jeder halbwegs taugliche Taschenrechner eine Taste bereitstellt. Aber wie wird das eigentlich intern ausgerechnet? In Abschnitt 5.2 hatten wir schon eine Möglichkeit programmiert: Bisektion.

Üblicherweise nimmt man jedoch ein Verfahren, das auf Newton zurückgeht und das schneller konvergiert. Dieses Verfahren liefert eine generelle Möglichkeit, die *Nullstelle einer Funktion* zu berechnen. Also müssen wir unsere Aufgabe zuerst in ein solches Nullstellenproblem umwandeln. Das geht ganz einfach mit elementarer Schulmathematik:

$$
\begin{aligned}
&x = \sqrt{a} \\
&x^2 = a \\
&x^2 - a = 0
\end{aligned}
$$

Um unsere gesuchte Quadratwurzel zu finden, müssen wir also eine *Nullstelle* der folgenden Funktion berechnen:

$$f(x) \overset{\text{def}}{=} x^2 - a$$

Abbildung 7.1 illustriert, dass die Gleichung

$$x' = x - \frac{f(x)}{f'(x)}$$

einen Punkt x' liefert, der näher am Nullpunkt liegt als x.

Auf dieser Basis lässt sich dann – ausgehend von einem geeigneten Startwert x_0 – eine Folge von Werten

$$x_0,\ x_1,\ x_2,\ x_3,\ x_4,\ \ldots$$

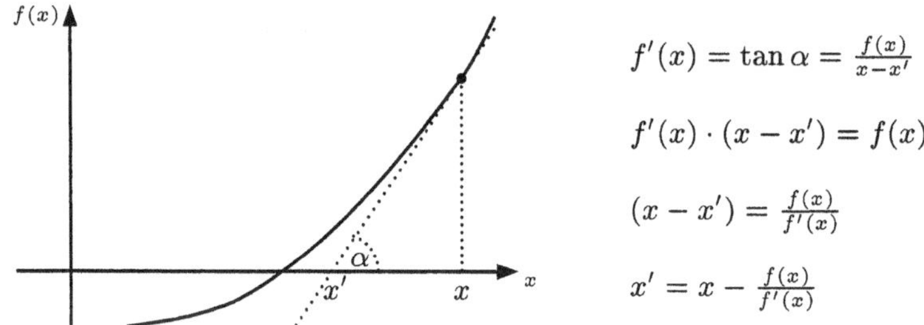

Abb. 7.1. Illustration des Newton-Verfahrens

berechnen, die zur gewünschten Nullstelle konvergieren. (Die genaueren Details – Rundungsfehleranalyse, Konvergenzgrad etc. – überlassen wir den Kollegen aus der Mathematik.)

Bezogen auf unsere spezielle Anwendung heißt das, dass wir zunächst die Ableitung unserer obigen Funktion $f(x) \stackrel{\text{def}}{=} x^2 - a$ brauchen, also $f'(x) = 2x$. Damit ergibt sich als Schritt $x_i \mapsto x_{i+1}$ für die Berechnung der Folge:

$$x_{i+1} = x_i - \frac{x_i^2 - a}{2x_i} = x_i - \frac{1}{2}(x_i - \frac{a}{x_i}) \stackrel{\text{def}}{=} h(x_i)$$

Aus diesen Überlegungen erhalten wir unmittelbar das folgende Programm.

BEISPIEL 7.1 (Quadratwurzel)

Die Berechnung der Quadratwurzel nach dem soeben skizzierten Newton-Verfahren erfolgt als einfaches Approximationsprogramm.

Der guten Ordnung halber wollen wir die Funktion allerdings auch in eine Modulstruktur einpacken. Die Schnittstelle der dazu nötigen Struktur `Sqrt` *enthält nur die Funktion* `sqrt`*:*

```
SIGNATURE Sqrt
  IMPORT Real ONLY real
  FUN sqrt : real → real
```

Die eigentliche Berechnungsarbeit wird von Hilfsfunktionen geleistet, die in der Implementierung verschattet sind.

```
IMPLEMENTATION Sqrt
  IMPORT Real COMPLETELY
  DEF sqrt(a) == converge(x0)
                 WHERE
                 x0 == a/2
  FUN converge: real → real
  DEF converge(x) == IF h(x) ≃ x THEN h(x)
                                 ELSE converge(h(x)) FI
```

```
FUN h : real → real
DEF h(x) == x − (0.5 ∗ (x − (a/x)))

FUN ≃ : real × real → real
DEF x ≃ y == (abs(x − y) < 0.000001)
```

Die Hilfsfunktion `converge` *leistet hier die eigentliche Arbeit: Sie berechnet die Folge*

$$x,\ h(x),\ h^2(x),\ h^3(x),\ \cdots,\ h^n(x)$$

so lange, bis die Werte hinreichend nahe beisammen liegen, die Folge also „konvergiert".

Die Hilfsfunktion '≃' trägt dem üblichen Problem Rechnung, dass beim Arbeiten mit reellen Zahlen Rundungsfehler auftreten, so dass wir nicht auf Gleichheit $x = y$ testen dürfen, sondern nur auf „näherungsweise Gleichheit". (Wie eng wir die Schranke wählen, hängt dabei von der jeweiligen Anwendung ab. Unser obiger Wert 0.000001 *ist deshalb ziemlich willkürlich.)*

Anmerkung: Der Startwert $x_0 = a/2$ ist nicht sehr gut. Ideal wäre es, wenn wir den halben Exponenten von a nehmen könnten. Das heißt, wenn a in der Größenordnung 10^n liegt, sollten wir $x_0 = 10^{n/2}$ nehmen. Leider steht uns jedoch für `real` solch eine Operation im Allgemeinen nicht zur Verfügung.

Übung 7.1. Programmieren Sie eine Funktion zur Berechnung der Kubikwurzel.

7.2 Numerisches Differenzieren

Wir betrachten das Problem, die *Ableitung* $f'(x) = \frac{df(x)}{dx}$ einer Funktion f an der Stelle x zu bestimmen. Eine Näherung an diesen Wert liefert der *Differenzenquotient*, das heißt

$$f'(x) \approx \frac{f(x+h) - f(x-h)}{2h}$$

sofern der Wert h klein genug ist (und f an der Stelle x überhaupt differenzierbar ist). Das wird durch folgende kleine Skizze illustriert:

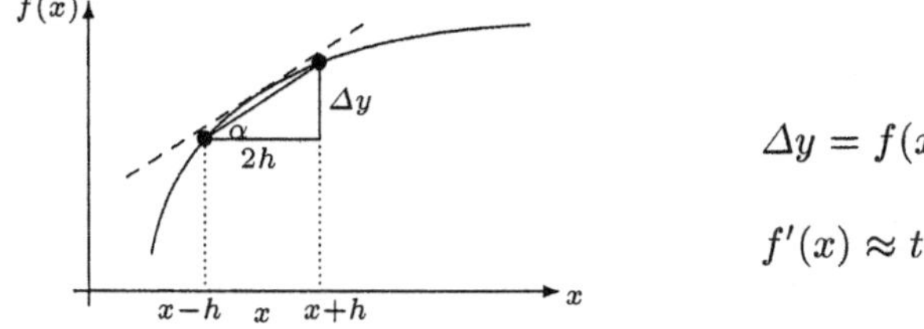

Das Problem ist nur, das richtige h zu finden. Das lösen wir ganz einfach durch einen schrittweisen Approximationsprozess: Wir nehmen der Reihe nach die Werte

$$h, \frac{h}{2}, \frac{h}{4}, \frac{h}{8}, \frac{h}{16}, \ldots$$

und hören auf, wenn die zugehörigen Differenzenquotienten sich nicht mehr wesentlich ändern. Damit ist die Lösungsidee skizziert, und wir können mit dem Programmieren beginnen.

Wir wollen aber gleich darauf hinweisen, dass wir auf ein technisches Problem stoßen werden, das im Anschluss näher zu diskutieren sein wird.

BEISPIEL 7.2 (Ableitung einer Funktion)

Die Schnittstelle enthält nur die Funktion `Diff`*; der Rest wird wieder in der Implementierung versteckt.*

```
SIGNATURE DifferenzialRechnung
  IMPORT Real ONLY real
  FUN Diff : real → real                -- Diff(x) ≈ f'(x) an der Stelle x
```

Für den Differenzenquotienten und den „Gleichheitstest" auf reellen Zahlen benutzen wir die Hilfsfunktionen `diffquot` *und '≃'. Die eigentliche Lösungsidee steckt dann in den folgenden beiden Funktionen, wobei die eigentliche Arbeit von der Hilfsfunktion* `Iterate` *geleistet wird und die Funktion* `Diff` *selbst eigentlich nichts tut, als diese Hilfsfunktion mit geeigneten Startwerten aufzurufen.*

```
IMPLEMENTATION DifferenzialRechnung
  IMPORT Real COMPLETELY
  DEF Diff(x) == LET h0 == 0.01
                     D0 == diffquot(x,h0)
                 IN
                 Iterate(x,h0,D0)

  FUN Iterate: real × real × real → real
  DEF Iterate(x,h_old,D_old) ==
      LET h_new == h_old/2
          D_new == diffquot(x,h_new)
      IN
      IF D_old ≃ D_new THEN D_new
                       ELSE Iterate(x,h_new,D_new) FI

  FUN diffquot: real × real → real
  DEF diffquot(x,h) == (f(x+h) − f(x−h))/(2*h)

  FUN ≃ : real × real → bool
  DEF x ≃ y == (abs(x − y) < 0.000001)
```

```
FUN f : real → real
DEF f(x) == ...   -- the function of interest
```

Dieses Beispiel hat einen gravierenden Schönheitsfehler! Die Funktion f*, für die wir die Ableitung an der Stelle* x *berechnen, ist im Programm fixiert. (Das haben wir im obigen Programm verschämt mit den ominösen drei Pünktchen '...' kaschiert.) Die Lösung dieses Problems werden wir im nächsten Kapitel unter dem Stichwort „Funktionen höherer Ordnung" nachliefern.*

Übung 7.2. Betrachten Sie das obige Beispiel zur Berechnung der Ableitung einer Funktion:
(a) Modifizieren Sie das Beispiel so, dass die Folge der Schrittweiten $h, \frac{h}{3}, \frac{h}{9}, \frac{h}{27}, \ldots$ *ist.*
(b) Modifizieren Sie das Beispiel so, dass der einseitige Differenzenquotient $\frac{f(x+h)-f(x)}{h}$ *genommen wird.*

7.3 Numerisches Integrieren

Die Lösung des Integrationsproblems

$$\int_a^b f(x)dx$$

verlangt noch etwas mathematische Vorarbeit. Dabei können wir uns die Grundidee mit etwas Schulmathematik schnell klar machen. Die Überlegungen, unter welchen Umständen diese Lösung funktioniert und warum, müssen wir allerdings den Mathematikern – genauer: den Numerikern – überlassen.[1] Zur Illustration betrachten wir Abb. 7.2.

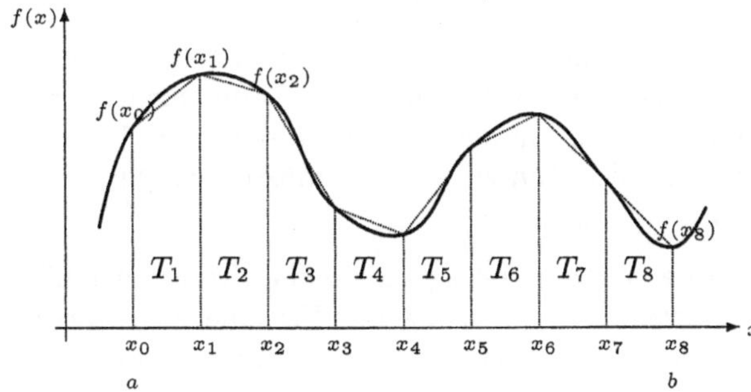

Abb. 7.2. Approximation eines Integrals durch Trapezsummen

[1] Das ist eine typische Situation für Informatiker: Sie müssen sich darauf verlassen, dass das, was ihnen die Experten des jeweiligen Anwendungsgebiets sagen, auch stimmt. Sie schreiben dann „nur" die Programme dazu.

Idee 1: Wir teilen das Intervall $[a, b]$ in n Teilintervalle ein, berechnen die jeweiligen Trapezflächen $T_1, \ldots, T_n$ und summieren sie auf.

Seien also $h = \frac{b-a}{n}$ und $y_i = f(x_i) = f(a + i \cdot h)$. Dann gilt:

$$\begin{aligned}
\int_a^b f(x)dx &\approx \sum_{i=1}^{n} T_i \\
&= \sum_{i=1}^{n} \frac{y_{i-1}+y_i}{2} \cdot h \\
&= h \cdot (\frac{y_0}{2} + y_1 + y_2 + \cdots + y_{n-1} + \frac{y_n}{2}) \\
&\stackrel{def}{=} TSum_f(a,b)(n)
\end{aligned}$$

Der Wert $TSum_f(a,b)(n)$ liefert offensichtlich eine Approximation an den gesuchten Wert des Integrals. Die Güte dieser Approximation wird durch die Anzahl n (und damit die Breite h) der Intervalle bestimmt – in Abhängigkeit von der jeweiligen Funktion f.

Damit haben wir ein Dilemma: Ein zu grobes h wird im Allgemeinen zu schlechten Approximationen führen. Andererseits bedeutet ein zu feines h sehr viel Rechenaufwand (und birgt außerdem noch die Gefahr von akkumulierten Rundungsfehlern). Und das Ganze wird noch dadurch verschlimmert, dass die Wahl des „richtigen" h von den Eigenschaften der jeweiligen Funktion f abhängt. Also müssen wir uns noch ein bisschen mehr überlegen.

Idee 2: Wir beginnen mit einem groben h und verfeinern die Intervalle schrittweise immer weiter, bis die jeweiligen Approximationswerte genau genug sind. Das heißt, wir betrachten z.B. die Folge

$$h, \frac{h}{2}, \frac{h}{4}, \frac{h}{8}, \frac{h}{16}, \ldots$$

und die zugehörigen Approximationen

$$TSum_f(a,b)(1), \ TSum_f(a,b)(2), \ TSum_f(a,b)(4), \ \cdots$$

Das Programm dafür wäre sehr schnell zu schreiben – es ist eine weitere Anwendung des Konvergenzprinzips, das wir oben bei der Differenziation angewandt haben. Aber diese naive Programmierung würde sehr viele Doppelberechnungen bewirken. Um das erkennen zu können, müssen wir uns noch etwas weiter in die Mathematik vertiefen.

Idee 3: Wir wollen bereits berechnete Teilergebnisse über Iterationen hinweg „retten". Man betrachte zwei aufeinanderfolgende Verfeinerungsschritte (wobei wir mit der Notation $y_{i+\frac{1}{2}}$ andeuten, dass der entsprechende Wert $f(x_i + \frac{h}{2})$ ist): Bei n Intervallen haben wir den Wert

$$TSum_f(a,b)(n) = h \cdot (\frac{y_0}{2} + y_1 + y_2 + \cdots + y_{n-1} + \frac{y_n}{2})$$

Bei $2n$ Intervallen ergibt sich

$$\begin{aligned}
&TSum_f(a,b)(2\cdot n)\\
&= \tfrac{h}{2}\cdot(\tfrac{y_0}{2} + y_{0+\frac{1}{2}} + y_1 + y_{1+\frac{1}{2}} + y_2 + \cdots + y_{n-1} + y_{(n-1)+\frac{1}{2}} + \tfrac{y_n}{2})\\
&= \tfrac{h}{2}\cdot(\tfrac{y_0}{2} + y_1 + \cdots + y_{n-1} + \tfrac{y_n}{2}) + \tfrac{h}{2}\cdot(y_{0+\frac{1}{2}} + \cdots + y_{(n-1)+\frac{1}{2}})\\
&= \tfrac{1}{2}\cdot TSum_f(a,b)(n) + \tfrac{h}{2}\cdot(y_{0+\frac{1}{2}} + y_{1+\frac{1}{2}} + \cdots + y_{(n-1)+\frac{1}{2}})\\
&= \tfrac{1}{2}\cdot TSum_f(a,b)(n) + \tfrac{h}{2}\cdot\sum_{j=0}^{n-1} f(a + \tfrac{h}{2} + j\cdot h)
\end{aligned}$$

Diese Version nützt die zuvor berechneten Teilergebnisse jeweils maximal aus und reduziert den Rechenaufwand damit beträchtlich. Deshalb wollen wir diese Version jetzt in ein Programm umsetzen. Wir berechnen also folgende Folge von Werten:

$$T_0,\ T_1,\ T_2,\ T_3,\ T_4,\ T_5,\ \ldots$$

wobei jeweils $T_i = TSum_f(a,b)(2^i)$ gilt. Damit folgt insbesondere der Zusammenhang

$$\begin{aligned}
h_{i+1} &= \tfrac{h_i}{2}\\
T_{i+1} &= \tfrac{1}{2}\cdot T_i + h_{i+1}\cdot\sum_{j=0}^{2^i-1} f(a + h_{i+1} + j\cdot h_i)
\end{aligned}$$

mit den Startwerten

$$\begin{aligned}
h_0 &= b - a\\
T_0 &= TSum_f(a,b)(1) = h_0\cdot\tfrac{f(a)+f(b)}{2}
\end{aligned}$$

Auch hier haben wir wieder eine Variante unseres Konvergenzschemas, jetzt allerdings mit zwei statt nur einem Parameter. Dieses Schema lässt sich auch wieder ganz einfach programmieren.

Beispiel 7.3 (Integration)

Wir wollen nicht schon wieder eine eigene Struktur als Rahmen für die Funktion `Integral` *basteln. Es ist ja offensichtlich sinnvoll, beides, das Differenzieren wie das Integrieren, gemeinsam verfügbar zu machen. Also erweitern wir die Struktur aus dem vorigen Abschnitt in geeigneter Weise.*

```
SIGNATURE DifferenzialRechnung
  IMPORT Real ONLY real

  FUN Diff: real → real                 -- Diff(x) ≈ f'(x) a. d. Stelle x
  FUN Integral: real × real → real      -- Integral(a,b) ≈ ∫_a^b f(x)dx
```

Jetzt müssen wir den Implementierungsteil um die oben entwickelten Funktionen erweitern.

```
IMPLEMENTATION DifferenzialRechnung
  IMPORT Real COMPLETELY
                    ...
  DEF Diff(x) == ...
      ...
  DEF Integral(a,b) == converge(a, b, T0, h0)
                       WHERE
                       h0 == b - a
                       T0 == h0 * (f(a) + f(b))/2)

  FUN converge: real × real × real × real → real
  DEF converge(a,b,Told,hold) ==
      IF Tnew ≃ Told THEN Tnew
                     ELSE converge(a, b, Tnew, hnew) FI
      WHERE
      Tnew == 0.5 * T + hnew * Sum(a + hnew, hold, b)
      hnew == hold/2

  FUN Sum: real × real × real → real
  DEF Sum(x,h,b) == IF x < b THEN f(x) + Sum(x + h, h, b)
                               ELSE 0                   FI

  FUN f: real → real
  DEF f(x) == ...    -- the function of interest
```

Auch hier bleibt der gravierende Schönheitsfehler bestehen, dass das ganze Programm nur für eine fest vorgegebene, fixierte Funktion f *funktioniert. Es wird Zeit, dieses Manko zu korrigieren.*

Übung 7.3. Schreiben Sie die Beispielprogramme in die Notationen von ML *und* HASKELL *um.*

Teil II

Weiterführende Aspekte funktionaler Programmierung

Was wir bisher behandelt haben, ist die elementare Basis der funktionalen Programmierung, also der Bereich, in dem sie sich nicht wesentlich von anderen Programmierparadigmen unterscheidet. Auch der Grad an Genauigkeit, in dem wir die Konzepte behandelt haben, war eher intuitiv und beispielorientiert als abstrakt-konzeptuell.

Im Folgenden werden wir deshalb auf eine Technik eingehen, die die funktionale Programmierung von anderen Paradigmen abhebt: *Funktionen höherer Ordnung*. Außerdem werden wir noch für einige Sprachkonzepte eine etwas rigorosere Betrachtung vornehmen. Diese Betrachtung wollen wir auch allgemeiner fassen, so dass sie nicht nur auf unsere konkreten Beispielsprachen zugeschnitten ist.

8. Funktionen höherer Ordnung

The functions I grew up with, such as the sine, the cosine, the square root, and the logarithm were almost exclusively real functions of a real argument. ... I was extremely ill-equipped to appreciate functional programming when I encountered it: I was, for instance, totally baffled by the shocking suggestion that the value of a function could be another function. E. W. Dijkstra [15]

Edsger Dijkstra hat es in seiner Vorlesungsankündigung treffend ausgedrückt: Die Vorstellung, dass Funktionen selbst wieder Argumente und Resultate anderer Funktionen sein sollen, ist erst einmal ungeheuerlich.

Zwar erlauben auch einige der traditionellen imperativen Sprachen (wie zum Beispiel PASCAL oder C), Prozeduren zu Parametern anderer Prozeduren zu machen, doch sie behandeln dieses „Feature“ im Allgemeinen recht stiefmütterlich – sowohl auf der notationellen Ebene als auch bei der Verarbeitung durch den Compiler. Kurz: Prozeduren sind dann – wenn überhaupt – nur Daten zweiter Klasse. Und konsequenterweise wird diese Möglichkeit bei den zugehörigen Programmier*methoden* praktisch ignoriert.

Ganz anders präsentieren sich hier die funktionalen Sprachen und die mit ihnen verbundenen Programmiermethoden: Funktionen sind genauso Daten wie Zahlen, Texte oder Listen. Die Begründung ist auch ganz einfach. Erinnern wir uns (Kap. 1.2): Mathematisch gesehen sind Funktionen im wesentlichen Mengen von Paaren, also spezielle Daten. Weshalb sollten wir sie also nicht wie alle anderen Daten behandeln?[1] (Im Amerikanischen gibt es dafür das Schlagwort "*functions as first-class citizens*".)

Die Idee trägt aber noch viel weiter: Die Möglichkeit, Funktionen auf vielfältige Weise mittels anderer Funktionen miteinander zu verknüpfen, eröffnet Programmiermethoden, die in ihrer Eleganz und Ausdrucksstärke weit über das hinausgehen, was uns aus der traditionellen imperativen Programmierung vertraut ist. Man kann mit Fug und Recht sagen, dass erst diese Techniken die funktionale Programmierung zu dem machen, was sie ist: eine extrem elegante Form Algorithmen auszudrücken.

[1] ... naja, ein bisschen aufpassen müssen wir schon, wegen der prinzipiell unendlichen Größe. Aber das ist ein technisches, kein mathematisches Problem.

Wir wollen aber nicht verschweigen, daß hier auch ein kleiner Haken steckt: Dieser Programmierstil ist für viele ungewohnt, und weil Unvertrautes erst einmal verunsichert, ist die erste Reaktion häufig Ablehnung.[2] Neben diesem psychologischen gibt es aber auch noch ein objektives Problem: Auf dieser Ebene (mehr oder weniger) virtuos mit Funktionen zu spielen, erhöht zweifellos den *Abstraktionsgrad*, auf dem Problemlösen stattfindet. Und erhöhte Abstraktion geht grundsätzlich mit erhöhter intellektueller Herausforderung einher. Etwas sarkastisch ausgedrückt: Wo man sich in C oder BASIC mit fleißigem Testen und Debugging irgendwie zum Ziel durchwursteln kann, muss man hier nachdenken. Und erstaunlicherweise findet manch einer Letzteres abschreckender als Ersteres.

Funktionen, die als Parameter oder Argumente wieder Funktionen haben, werden als ***Funktionen höherer Ordnung*** oder auch als ***Funktionale*** bezeichnet.

8.1 Funktionen als Parameter

Beginnen wir mit der – zumindest für Anfänger – einfacheren Situation: Funktionen als Parameter anderer Funktionen. Amüsanterweise haben die meisten Leute schon mit diesem Konzept zu tun gehabt – sie wissen's nur nicht. Jeder, der in der Mathematik schon einmal mit Notationen wie

$$\int_a^b f(x)dx \qquad \text{bzw.} \qquad \frac{df(x)}{dx}$$

in Berührung gekommen ist, hat mit Funktionen höherer Ordnung gearbeitet. Wenn wir die obigen Ausdrücke als Programmterme ausdrücken, müssen wir nämlich offensichtlich schreiben

```
Integral(f,a,b)    -- Integral von f zwischen a und b
Diff(f,a)          -- Ableitung von f an der Stelle a
```

Wenn wir Integrale oder Differenziale unterschiedlicher Funktionen ausrechnen wollen, müssen wir Aufrufe folgender Art formulieren:

`Integral(sin,0,`$\frac{\pi}{2}$`)`, `Integral(cos,`$\frac{\pi}{4}$`,`$\frac{3\pi}{4}$`)`, `Diff(sqrt,0.7)`

Als ein weiteres Beispiel können wir die Bestimmung des Maximums dreier Zahlen nehmen:

```
DEF max(a,b,c) == IF a ≥ b ∧ a ≥ c THEN a
                  IF b ≥ a ∧ b ≥ c THEN b
                  IF c ≥ a ∧ c ≥ b THEN c FI
```

[2] Manche stoßen deshalb nie zu dem Punkt vor, an dem sie diese Ausdrucksstärke tatsächlich für sich entdecken und nutzbar machen.

Offensichtlich ändert sich an diesem Programm fast nichts, wenn wir das Minimum bestimmen wollen: Wir müssen nur '≥' durch '≤' ersetzen. Also definieren wir die folgende allgemeinere Funktion:

```
DEF extreme(before, a, b, c) ==
        IF (a before b) ∧ (a before c)THEN a
        IF (b before a) ∧ (b before c)THEN b
        IF (c before a) ∧ (c before b)THEN c FI
```

Sobald wir diese Funktion geschrieben haben, können wir Minimum und Maximum leicht einführen:

```
DEF min(a, b, c) == extreme(≤, a, b, c)
DEF max(a, b, c) == extreme(≥, a, b, c)
```

Wenn wir diese neue Situation auch in unseren graphischen Illustrationen darstellen wollen, dann müssen wir uns eine geeignete Form ausdenken, in der wir Funktionsparameter in der Bildersprache ausdrücken können. Eine Möglichkeit wird in Abb. 8.1 gezeigt: Der innere Funktionskasten f kommt als Argument in das Diagramm hinein.

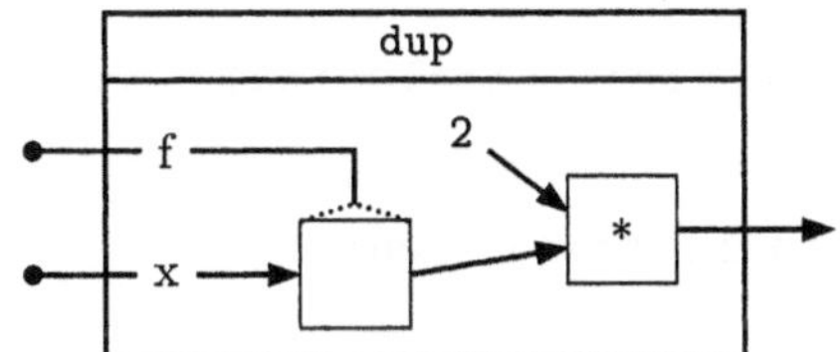

Abb. 8.1. Graphische Illustration von Funktionen als Parametern

Dieses Bild repräsentiert die Funktion

```
DEF dup(f, x) == 2 * f(x)
```

Übung 8.1. Variieren Sie die obigen Funktionen:

(a) Schreiben Sie eine allgemeine Funktion, die Maximum oder Minimum einer Funktion `f` *an drei Argumentstellen bestimmt, also zum Beispiel das Maximum der drei Werte* `sin(a)`, `sin(b)`, `sin(c)` *oder das Minimum der drei Werte* `cos(x)`, `cos(y)`, `cos(z)`.

(b) Schreiben Sie eine Funktion, die das Minimum zweier Funktionen `f` *und* `g` *an einer gegebenen Stelle* `x` *liefert, also zum Beispiel* `min(sin(x), cos(x))`.

Diese Beispiele zeigen, dass sich an den Syntaxregeln für Funktionsdefinition und -applikation durch die Einführung von Funktionen als Parameter nichts ändert. Nur bei der Typisierung müssen wir eine Erweiterung vornehmen: Jetzt können als Argumenttypen auch *Funktionalitäten* auftreten.

```
FUN Integral: (real → real) × real × real → real
FUN Diff: (real → real) × real → real
FUN extreme: (real × real → bool) × real × real × real → real
```

Damit haben wir unser Problem aus dem letzten Kapitel gelöst: Differenziation und Integration werden jetzt für (beliebige[3]) Funktionen f möglich.

Beispiel 8.1 (Differenzial und Integral (erster Ansatz))

Die Funktionen in der Struktur `DifferenzialRechnung` *werden jetzt mit der Funktion f parametrisiert.*

```
SIGNATURE DifferenzialRechnung
  IMPORT Real ONLY real
  FUN Diff : (real → real) × real → real
  FUN Integral: (real → real) × real × real → real
```

Auch die Hilfsfunktionen in der Implementierung müssen angepasst werden:

```
IMPLEMENTATION DifferenzialRechnung
  IMPORT Real COMPLETELY
              ...
  DEF Diff(f, x) == ...
      ...
  DEF Integral(f, a, b) == ...

  FUN converge: (real → real) × real × real × real × real → real
  DEF converge(f,a,b,T,h) == ...

  FUN Sum: (real → real) × real × real × real → real
  DEF Sum(f,x,h,b) == ...
```

Jetzt können wir zum Beispiel die Aufrufe

`Diff(sin,pi/4),    Integral(exp,0,1)`

verwenden um den Wert der Ableitung von `sin` *an der Stelle $x = \frac{\pi}{4}$ oder den Wert des Integrals von* `exp` *zwischen 0 und 1 zu erhalten.*

Wie diese Beispiele zeigen, sind Funktionen als Parameter eigentlich gar nichts Besonderes. Und die notwendigen Erweiterungen unserer Sprachmittel sind auch nicht überraschend oder schwierig.

Übung 8.2. Betrachten Sie noch einmal das obige Beispiel zur Berechnung der Ableitung einer Funktion:

(a) Strukturieren Sie das Programm in Signatur- und Implementierungsteil. Welche Funktionen werden zu verschatteten Hilfsfunktionen? Welche Importe sind notwendig?

(b) Modifizieren Sie das Beispiel so, dass die Folge der Schrittweiten $h, \frac{h}{3}, \frac{h}{9}, \frac{h}{27}, \ldots$ ist.

(c) Modifizieren Sie das Beispiel so, dass der einseitige Differenzenquotient $\frac{f(x+h)-f(x)}{h}$ genommen wird.

[3] Die mathematischen Randbedingungen bezüglich Stetigkeit, Differenzierbarkeit etc. bleiben natürlich bestehen.

8.2 Funktionen als Resultate

Wenn wir Funktionen als *"first-class citizens"* behandeln und sie als Parameter zulassen, gibt es keinen vernünftigen Grund, weshalb sie nicht auch als Ergebnisse zugelassen werden sollten. Erstaunlicherweise scheint aber – wie auch Dijkstra beobachtet hat – die intellektuelle Hürde hier viel höher zu sein. Deshalb nähern wir uns dem Phänomen in zwei Stufen.

8.2.1 Die naive Sicht: Funktionale als notationelle Spielerei

Die Geschmäcker sind verschieden. Und so ziehen es viele Leute in der *functional-programming community* vor, Funktionen mit mehreren Parametern nicht in der Tupel-Notation `max(a, b)` zu schreiben, sondern ohne Komma und Klammern in der Form `max a b`. Da sich über Geschmack auch nicht vernünftig streiten lässt, wollen wir beide Notationen zulassen.[4] Der Übergang von `max(a, b)` zu `max a b` wird übrigens als „***Currying***" bezeichnet – nach dem Logiker H.B. Curry[5].

Die beiden Varianten von `max` lassen sich folgendermaßen definieren:

```
DEF max(a, b) == IF a ≥ b THEN a ELSE b FI     -- Tupel-Notation
DEF max a b   == IF a ≥ b THEN a ELSE b FI     -- Curry-Notation
```

Das ist offensichtlich kein sonderlich aufregender Unterschied. Aber er hat auch Konsequenzen für die Funktionalitäten. Wir müssen nämlich konsequenterweise schreiben:

```
FUN max: real × real → real      -- Tupel-Notation
FUN max: real → real → real      -- Curry-Notation
```

Das heißt, beim Currying wird die Tupelbildung '×' einfach durch den Funktionspfeil '→' ersetzt.

Das klappt natürlich auch mit mehr als zwei Parametern. Nehmen wir das Maximum von drei Zahlen, das wir im vorigen Abschnitt betrachtet haben:

```
DEF max(a, b, c) == extreme(≥, a, b, c)    -- Tupel-Notation
DEF max a b c == extreme(≥, a, b, c)       -- Curry-Notation
```

Hier lauten die Funktionalitäten entsprechend

```
FUN max: real × real × real → real          -- Tupel-Notation
FUN max: real → real → real → real          -- Curry-Notation
```

Übrigens: Die Overloading-Regeln von OPAL *erlauben, dass wir mehrere Funktionen mit dem gleichen Namen nebeneinander im Programm definieren dürfen, solange sie alle unterschiedliche Typen haben (siehe 10.3). Also*

[4] Zumindest in diesem Abschnitt werden wir uns die Freiheit nehmen, die OPAL-Syntax zu verletzen. Wir schreiben nämlich `max a b`, obwohl in OPAL Klammern nötig wären: `max(a)(b)`.

[5] Eigentlich hatte, wie man heute weiß, der Mathematiker M. Schönfinkel diese Idee ungefähr 30 Jahre früher (1924) gehabt. Aber sein Name hätte natürlich keinen so schönen Begriff geliefert.

können alle vier der oben definierten `max`*-Funktionen gleichzeitig vorhanden sein.*

Es sind auch Mischnotationen zwischen Tupel- und Curry-Form möglich, und auch Kombinationen mit Funktionen auf Parameterposition sind zulässig. Gerade für unsere im vorigen Abschnitt eingeführten Funktionen `Integral` und `Diff` würde sich eine Curry-Notation anbieten (wobei wir ab jetzt der besseren Lesbarkeit wegen – die vom OPAL-Compiler ohnehin geforderten – Klammern einfügen):

BEISPIEL 8.2 (Differenzial und Integral (zweiter Ansatz))

Die Funktionen in der Struktur `DifferenzialRechnung` *werden jetzt mittels Currying flexibler strukturiert.*

```
SIGNATURE DifferenzialRechnung
  IMPORT Real ONLY real
  FUN Diff: (real → real) → real → real
  FUN Integral: (real → real) → (real × real) → real
```

In der Implementierung sind entsprechende Anpassungen nötig und möglich:

```
IMPLEMENTATION DifferenzialRechnung
  IMPORT Real COMPLETELY
  DEF Diff(f)(x) == ...
  DEF Integral(f)(a,b) == ...

  FUN converge: (real → real) → real × real → real × real → real
  DEF converge(f)(a,b)(T,h) == ...
```

Man beachte: Die Klammern um den Typausdruck (`real → real`) sind jeweils unbedingt notwendig, weil sonst z. B. bei `Integral` vier Parameter (teils in Curry-, teils in Tupel-Form) erwartet würden! Darauf kommen wir gleich noch einmal zurück.

Auch für die Funktion `extreme` wäre die Curry-Notation sehr schön:

```
FUN extreme: (real × real → bool) → real × real × real → real
DEF extreme (before) (a,b,c) == ...
```

Damit können wir dann schreiben:

```
DEF max a b c == extreme(≥)(a,b,c)
```

Da wir jetzt komplexere Typausdrücke haben, sollten wir die ***Klammerregeln*** exakt festlegen:

- Die Tupelbildung '×' bindet stärker als die Funktionsbildung '→'.
- Die Tupelbildung '×' ist assoziativ.
- Die Funktionsbildung '→' bindet nach rechts, d. h., `A → B → C` ist das Gleiche wie `A → (B → C)`.

Auf Grund dieser Regeln gilt also:

```
FUN Integral: (real → real) → real × real → real
      ist gleichwertig zu
FUN Integral: (real → real) → ((real × real) → real)

FUN max: real → real → real → real
      ist gleichwertig zu
FUN max: real → (real → (real → real))
```

Bleibt die Frage: Wann soll man Currying benutzen und wann nicht? Im Prinzip ist das eine Geschmacksfrage. Und wie immer gibt es auch hier besseren und schlechteren Geschmack. Erfreulicherweise haben wir aber in vielen konkreten Fällen auch ganz klare Kriterien für den „richtigen" Geschmack. Dazu müssen wir die Sache aber etwas genauer studieren.

8.2.2 Die tiefschürfende Sicht: Funktionen, die Funktionen liefern

Funktionale als bloße notationelle Varianten zu gebrauchen, ist sicher legitim, und es erlaubt einem vor allem, auf lockere Weise in dieses doch etwas ungewohnte und anfangs befremdliche Metier einzusteigen.

Die wahre Eleganz und Ausdruckskraft der Funktionen höherer Ordnung erschließt sich aber erst, wenn man anfängt, das, was man da hinschreibt, auch *konzeptionell* ernst zu nehmen. Betrachten wir ein paar kleine Beispiele:

BEISPIEL 8.3 (Manipulation reeller Funktionen)

Wenn eine reelle Funktion f(x) *gegeben ist, können wir sie z. B. verschieben, spiegeln oder strecken (siehe Abb. 8.2). Das führt auf folgende Funktionen, die wir in Curry-Notation schreiben:*

```
FUN shift: real → (real → real) → (real → real)
DEF shift(dx)(f)(x) == f(x − dx)

FUN mirror: (real → real) → (real → real)
DEF mirror(f)(x) == f(−x)

FUN stretch: real → (real → real) → (real → real)
DEF stretch(r)(f)(x) == f(x/r)
```

Jetzt können wir aus gegebenen Funktionen f *neue Funktionen* g *ableiten, z. B.*

```
FUN g: real → real
DEF g == stretch(2)(f)
```

Die so definierte Funktion g *entspricht genau der gestrichelten Funktion in Abb. 8.2(c). Es gilt nämlich* g(x) = stretch(2)(f)(x) = f(x/2).
Ganz analog können wir jetzt auch definieren:

```
DEF cos == shift (−π/2) (sin)
```

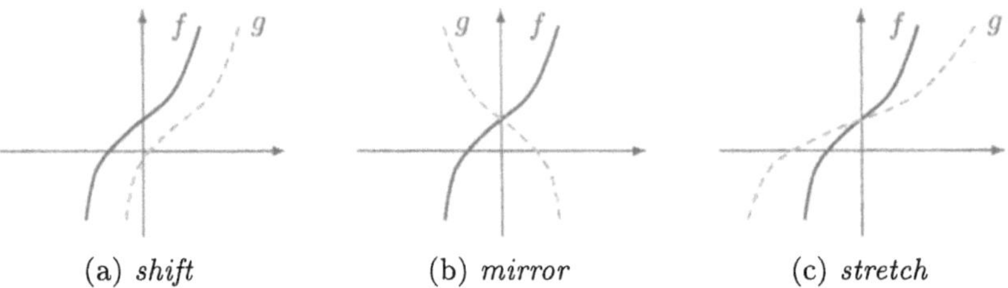

Abb. 8.2. Einige Manipulationen reeller Funktionen

Auch hier sollten wir uns kurz die Möglichkeiten zur graphischen Darstellung ansehen. Eine Variante besteht ganz einfach darin, die entsprechende λ-Abstraktion in den Kasten zu schreiben (s. Abb. 8.3). Man beachte, dass die so generierte Funktion „anonym" ist, weshalb ihr Kasten auch unbenannt bleiben muss. Die Position des Resultatpfeils zeigt an, dass *der Kasten selbst* das Ergebnis ist, nicht ein Wert, der *im* Kasten errechnet wird.

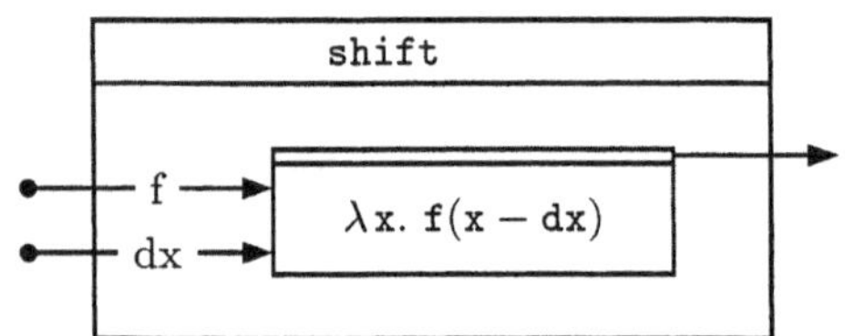

Abb. 8.3. Graphische Illustration von Resultatfunktionen

Das ist aber nur eine „halbgraphische" Darstellung, da der wesentliche Teil textuell gefasst ist. Wir können auch die Resultatfunktion selbst voll graphisch darstellen (s. Abb. 8.4). Das führt dazu, dass der Kasten für seinen Parameter und sein Resultat Pfeile hat, die (noch) nicht verbunden sind.

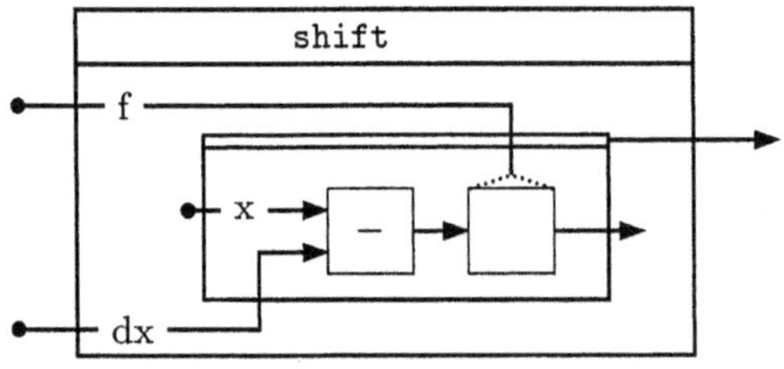

Abb. 8.4. Graphische Illustration von Resultatfunktionen

Übung 8.3. Im obigen Beispiel 8.3 wurden die Funktionalitäten zur besseren Lesbarkeit stark geklammert. Welche Klammern könnten weggelassen werden? Wie sieht die volle Klammerung aus?

Übung 8.4. Geben Sie Funktionen an, die eine Funktion `f` *in x- und y-Richtung verschieben, an der x-Achse spiegeln, an den Diagonalen spiegeln, in y-Richtung strecken.*

Übung 8.5. Betrachten Sie noch einmal die Übung 5.4 (Ähnlichkeit von Worten) aus Abschnitt 5.2. Bringt es hier etwas, wenn man Funktionale einführt?

Auch für Integration und Differenziation können wir diesen Effekt gut nutzen. Wir können – in der jeweiligen Curry-Form – nämlich schreiben[6]

```
DEF F == Integral(f)    -- bestimmtes Integral
DEF f' == Diff(f)       -- Ableitung
```

und die so definierten neuen Funktionen dann anwenden:

```
F(a,b)    -- bestimmtes Integral von a bis b
f'(x)     -- Ableitung an der Stelle x
```

Wie sind diese Definitionen zu verstehen? `Diff(f)`, d. h., `Diff` angewandt auf eine beliebige Funktion `f`, liefert eine neue (namenlose) Funktion. Wenn diese Funktion auf einen beliebigen Wert `x` angewandt wird, verhält sie sich so, wie durch den Rumpf von `Diff` beschrieben. Das Schöne an dieser Definition von `Diff` ist, daß wir jetzt für viele Funktionen `g`, `h`, ... in unseren Programmen ihre Ableitungen

```
DEF g' == Diff(g)
DEF h' == Diff(h)
   ...
```

einführen können. Besonders deutlich werden diese Vorteile, wenn wir eine Funktion haben, die sowohl `f` als auch die Ableitung `f'` braucht.

Stimmt das denn alles mit unseren Typregeln überein? Betrachten wir die obige Funktion g. Wir hatten die beiden Funktionalitäten (jetzt mit voller Klammerung)

```
FUN stretch: real → ((real → real) → (real → real))
FUN g: real → real
```

Die rechte Seite der Definition

```
DEF g == stretch (2) (f)
```

wendet die Funktion `stretch` zunächst auf eine Zahl der Art `real` an; das Ergebnis ist eine Funktion vom Typ (`real` → `real`) → (`real` → `real`). Diese wird – typkorrekt – auf die Funktion `f` vom Typ (`real` → `real`) angewandt; das Ergebnis ist eine Funktion vom Typ (`real` → `real`). Und die so erhaltene Funktion wird jetzt in der Definition mit dem Namen g belegt.

Damit haben wir zumindest ein Kriterium für die oben gestellte Frage, wann Currying angezeigt ist: jedenfalls immer dann, wenn wir tatsächlich Funktionen als Resultate haben wollen.

Zum Abschluss dieser Einführung der Funktionen, die Funktionen erzeugen, wollen wir noch ein Beispiel betrachten, das die Vorteile besonders deutlich macht.

---

[6] Man beachte aber, dass `f'` *kein* legaler OPAL-Identifier ist. Man muss stattdessen etwa `f1`, `df` oder `fD` schreiben.

BEISPIEL 8.4 („Gleichheit“ reeller Zahlen)

In den vorausgegangenen Beispielen hatten wir uns schon mehrfach mit dem Problem herumplagen müssen, dass auf Grund von Rundungsfehlern auf `real`*-Zahlen ein Vergleich wie* `x = y` *nicht sinnvoll ist. Deshalb müssen wir solche Vergleiche ersetzen durch Ausdrücke wie* `abs(x - y) < 0.0001`*. Das hat zwei Nachteile: Erstens ist dieser Ausdruck schwerer lesbar, und zweitens würden wir gerne sicherstellen, dass überall in einem bestimmten Programmbereich die gleiche Genauigkeit benützt wird.*[7] *Darüber hinaus wollen wir aber bei Bedarf auch die Genauigkeit wechseln können. Alle drei Wünsche lassen sich unter einen Hut bringen, wenn wir Funktionen als Resultate zulassen:*

```
FUN close: real → (real × real → bool)
DEF close(eps)(x, y) == abs(x − y) < eps
```

Dann können wir Vergleiche mit einfacher (z. B. vier Stellen) und doppelter (acht Stellen) Genauigkeit leicht einführen:

```
FUN ∼: real × real → bool
FUN ≈: real × real → bool
DEF ∼ == close(0.00001)
DEF ≈ == close(0.000000001)
```

Nach diesen Definitionen können wir dann z. B. schreiben

```
... IF x ∼ y THEN ...
... IF x ≈ y THEN ...
```

Anmerkung: Die obigen Definitionen können ebensogut auch ausführlicher geschrieben werden:

```
DEF x ∼ y == close(0.00001)(x, y)
DEF x ≈ y == close(0.000000001)(x, y)
```

Man nennt dies das *Prinzip der Extensionalität.*[8] Man erkennt die zugrunde liegende Idee noch deutlicher, wenn man auf Infixschreibweise verzichtet:

```
DEF ∼ (x, y) == close(0.0001)(x, y)
```

Dieses Prinzip besagt, daß wir die letzten Parameter auf der linken *und* rechten Seite einer Definition weglassen dürfen, wenn sie auf beiden Seiten identisch sind.[9]

Diese ersten Beispiele mögen vielleicht als Demonstration der Technik taugen, sie werden den Leser aber vermutlich noch nicht von der potentiellen Ausdrucksmächtigkeit und Eleganz dieses Konzepts überzeugen. Das

---

[7] Letzteres läßt sich auch durch Verwendung einer globalen Hilfsgröße `DEF eps == 0.0001` erreichen.

[8] In anderen Kontexten spricht man auch von η-Reduktion [5].

[9] Als Verständnisübung sollte der Leser sich überall für beide Seiten die Typen überlegen.

wird sich aber hoffentlich beim Weiterlesen noch ändern, wenn mehr – und interessantere – Beispiele folgen.

8.2.3 Wieder einmal: Notationen, Notationen

Wir hatten in Abschnitt 6.1.1 die gleichungsorientierte Definition als lesbarere Alternative zur klassischen λ-Notation eingeführt. In diesem Stil haben wir auch diesen ganzen Abschnitt über Funktionen höherer Ordnung programmiert. Es bietet sich natürlich an, bei dieser Gelegenheit, bei der wir ohnedies „mit Funktionen spielen", auch unsere verschiedenen notationellen Spielereien nochmals Revue passieren zu lassen.

Wir nehmen dazu als Beispiel die obige Funktion `close`. Die Funktionalität dieser Funktion ist

```
FUN close: real → (real × real → bool)
DEF close(eps)(x,y) == abs(x − y) < eps
```

Die Definition können wir in unterschiedlichen Formen angeben, die *alle zueinander äquivalent sind.* Das heißt, es handelt sich hier nur um eine Frage des Geschmacks und nicht um konzeptuelle Unterschiede.

Als Erstes betrachten wir die eleganteste Variante, nämlich die *reine Gleichungsform*:

```
DEF close(eps)(x,y) == abs(x − y) < eps
```

Aber natürlich ist auch die *reine λ-Form* möglich. Man beachte jedoch, dass wegen der gegebenen Funktionalität auf der rechten Seite zwei geschachtelte λ-Ausdrücke stehen müssen:

```
DEF close == λ eps. (λ x,y. abs(x − y) < eps)
```

Schließlich ist auch noch eine *Mischform* möglich, bei der der eine Parameter gleichungsorientiert, die anderen durch λ-Abstraktion eingeführt werden:

```
DEF close(eps) == λ x,y. abs(x − y) < eps
```

Diese letzte Form zeigt übrigens ganz deutlich, dass die Anwendung von `close` auf einen Wert `eps` wieder eine Funktion liefert, und zwar eine Funktion, die dann zwei Argumente erwartet.

Übung 8.6. Definieren Sie die verschiedenen Beispiele dieses Kapitels in den unterschiedlichen Notationen.

8.3 Eine Sammlung allgemeiner Funktionale

Wir wollen einige ganz allgemeine Funktionale betrachten, die in vielen Programmiersituationen recht praktisch sein können. Diese Funktionale lassen sich für `real`-Funktionen genauso definieren wie für `int`-, `nat`- oder `char`-Funktionen. Deshalb schreiben wir für die Typen nur „Platzhalter" α, β, γ, die man sich durch beliebige Typen `real`, `nat` etc. ersetzt denken darf.[10] Man betrachte das folgende einfache Beispiel:

```
FUN id: α → α
DEF id(x) == x
```

Diese *Identitätsfunktion* ist ein klassisches Beispiel für die Nutzung solcher „Platzhalter". Die Definition ist für beliebige Typen an Stelle von α sinnvoll. Das heißt, es gibt die Identität für natürliche Zahlen, für reelle Zahlen, für Texte usw.

Damit wollen wir uns jetzt einer Auswahl von interessanten Funktionalen zuwenden.

Currying. Der Übergang von Tupelparametern auf die Curry-Form kann sogar durch ein Funktional programmiert werden. Das Gleiche gilt für den Rückweg.

```
FUN curry:   (α × β → γ) → (α → β → γ)
FUN uncurry: (α → β → γ) → ((α × β) → γ)

DEF curry(f)(a)(b) == f(a,b)
DEF uncurry(g)(a,b) == g(a)(b)
```

Die ***Komposition*** von Funktionen ist aus der Mathematik wohlbekannt. Wir definieren zwei Varianten: Die erste entspricht dem üblichen Standard der Mathematik, die andere vertauscht die Reihenfolge der Applikation und ist daher von links nach rechts lesbar.

```
FUN ∘: (β → γ) × (α → β) → (α → γ)
FUN ; : (α → β) × (β → γ) → (α → γ)
DEF g ∘ f == λx. g(f(x))     äquivalent:  DEF (g ∘ f)(x) == g(f(x))
DEF f ; g == g ∘ f           äquivalent:  DEF (f ; g)(x) == g(f(x))
```

Eine ***konstante Funktion*** lässt sich aus einem gegebenen Wert „liften":

```
FUN K: α → (β → α)
DEF K(x) == λy. x        äquivalent:      DEF K(x)(y) == x
```

Für diese Funktion gilt also die Eigenschaft `K(a)(b) = a` für beliebige Werte `b`.

Die ***iterierte Anwendung*** einer Funktion – was in der Mathematik oft als $f^n(x)$ geschrieben wird – können wir als `(f^n)(x)` ausdrücken, wobei wir folgendes Funktional benutzen:

```
FUN ^ : (α → α) × nat → (α → α)
DEF f^n == λx. IF n = 0 THEN x
               IF n > 0 THEN (f^(n − 1))(f(x)) FI
```

[10] Später werden wir sehen – unter dem Stichwort „Polymorphie" –, dass dieser Trick mit den Platzhaltern sogar ein reguläres Programmiermittel ist (s. Abschnitt 14.3 und Kap. 19).

Eine elegantere Definition ist aber sicherlich (unter Ausnützung der Extensionalität)

```
DEF f^n == IF n = 0 THEN id
           IF n > 0 THEN f^(n − 1) ∘ f FI
```

Wir können auch eine Funktion immer wieder anwenden, *solange* eine bestimmte Bedingung gilt oder *bis* eine bestimmte Bedingung verletzt ist:

```
FUN while: (α → bool) × (α → α) → (α → α)
FUN until: (α → α) × (α → bool) → (α → α)
DEF while(p, f) == λx. IF p(x) THEN while(p, f)(f(x))
                                ELSE x                   FI
DEF f until q == λx. LET y == f(x) IN
                     IF q(y) THEN y
                             ELSE (f until q)(y) FI
```

Man beachte, dass die Mnemonik, d. h., die umgangssprachliche Assoziation der Worte `while` und `until`, nur im zweiten Fall eine Infixschreibweise schön macht.

Sogar die **Fallunterscheidung** lässt sich auf das Niveau der Funktionale „liften“:

```
FUN cond: (α → bool) × (α → α) × (α → α) → (α → α)
DEF cond(p, f, g) == λx. IF p(x) THEN f(x) ELSE g(x) FI
```

Das ist jedoch etwas Anderes als eine Fallunterscheidung: Die Funktion `cond` ist „strikt“ in allen drei Argumenten (s. Abschnitt 9.3). Das heißt z. B., dass `cond(true, F, G)` undefiniert ist, wenn der Ausdruck `G` (der die Funktion für den ELSE-Zweig berechnet) undefiniert ist.

Auch die **booleschen Operationen** lassen sich auf ähnliche Weise zu Funktionalen „liften“:

```
FUN ¬ : (α → bool) → (α → bool)
FUN ∧: (α → bool) × (α → bool) → (α → bool)
FUN ∨: (α → bool) × (α → bool) → (α → bool)
DEF ¬p == λx. ¬(p(x))
DEF p ∧ q == λx. p(x) ∧ q(x)
DEF p ∨ q == λx. p(x) ∨ q(x)
```

Anmerkung 1: Man könnte die vielfachen Zusammenhänge zwischen diesen Funktionen ausnutzen, um einige Definitionen noch eleganter zu formulieren (allerdings auch noch gewöhnungsbedürftiger). Beispiele:

```
DEF while(p, f) == cond(p, f until (¬p), id)
DEF (f until q) == while(¬q, f) ∘ f
```

Anmerkung 2: Leser, die mit imperativen Sprachen vertraut sind, werden hier unschwer die typischen Kontrollstrukturen dieser Sprachen wiedererkennen. Diese Konstrukte können also – wenn man den Bedarf verspürt – mit

Hilfe von Funktionalen in funktionalen Sprachen problemlos nachgebaut werden.

Übung 8.7. In Übung 8.4 hatten wir diverse Funktionale zur Manipulation (Verschieben, Spiegeln, Strecken, usw.) von Funktionen kennengelernt. Realisieren Sie diese (und ähnliche) Funktionale durch Komposition von elementareren Funktionalen.

8.4 Noch einmal: Die Beispiele aus der Numerik

Zum Abschluss dieses Kapitels wollen wir noch einmal die Beispiele aus Kap. 7 betrachten. Was ändert sich an unserer Programmierung, wenn wir Funktionen höherer Ordnung einsetzen können? Die ersten beiden Effekte haben wir oben schon gesehen:

- Wir können die Differenziation und Integration für beliebige Funktionen f ausführen – was die Programme überhaupt erst brauchbar macht!
- Wir können mittels Currying die Notation so geschickt wählen, dass wir tatsächlich die Ableitung bzw. das Integral selbst wieder als Funktionen verfügbar haben.

Aber es gibt noch einen dritten Effekt, und der betrifft das Schreiben unserer Programme selbst:

- In der Programmierung der Beispiele benutzen wir gewisse Berechnungsschemata, die immer wieder in der einen oder anderen Variation auftreten. Diese Schemata können wir allgemein fassen und auf die einzelnen Anwendungen dann jeweils geeignet adaptieren.[11]

Also wenden wir uns jetzt diesen Schemata zu.

Hinweis: In den folgenden Schemata werden wir Currying vor allem benutzen, um mehr Struktur in die relativ langen Parameterlisten zu bekommen.

Summation.. Eine Aufgabe, die immer wieder in leichten Variationen auftritt, ist, eine Summe der Art

$$\sum_{i=0}^{n} f(h^i(x)) = f(x) + f(h(x)) + f(h^2(x)) + f(h^3(x)) + \cdots + f(h^n(x))$$

zu berechnen, wobei f und h gegebene Funktionen sind. Die Anzahl n der Summanden wird dabei meist implizit dadurch bestimmt, dass nur so lange summiert wird, wie ein gegebenes Prädikat $p(h^i(x))$ erfüllt ist.

[11] Diese Idee der „Schemata“, die gewisse, immer wieder in ähnlichen Formen auftretende Lösungsansätze repräsentieren, ist heute unter dem Schlagwort *design patterns* ein vieldiskutiertes neues Paradigma im Software Engineering.

```
FUN Sum: (real → real) × (real → real) × (real →bool) →
                                           real → real
DEF Sum(f,h,p)(x) == IF p(x) THEN f(x) + Sum(f,h,p)(h(x))
                            ELSE 0                    FI
```

Konvergenz.. Eine andere (nicht nur) in numerischen Aufgaben häufig wiederkehrende Situation besteht darin, dass der Grenzwert $\lim_{n\to\infty} h^n(x)$ einer Folge von Werten

$$x,\ h(x),\ h^2(x),\ h^3(x),\ \cdots,\ h^n(x)$$

zu berechnen ist (zumindest näherungsweise). Voraussetzung dazu ist natürlich, dass die Folge sich tatsächlich einem Grenzwert nähert (was jeweils aus der Anwendung heraus sicherzustellen ist).

```
FUN Converge: (real → real) → real → real
DEF Converge(h)(x) == IF h(x) ≃ x THEN h(x)
                               ELSE Converge (h) (h(x)) FI
```

Diese Funktion tritt in zahlreichen Variationen auf. Manchmal ist zum Beispiel auf jedes Element der Folge zusätzlich noch eine Funktion f anzuwenden, d. h., wir betrachten die Folge

$$f(x),\ f(h(x)),\ f(h^2(x)),\ f(h^3(x)),\ \cdots,\ f(h^n(x))$$

Das führt auf die Variante

```
FUN Converge: (real → real) × (real → real) → real → real
DEF Converge (f,h) (x) == IF f(h(x)) ≃ f(x)
                          THEN f(h(x))
                          ELSE Converge (f,h) (h(x)) FI
```

Eine andere Variante besteht darin, dass wir zwei (oder mehr) Folgen haben, die sich gegenseitig stützen:

$$\begin{array}{llll} x_0 = x\ , & x_1 = h_1(x_0, y_0)\ , & x_2 = h_1(x_1, y_1)\ ,\ \cdots, & x_n = h_1(x_{n-1}, y_{n-1}) \\ y_0 = y\ , & y_1 = h_2(x_0, y_0)\ , & y_2 = h_2(x_1, y_1)\ ,\ \cdots, & y_n = h_2(x_{n-1}, y_{n-1}) \end{array}$$

Das führt auf die Variante

```
FUN Converge: (real → real) × (real → real)→
                                   real × real → real
DEF Converge (h₁,h₂) (x,y) ==
      IF h₁(x,y) ≃ x THEN h₁(x,y)
                     ELSE Converge (h₁,h₂) (h₁(x,y),h₂(x,y)) FI
```

Diese Beispiele sollen erst einmal zur Illustration genügen. (Man beachte übrigens, dass sie aufgrund der unterschiedlichen Typisierung als überlagerte Funktionen nebeneinander bestehen können.) Im Folgenden werden wir Applikationen für diese Funktionale kennenlernen. Damit solch eine Applikation leicht möglich wird, packen wir all diese Funktionale in eine Struktur:

```
SIGNATURE RealHofs

  IMPORT Real ONLY real

  FUN Sum: (real → real) × (real → real) × (real →bool) →
                                              real → real
  FUN Converge: (real → real) → real → real
  FUN Converge: (real → real) × (real → real) → real → real
  FUN Converge: (real → real) × (real →real) →
                                   real × real → real
```

```
IMPLEMENTATION RealHofs
  IMPORT Real COMPLETELY
  ...
  ≪ die Definitionen von oben ≫
  ...
```

Damit können wir jetzt die Beispiele aus Kap. 7 neu formulieren.

8.4.1 Berechnung der Quadratwurzel

Die Essenz der Berechnung in Abschnitt 7.1 war, dass wir – ausgehend von einem geeigneten Startwert x_0 – eine Folge von Werten

$$x_0,\ h(x_0),\ h^2(x_0),\ h^3(x_0),\ \ldots$$

berechnen, die zur gewünschten *Nullstelle* konvergieren, mit einer Funktion

$$h(x) \stackrel{\text{def}}{=} x - \frac{1}{2}(x - \frac{a}{x})$$

Damit können wir offensichtlich das Funktional Converge einsetzen, was das ganze Programm auf eine einfache Anwendung dieses Funktionals reduziert.

BEISPIEL 8.5 (Quadratwurzel (revidiert))

Die Signatur bleibt unverändert, die Implementierung braucht wegen der Verwendung des Funktionals Converge *keine Hilfsfunktionen mehr.*

```
IMPLEMENTATION Sqrt
  IMPORT Real      COMPLETELY
         RealHofs  COMPLETELY
  DEF sqrt(a) == Converge(h)(x0)
                 WHERE
                 x0 == a/2
                 h == λx. x − (0.5 ∗ (x − (a/x)))
```

8.4.2 Numerische Differenziation und Integration

Jetzt wollen wir die beiden Funktionen **Diff** und **Integral** geeignet adaptieren. Bei beiden können wir auf Varianten des Funktionals **Converge** zurückgreifen. Zur Erinnerung: Für die Differenziation hatten wir die Folge

$$D(h),\ D(\frac{h}{2}),\ D(\frac{h}{4}),\ D(\frac{h}{8}),\ \ldots$$

benutzt mit $D(h)(x) \stackrel{\text{def}}{=} \frac{f(x+h)-f(x-h)}{2h}$. Das führt auf folgendes Programm (wobei wir für die Halbierung die bequeme Wildcard-Notation aus Abschnitt 6.1.2 benutzen):

```
DEF Diff(f)(x) == Converge(diffquot(f,x), _ /2)(h₀)
                  WHERE
                  h₀ == 0.01
```

Damit hier die Typen passen, muss allerdings noch die Funktion **diffquot** durch Currying angepasst werden:

```
FUN diffquot: (real → real) × real → real → real
DEF diffquot(f,x)(h) == (f(x+h) − f(x−h))/(2*h)
```

Bei der Integration wollen wir folgende Folge von Werten berechnen:

$$T_0,\ T_1,\ T_2,\ T_3,\ T_4,\ T_5,\ \ldots$$

wobei jeweils $T_i = TSum(f,a,b)(2^i)$ gilt. Das heißt, wir haben es mit zwei Folgen zu tun:

$$\begin{array}{lllll} h_0, & \frac{h_0}{2}, & \frac{h_0}{4}, & \frac{h_0}{8}, & \ldots \\ T_0, & \Phi(T_0), & \Phi^2(T_0), & \Phi^3(T_0), & \ldots \end{array}$$

mit der Funktion $\Phi(T) \stackrel{def}{=} \frac{1}{2}T + h\sum f(\ldots)$.

Auch hier haben wir wieder eine Variante unseres Konvergenzschemas, jetzt allerdings mit zwei statt nur einem Parameter. Mit diesem Schema lässt sich dann die Integration folgendermaßen programmieren:

```
DEF Integral(f)(a,b) == Converge (nextT(f,a,b), _ /2) (T₀,h₀)
                        WHERE
                        h₀ == b − a
                        T₀ == h₀ * ((f(a) + f(b))/2)
FUN nextT: (real → real) × real × real → real × real → real
DEF nextT (f,a,b) (T,h) ==
     (0.5 * T) + (0.5 * h * Sum(f, ( _ + h), ( _ < b)) (a + (0.5 * h)))
```

Auch hier entfallen also wieder die Hilfsfunktionen, da ihre Rolle von den allgemeinen Funktionalen übernommen wird.

8.5 Funktionale in ML und HASKELL

Funktionen höherer Ordnung sind selbstverständlich in ML und HASKELL genauso vorhanden wie in OPAL. Deshalb brauchen wir hier nicht viel mehr zu sagen – höchstens, dass insbesondere in HASKELL die Curry-Form sogar als der Normalfall einer Funktion betrachtet wird. Zur Illustration geben wir das `sqrt`-Programm in ML und HASKELL an.

8.5.1 Ein Beispiel in ML

Das obige Beispiel der Quadratwurzel kann in ML so formuliert werden:[12]

```
fun Converge(h)(x) = if h(x) close x then h(x)
                                      else Converge(h)(h(x));

fun sqrt(a) = let val x0   = a/2
                  fun h(x) = x - 0.5*(x-a/x)
              in
                  Converge(h)(x0)
              end;
```

Dabei gehen wir davon aus, dass eine geeignete Funktion `infix 4 close` für den Gleichheitstest reeller Zahlen schon irgendwo definiert wurde.

8.5.2 Ein Beispiel in HASKELL

In HASKELL würde man alle Funktionen in Curry-Form schreiben:

```
Converge :: (Float -> Float) -> Float -> Float
Converge h x =
  | (h x) `close` x  = h x
  | otherwise        = Converge h (h x)

sqrt :: Float -> Float
sqrt a = Converge h x0
         where
         x0  = a/2
         h x = x - 0.5*(x-a/x)
```

Auch hier gehen wir wieder davon aus, dass eine geeignete Funktion `close` bereits irgendwo definiert wurde.

Übung 8.8. Programmieren Sie auch die anderen in diesem Kapitel eingeführten Funktionen in ML *und* HASKELL.

[12] Wir lassen die Antworten des Interpreters jeweils weg.

9. Formalismen 1: Zur Semantik von Funktionen*

Wir haben jetzt einen ersten Grundstock für das Schreiben von funktionalen Programmen gelegt. Bevor wir den weiteren Ausbau in Angriff nehmen, sollten wir das Bisherige nochmals Revue passieren lassen, um es genauer zu analysieren.

Wenn wir fragen: „Was *bedeutet* eigentlich ein λ-Ausdruck?", dann lautet die Antwort: „Er stellt eine Funktion dar." Wir können nämlich zu jedem beliebigen Argumentwert die Applikation des Ausdrucks auswerten und so den zugehörigen Resultatwert bestimmen. Damit ist vollständig und eindeutig ein Funktionsgraph festgelegt. Mit anderen Worten:

> *λ-Ausdrücke sind eine effektive Möglichkeit, Funktionen in endlicher Darstellung anzugeben.*

Und zusammen mit dem Funktionstyp, also dem Definitions- und Wertebereich, haben wir vollständige Funktionen im Sinne von Abschnitt 1.2.

Die so zugeordnete Funktion ist also die „Bedeutung" des λ-Ausdrucks. Man nennt diese Bedeutung auch die ***Semantik*** des Ausdrucks. Da dies ein ganz zentraler Aspekt ist[1], wollen wir die bisher intuitiv skizzierten Konzepte im Folgenden noch einmal zusammenfassen und präzisieren.

9.1 Termersetzung

Anmerkung: Das Folgende gilt entsprechend auch für Funktionen in Infix-, Postfix- und Präfixnotationen, auch wenn wir diese syntaktischen Varianten nicht explizit erwähnen. Auch LET- *und* WHERE-*Ausdrücke lassen wir hier weg, denn sie können ganz einfach auf λ-Ausdrücke zurückgeführt werden. Seien* E *und* A *Ausdrücke, dann gilt nämlich:*

LET x == A IN E	*ist gleichwertig zu*	$(\lambda$x . E)(A)
E WHERE x == A	*ist gleichwertig zu*	$(\lambda$x . E)(A)
LET x == A IN E	*ist gleichwertig zu*	E WHERE x == A

---

* Dieses Kapitel kann beim ersten Lesen übersprungen werden.

[1] Dies gilt nicht nur für die funktionale Programmierung, sondern für weite Teile der Informatik.

Entsprechendes gilt für gleichungsartige Funktionsdefinitionen: Sie sind nur Varianten von λ-Ausdrücken.

DEF `f(x) == E` *ist gleichwertig zu* DEF `f == λx. E`

Aufgrund dieser Äquivalenzen können wir uns bei den folgenden Überlegungen auf einen minimalen „Sprachkern" beschränken, der im Wesentlichen auf Konstanten und „normalen" Funktionsapplikationen aufbaut.

Terme. Durch iterierte Funktionsapplikationen lassen sich Terme aufbauen, wobei wir auf Typkorrektheit achten müssen. Wir hatten sie in Kap. 2 schon intuitiv als *Ausdrücke* eingeführt. Jetzt wollen wir eine mathematisch präzise Definition dieser Ausdrücke nachliefern, wobei wir den in der Literatur verbreiteten synonymen Begriff „Term" verwenden:[2]

DEFINITION (Term, Grundterm)

Wir betrachten eine gegebene Menge $\mathcal{F}$ von Funktionen *und eine gegebene Menge $\mathcal{X}$ von* Variablen. *Die Menge der* **Terme** *über $\mathcal{F}$ und $\mathcal{X}$ ist folgendermaßen definiert:*

- *Eine Konstante* c $\in \mathcal{F}$ *mit dem Typ* FUN `c : s` *ist ein Term der Sorte* `s`.
- *Eine Variable* x $\in \mathcal{X}$ *mit der Sorte* `x : s` *ist ein Term der Sorte* `s`.
- *Wenn* f $\in \mathcal{F}$ *den Typ* FUN `f : s → r` *hat und wenn* `t` *ein Term der Sorte* `s` *ist, dann ist die Applikation* `f(t)` *ein Term der Sorte* `r`. *(Man beachte, dass* `s`, `r` *und* `t` *auch Tupel sein können!)*
- *Wenn* `x` *eine Variable der Sorte* `s` *ist und wenn* `t'` *ein Term der Sorte* `s` *und* `t` *ein Term der Sorte* `r` *ist, dann ist* `(λx . t)(t')` *ein Term der Sorte* `r`.
- *Wenn* `b` *ein boolescher Term ist und wenn* `t` *und* `t'` *Terme der gleichen Sorte* `s` *sind, dann ist* IF `b` THEN `t` ELSE `t'` FI *ein Term der Sorte* `s`.
- *Das sind alle Terme über den Mengen $\mathcal{F}$ und $\mathcal{X}$.*

Einen Term, in dem keine Variablen vorkommen, nennen wir **Grundterm**.

Die Mengen $\mathcal{F}$ und $\mathcal{X}$ sind folgendermaßen bestimmt:

- Die Menge $\mathcal{F}$ besteht aus
  - einer Menge vordefinierter „primitiver" Funktionen wie `add`, `mult`, `sqrt`, `sin` etc.;
  - den von uns selbst mit DEF eingeführten Funktionen.
- Die Menge $\mathcal{X}$ der Variablen besteht aus den in der jeweiligen λ-Bindung eingeführten Parametern. (Man beachte, dass bei Funktionsdefinitionen aufgrund der Typangabe die Sorten der Parameter bekannt sind.)

[2] Man nennt diese Art der Definition eine *induktive Definition* über den strukturellen Aufbau der Terme. Diese Art des Definierens spielt eine große Rolle in vielen Teilen der Informatik.

Termersetzung. Die Semantik basiert auf dem „Ausrechnen“ von Termen. Deshalb müssen wir diesen Vorgang ganz exakt festlegen. Wir tun das über die sogenannte *Termersetzung.* Die Idee ist unmittelbar einsichtig: Variablen – also die Parameter unserer Funktionen – sind Platzhalter für beliebige Werte. Also müssen wir Werte an ihrer Stelle einsetzen können. Wir schreiben diese *Termersetzung* in der Form[3] t ⟦u/x⟧ (lies: „t mit u für x“).

DEFINITION (Termersetzung, Substitution)

Sei t *ein Term,* x *eine Variable und* u *ein weiterer Term (wobei* x *und* u *die gleiche Sorte haben). Dann ist die* ***Ersetzung*** *(oder auch* ***Substitution****) der Variablen* x *durch* u *im Term* t *– in Zeichen:* t ⟦u/x⟧ *– folgendermaßen induktiv definiert (d. h., durch Betrachtung aller möglichen Formen, die* t *annehmen kann).*

- x⟦u/x⟧ = u.
- y⟦u/x⟧ = y *für eine Variable* y *mit* y ≠ x.
- c⟦u/x⟧ = c *für eine Konstante* c.
- f(t)⟦u/x⟧ = f(t⟦u/x⟧) *für einen Funktionsnamen* f *und einen Term* t. *(Man beachte, dass* t *ein Tupel sein kann.)*
- $(t_1, \ldots, t_n)$⟦u/x⟧ = $(t_1$⟦u/x⟧$, \ldots, t_n$⟦u/x⟧$)$
- (IF b THEN t_1 ELSE t_2 FI)⟦u/x⟧ = (IF b⟦u/x⟧ THEN t_1⟦u/x⟧ ELSE t_2⟦u/x⟧ FI) *für Terme* b, t_1 *und* t_2.

Die Verallgemeinerung auf die simultane Substitution *mehrerer Variablen – in Zeichen:* t ⟦$u_1/x_1, \ldots, u_k/x_k$⟧ *– ist offensichtlich.*

Man beachte, dass wir für λ-Terme* keine *Substitution vorsehen![4]

Man sollte sich auch vor Augen halten, dass die Substitution ein ganz mechanischer Prozess ist, den wir in einigen Situationen für unsere Zwecke einsetzen werden. Ob durch Substitution etwas Vernünftiges und Brauchbares entsteht, hängt von der jeweiligen Art der Benutzung ab. (Das ist wie mit Heftpflaster: Man kann es sich auf eine Wunde kleben, oder man kann es auf eine Badewanne kleben und, sofern man Beuys heißt, ein teures Kunstwerk daraus schaffen – das Heftpflaster selbst lässt noch alle Möglichkeiten offen.)

[3] Die exotischen Klammern ⟦ ... ⟧ zur Kennzeichnung der Termersetzung verwenden wir, um Verwechslungen mit Klammern, die Bestandteil von Termen sind, zu vermeiden. Leider ist die Literatur hier sehr uneinheitlich. Viele Autoren schreiben die Substitution genau umgekehrt, also t ⟦x/u⟧. Und daneben gibt es auch noch die Schreibweisen t_u^x und – um das Verwirrspiel zu komplettieren – t_x^u.

[4] Wir arbeiten nach einem Prinzip, das in der Literatur zur Theoretischen Informatik unter dem Schlagwort *weak head-normal form* bekannt ist [5].

Beispiel 9.1

Zur Illustration betrachten wir folgendes einfache Beispiel einer Ersetzung:

$((\texttt{square(v0)/9.81}) * \texttt{sin}(2*\texttt{phi}))\ [\![7/\texttt{v0}]\!]$
$= (\texttt{square(v0)/9.81})\, [\![7/\texttt{v0}]\!] * \texttt{sin}(2*\texttt{phi})\, [\![7/\texttt{v0}]\!]$
$= (\texttt{square(v0)}\, [\![7/\texttt{v0}]\!] /9.81\, [\![7/\texttt{v0}]\!]) * \texttt{sin}(2\, [\![7/\texttt{v0}]\!] * \texttt{phi}\, [\![7/\texttt{v0}]\!])$
$= (\texttt{square(v0}\, [\![7/\texttt{v0}]\!])/9.81) * \texttt{sin}(2*\texttt{phi})$
$= (\texttt{square(7)/9.81}) * \texttt{sin}(2*\texttt{phi})$

Anstelle der simplen Konstanten 7 hätten wir auch einen komplexeren Term wie z. B. `sqrt(x + sin(2 * y))` benutzen können. Für unsere folgende Semantikdefinition reicht aber der einfache Fall völlig aus.

9.2 Auswertung

Nach diesen Vorarbeiten können wir jetzt die Semantik unserer Programme festlegen, indem wir erklären, wie λ-Terme und unsere selbstdefinierten Funktionen auszuwerten sind.

Definition (Auswertung von Termen)

*Die **Auswertung von Termen** ist durch folgende Regeln definiert:*

- Primitive Funktionen*: Sei* `p` *eine vorgegebene „primitive" Funktion (wie z. B.* `add, mult, sin`*) und* `c` *eine Konstante. Sei ferner* `d` *das Resultat der Funktion* `p` *an der Stelle* `c`*. Dann gilt*
  $\texttt{p(c)} \rightsquigarrow \texttt{d}.$
- Deklarierte Funktionen*: Sei* `f` *eine Funktion, die mit der Deklaration* DEF `f == λx.t` *eingeführt wurde, und sei* `c` *eine Konstante. Dann gilt*
  $\texttt{f(c)} \rightsquigarrow (\lambda\texttt{x.t})(\texttt{c}).$
- λ-Terme*: Bei λ-Termen gibt es zwei Auswertungsregeln und ein Verbot. Sei* `c` *eine Konstante. Dann gilt*
  $(\lambda\texttt{x.t})(\texttt{c}) \rightsquigarrow \texttt{t}\, [\![\texttt{c/x}]\!].$
  Für Funktionale gilt
  $(\lambda\texttt{f.t})(\lambda\texttt{x.t}') \rightsquigarrow \texttt{t}\, [\![(\lambda\texttt{x.t}')/\texttt{f}]\!].$
  Das Verbot lautet: Innerhalb eines λ-Terms sind keine *Auswertungen erlaubt.*
- Fallunterscheidung*: Bei Fallunterscheidungen gibt es zwei Auswertungsregeln und ein Verbot. Die* Auswertungsregeln *sind:*
  $\text{IF true THEN } \texttt{t}_1 \text{ ELSE } \texttt{t}_2 \text{ FI} \rightsquigarrow \texttt{t}_1$
  $\text{IF false THEN } \texttt{t}_1 \text{ ELSE } \texttt{t}_2 \text{ FI} \rightsquigarrow \texttt{t}_2.$
  Das Verbot *lautet: Im* THEN- *und im* ELSE*-Zweig dürfen* keine *Auswertungen erfolgen.*

In allen Regeln können `x`, `c` *und auch* `d` *jeweils Tupel sein.*

Wir sagen, dass die Auswertung eines Ausdrucks ***terminiert***, wenn sie nach endlich vielen Schritten (also Anwendungen von Auswertungsregeln) auf einen Wert führt. Wir sagen, dass eine Funktion terminiert, wenn ihre Anwendung auf alle zulässigen Argumente terminiert.

Primitive Funktionen. Wir nehmen an, dass ein gewisser Vorrat an *primitiven Funktionen* vorgegeben ist. (Welche das genau sind, unterscheidet sich von Programmiersprache zu Programmiersprache.) Für diese Funktionen „kennt" der Compiler bzw. der Interpreter die Resultate für die Auswertung.

9.3 Striktheit

Die wichtigste *Einschränkung* unserer Auswertungsregeln ist, dass eine Auswertung nur stattfindet, wenn die *Argumente Konstanten sind*! Diese Einschränkung ist bei Programmiersprachen unter dem Stichwort *Call-by-value* bekannt[5] und hat im wesentlichen Effizienzgründe: Die Auswertung von Programmen ist mit dieser Strategie im Allgemeinen am schnellsten.[6] Man kann sich das sofort an folgendem Beispiel klar machen:

- Nach unserer *Call-by-value*-Strategie ergibt sich folgende Auswertung:
  $(\lambda \mathtt{x}.\ \mathtt{x}+\mathtt{x})(\mathtt{sin}(\frac{\pi}{2})) \leadsto (\lambda \mathtt{x}.\ \mathtt{x}+\mathtt{x})(1) \leadsto 1+1 \leadsto 2$
- Alternativ dazu wäre auch folgende Auswertung denkbar (die aber von unserem Regelsystem nicht zugelassen wird):
  $(\lambda \mathtt{x}.\ \mathtt{x}+\mathtt{x})(\mathtt{sin}(\frac{\pi}{2})) \leadsto \mathtt{sin}(\frac{\pi}{2})+\mathtt{sin}(\frac{\pi}{2}) \leadsto 1+1 \leadsto 2$

Offensichtlich wird in der zweiten Variante die – sehr rechenaufwendige – Sinusfunktion zweimal ausgewertet, was in der ersten Variante vermieden wird.

Striktheit. Die Strategie des *Call-by-value* ist ganz eng mit einem anderen Prinzip verbunden: *Alle unsere Funktionen sind strikt.* Dabei nennen wir eine Funktion ***strikt***, wenn ihr Ergebnis undefiniert ist, sobald eines ihrer Argumente undefiniert ist. Zur Illustration betrachten wir folgenden Term (wobei wir uns die Freiheit nehmen, das Zeichen $\perp$ für „undefiniert" hinzuschreiben, obwohl es natürlich kein legales Symbol in Programmtermen ist):

$$(\lambda \mathtt{x},\mathtt{y},\mathtt{z}.\ (\mathtt{x}/\mathtt{y})*\mathtt{z})(1,0,0) \leadsto (1/0)*0 \leadsto \perp *0 \leadsto \perp$$

Das heißt: Obwohl wir wissen, dass für beliebige Zahlen $\mathtt{n}*0=0$ gilt, ergibt sich hier wegen der Striktheit nicht 0, sondern $\perp$.[7]

[5] Wir können die Begriffe und Zusammenhänge hier nur grob skizzieren. Eine genauere Ausarbeitung muss der Theoretischen Informatik vorbehalten bleiben. (Literatur findet man z. B. in [29] oder [6].)

[6] Außerdem gibt es auch interne technische Gründe, weshalb die Compiler mit dieser Strategie am besten umgehen können.

[7] Der Grund dafür ist, dass „Undefiniertheit" im Allgemeinen bedeutet, dass der Computer auf einen Fehleralarm läuft oder in eine unendliche Schleife gerät. In beiden Fällen helfen auch besondere Eigenschaften des Kontextes nicht mehr heraus.

Man beachte, dass deshalb die üblichen Kürzungsregeln der Arithmetik in Programmiersprachen im Allgemeinen *nicht* gelten. Der Term $(\lambda\, \mathtt{x}, \mathtt{y}.\ (\mathtt{x}/\mathtt{y}) * \mathtt{y})$ ist *nicht* das Gleiche wie $(\lambda\, \mathtt{x}, \mathtt{y}.\ \mathtt{x})$.

Nichtstrikte Fallunterscheidung. In jeder Programmiersprache braucht man wenigstens ein sprachliches Ausdrucksmittel, das nichtstrikt ist. (Irgendwie muss man potenzielle Fehler ja abfangen können.) Üblicherweise ist das die Fallunterscheidung. Das sieht man sofort an der Auswertung des folgenden Beispiels:

```
(λx,y,z. IF y = 0 THEN z ELSE (x/y) * z FI )(1,0,0)
 ⇝ IF 0 = 0 THEN 0 ELSE (1/0) * 0 FI
 ⇝ IF true THEN 0 ELSE (1/0) * 0 FI
 ⇝ 0
```

In der ersten Zeile wird ein λ-Term auf Konstanten appliziert, was zu einer (simultanen) Substitution der Argumente in den Ausdruck führt. Die so entstehenden Ausdrücke in den beiden Zweigen werden jetzt aber zunächst *nicht* ausgewertet. Denn zuerst wird die Bedingung ausgewertet und abhängig davon einer der Zweige – hier der THEN-Zweig – ausgewählt. Damit kommt der problematische Ausdruck (1/0) * 0 nie zum Zug.

In der Theorie kann man (IF b THEN $\mathtt{t}_1$ ELSE $\mathtt{t}_2$ FI) natürlich auch als Mixfixnotation für eine Funktion $\mathtt{cond}(\mathtt{b}, \mathtt{t}_1, \mathtt{t}_2)$ auffassen. Das wäre dann eine Funktion, die im zweiten und dritten Argument *nichtstrikt* ist! In einer Sprache wie OPAL, in der alle Funktionen strikt sind, geht die aber nicht. Denn eine Definition wie

```
DEF cond(p,x,y) ==
        IF p THEN x ELSE y FI     -- Vorsicht! Funktioniert nicht!!!
```

wertet bei einem Aufruf $\mathtt{cond}(\mathtt{b}, \mathtt{t}_1, \mathtt{t}_2)$ zuerst alle drei Parameter aus und setzt erst danach die Werte in den Rumpf ein.

Exkurs: Nicht-strikte Funktionen allgemein in einer Sprache vorzusehen eröffnet eine Reihe faszinierender Möglichkeiten für elegante Programmiertechniken. Deshalb ist die Idee – gerade in funktionalen Sprachen – recht populär geworden. (Das läuft dann unter dem Schlagwort „lazy evaluation“ oder „Call-by-need“.) Eine Diskussion der Vor- und Nachteile dieser Idee geht jedoch über den Rahmen unseres Buches hinaus.

ML und HASKELL.. Ein wichtiger Unterschied zwischen OPAL und ML liegt darin, dass es von ML sowohl *call-by-value* Versionen gibt als auch *lazy* Versionen, während OPAL grundsätzlich *call-by-value* ist. Die Sprache HASKELL hat eine *lazy* Semantik.

9.4 Partielle Funktionen und Programmfehler

Ein letzter Aspekt, den wir kurz ansprechen wollen, betrifft das Problem der partiellen Funktionen. Partialität liegt immer dann vor, wenn Undefiniertheiten auftreten. Wir sagen dann, dass das Programm ***fehlerhaft*** ist. Es gibt unterschiedliche Formen von Fehlern, mit denen wir bei der Programmierung konfrontiert sind:

- Die einfachste Form sind Syntaxfehler, also z. B. vergessene Klammern, nicht deklarierte oder doppelt deklarierte Namen usw. Beispiele sind etwa `(sin(45)+3` oder `(λx. x+y)(4)`. Solche Fehler erkennt schon der Compiler.
- Etwas komplexer sind Verletzungen des Definitionsbereichs einer Funktion. Hier schafft die *Typisierung* teilweise Abhilfe: Wenn schon der „grobe" Definitionsbereich verletzt wird, also zum Beispiel ein `real`-Ausdruck steht, wo eigentlich ein `nat`-Ausdruck stehen sollte, dann wird der Fehler auch schon vom Compiler erkannt.
- Wenn aber nur der „feine" Definitionsbereich verletzt wird, wie etwa bei `(λx. 2/x)(0)`, dann ist der Compiler überfordert[8] – vor allem auch deshalb, weil die kritischen Argumente oft von den Eingabewerten abhängen, die bei der Ausführung des Programms jeweils vom Benutzer kommen. Hier helfen nur zwei Mittel:
  - Sorgfältige Korrektheitsanalyse des Programms,
  - Überprüfung aller Eingaben durch akkurate Zulässigkeits- und Plausibilitätskontrollen.

Die Situation wird noch dadurch erschwert, dass es in der Informatik erheblich mehr Fehlersituationen gibt als in den entsprechenden Zweigen der Mathematik. Die folgenden Beispiele illustrieren das:

- Selbst „harmlose" Operationen wie Addition oder Multiplikation sind auf Computern partiell. Denn jede Maschine stellt nur begrenzte Größen für Zahlen zur Verfügung. Wenn dieser Bereich überschritten wird, dann tritt ein sogenannter *Überlauffehler* auf. Diese Größe ist abhängig von der sogenannten *Wortlänge* der Maschine. Bei älteren Architekturen ist diese Länge typischerweise 16 Bit, bei neueren 32 Bit. Die größte darstellbare Zahl ist dann

16-Bit-Maschine:	32 767
32-Bit-Maschine:	2 147 483 647

  Offensichtlich sind 21 Millionen DM als maximale Bilanzsumme einer Bank nicht gerade üppig. Also muss der Programmierer oder die Programmiersprache da zusätzliche Möglichkeiten bieten.
- Es gibt auch andere verblüffende Phänomene. So liefern zum Beispiel die trigonometrischen Funktionen aufgrund von *Rundungsfehlern* nur erratische Werte, wenn sie auf zu große Argumente angewandt werden:

  $$\texttt{sin(x)} \rightsquigarrow \bot \qquad \text{falls } \texttt{x} \gg 2\pi$$
  $$\texttt{cos(x)} \rightsquigarrow \bot \qquad \text{falls } \texttt{x} \gg 2\pi$$

[8] Wir werden in Abschnitt 11.4 sehen, dass auch die „nichtterminierenden" Programme in diese Klasse fallen; sie sind erheblicher schwerer zu analysieren als zum Beispiel die Division durch Null.

- Besonders schwierig sind diejenigen Fehlersituationen, die sich gar nicht vorab erkennen lassen, sondern erst im Lauf der Berechnung festzustellen sind. Ein typisches Beispiel sind Systeme von Differenzialgleichungen (wie sie etwa bei der Berechnung von Raketenflugbahnen auftreten). Wenn solch ein System *singulär* ist, dann hat es keine Lösung. Die Singularität kann aber nur dadurch festgestellt werden, dass man bei dem Lösungsversuch auf eine bestimmte Fehlersituation trifft.

> Prinzip der Programmierung
> *Die Fehlerbehandlung muss von Anfang an als integraler Bestandteil in die Entwicklung jedes Programms eingebaut werden. Der Versuch, zuerst die „Normalfälle“ abzuhandeln und die Fehlerbehandlung nachträglich hinzuzufügen, führt in den meisten Fällen zu einem Fiasko.*

10. Formalismen 2: Namen und wo sie gelten*

Ein hohes Kleinod ist der gute Name.
Schiller, Maria Stuart.

Bei euch ... kann man das Wesen
Gewöhnlich aus dem Namen lesen.
Goethe, Faust.

Namen als Schall und Rauch zu missachten muss das Privileg des Dr. Faustus bleiben. Einem Programmierer dagegen sollten sie wertvoll und wesentlich sein. Denn ohne sie ist nichts in unseren Programmen formulierbar. *Namen* sind allgegenwärtig: Namen werden *angewandt*, sei es als Funktionen, sei es als Argumente. Namen werden *eingeführt*, sei es in Funktionsdefinitionen, sei es in λ-Ausdrücken oder sei es in LET- und WHERE-Ausdrücken.

Namen sind ein universelles Phänomen der Programmierung. Sie treten in allen Programmiersprachen auf, und sie werden in allen Softwaremethoden behandelt. Und immer geht es dabei um die Festlegung von drei Aspekten:

- *Was ist eigentlich ein Name?*
- *Wo ist ein deklarierter Name bekannt?*
- *Wie werden Namen an Werte gebunden?*

Diese Fragen werden, wie üblich, in den verschiedenen Sprachen und Methoden unterschiedlich gelöst (auch wenn die Unterschiede meist sehr subtil sind). Wir diskutieren deshalb im Folgenden die Konzepte etwas allgemeiner, auch wenn wir natürlich wieder unsere Standardsprachen als notationellen Rahmen verwenden.

10.1 Namen

Als erstes wollen wir uns mit dem einfachsten Aspekt befassen: der äußeren *Form* von Namen. ***Namen*** sind üblicherweise[1] einfach *Identifikatoren*,

---

* Dieses Kapitel kann beim ersten Lesen übersprungen werden.

[1] Im Zusammenhang mit *Overloading* (siehe 10.3) muss das Konzept etwas erweitert werden. Darauf können wir hier jedoch nicht näher eingehen.

d. h., Zeichenfolgen, die aus Buchstaben und Ziffern zusammengesetzt sind[2], also z. B. `index`, `maxIndex`, `seite1`, `1st`, `nat2real`, (wobei der letzte dieser Identifikatoren ein typisches Beispiel dafür ist, wie im *„Computerspeak"* die Sprache verhunzt wird). OPAL erlaubt aber auch Grapheme als Identifikatoren. Dabei sind ***Grapheme*** Zeichenfolgen, die aus einem oder mehreren Sonderzeichen wie +, *, <=, ... bestehen.

Übrigens: Die OPAL-spezifische Regel, dass auch reine Ziffernfolgen Identifikatoren sind, hat zur Folge, dass wir für Zahlen selbst ziemlich hässliche Darstellungen haben, nämlich z. B. `"12371"!` oder `"3.1415"!`. Das heißt, Zahlen sind Textkonstanten (der Sorte `denotation`), die durch den Postfixoperator '!' in Werte der Sorte `nat`, `int` oder `real` *konvertiert* werden. Für eine Reihe von Standardzahlen sind aber Definitionen vorgegeben wie

```
FUN 17 : nat
DEF 17 == "17"!
```

Abgesehen von diesen technischen Randbedingungen sind Programmierer frei in der Wahl ihrer Namen – zumindest in modernen Sprachen und Systemen.[3] Das heißt aber auch, dass Programmierer jetzt die volle Verantwortung tragen, wenn ihre Namenswahl chaotisch ist: Sowohl Kürzel wie `i7`, `j`, `pdgln` als auch Mädchen- oder Dichternamen sind im Allgemeinen kein Beweis von Stringenz, Bildung oder Humor, sondern eher Zeichen für mangelnde Kompetenz.

Prinzip der Programmierung
Wähle grundsätzlich aussagekräftige *Namen, denn sie sind ein wichtiger Teil der Programmdokumentation. (In der Kürze liegt hier ausnahmsweise nicht die Würze.)*

10.2 Gültigkeitsbereich (*Scope*)

Gute Namen sind rar und Softwareprodukte sind groß. Dashalb müssen wir Namen „wiederverwenden". Wenn aber der gleiche Name an verschiedenen Stellen im Programm für unterschiedliche Dinge steht, dann brauchen wir Mittel, um die einzelnen Verwendungen auseinanderhalten zu können.

Programmiersprachen (und auch Betriebssysteme) enthalten daher Regeln, die für jeden Namen einen Bereich abgrenzen.

[2] In vielen Programmiersprachen wird gefordert, dass Identifikatoren mit einem Buchstaben beginnen müssen. In OPAL wurde diese Einschränkung fallengelassen.

[3] Eigentlich sollten Merkwürdigkeiten wie *„Ein Name darf maximal 8 Zeichen haben."* schon in grauer Vorzeit ausgestorben sein, doch dank der Erblast eines großen Softwareherstellers treffen wir noch heute mancherorts auf die Spuren solcher prähistorischer Skurrilitäten.

DEFINITION (Gültigkeitsbereich, Scope)

*Der **Gültigkeitsbereich** eines Namens (engl.:* scope*), manchmal auch* Sichtbarkeitsbereich *genannt, umfasst diejenigen Programmteile, in denen der Name bekannt und damit verwendbar ist.*

Anmerkung: Dass dies kein triviales Problem ist, sieht man am deutlichsten am Beispiel des Internet und des World Wide Web. Hier sind buchstäblich Millionen von Menschen täglich dabei, neue Dokumente einzuführen (und alte zu löschen), die letztlich alle über ihre Namen eindeutig erreichbar sein müssen. Dazu müssen verbindliche Regeln aufgestellt werden, die offensichtlich komplizierter als unsere obigen Buchstaben-/Ziffernfolgen sind.

Bei Programmiersprachen ist die Situation etwas anders als beim Internet: Hier ist der Kreis der jeweiligen Namenserfinder überschaubarer, was einfachere Regeln erlaubt. Andererseits soll der Compiler die Identifizierung effizient vornehmen können. Vor allem aber soll die Namensdisziplin zur Lesbarkeit der Programme beitragen.

Für die Sprache OPAL haben diese Kriterien zu folgenden Gültigkeitsregeln geführt:

- Die Namen von *Strukturen* sind global gültig. (Es kann in einem Softwareprojekt also keine zwei Strukturen mit dem gleichen Namen geben.)
- Namen (für Sorten, Funktionen und Konstanten), die in einer *Signatur* eingeführt werden, sind sowohl im ganzen Signaturteil der Struktur als auch im ganzen Implementierungsteil sichtbar. Namen, die im *Implementierungsteil* einer Struktur eingeführt werden, sind dagegen nur im (ganzen) Implementierungsteil sichtbar.
  Anmerkung: Namen werden durch entsprechende SORT- oder FUN-Anweisungen eingeführt, aber auch durch Importe.
  Aufgrund dieser Regeln ist es also zulässig, z. B. zu schreiben
  ```
  DEF c == ...
  DEF f(x) == ... f ... x ... c ...
  ```
  da der Gültigkeitsbereich von `c` auch den Rumpf von `f` umfasst.
- Ein *Parameter* `x`, der in einem λ-Ausdruck (λ`x . E`) deklariert wird, hat als Gültigkeitsbereich gerade den Ausdruck `E`.
  Man beachte: Aufgrund der Äquivalenz zur λ-Form (siehe Abschnitt 6.1.1) gilt auch für gleichungsorientierte Definitionen der Art
  ```
  DEF f(x) == E
  ```
  dass der Gültigkeitsbereich von `x` der Ausdruck `E` ist.
- Ein Name `x`, der in einer *lokalen Deklaration* `LET x == ... IN E` eingeführt wird, hat als Gültigkeitsbereich gerade den Ausdruck `E`. Entprechendes gilt natürlich für WHERE-Ausdrücke.
  Um die Gültigkeitsbereiche bei mehreren gemeinsamen Deklarationen beschreiben zu können, müssen wir sie uns zuerst nach ihren Abhängigkeiten

sortiert vorstellen. Dann sind sie äquivalent zu geschachtelten Deklarationen. Beispiel:

```
LET y == 2*x                               LET x == 5
    x == 5      ist gleichwertig zu        IN  LET y == 2*x
IN  x*y                                        IN  x*y
```

Der Gültigkeitsbereich von x umfasst hier also *sowohl* die Deklaration y == 2 * x *als auch* den Ausdruck x * y, während der Gültigkeitsbereich von y *nur* den Ausdruck x * y umfasst.
Man beachte auch, dass die rechte Seite einer Deklaration LET x == ... *nicht* zum Gültigkeitsbereich von x gehört. Deshalb sind rekursive Definitionen hier nicht möglich (im Unterschied zu Funktionsdefinitionen der Art DEF f == ..., bei denen der Rumpf mit zum Gültigkeitsbereich von f gehört).
Hinweis: Eine besondere Regelung gilt hier in ML (siehe Abschnitt 10.6.1 unten).

Neben diesen Grundregeln gibt es aber noch einen weiteren Aspekt, der die Sache ein bisschen komplizierter macht.

Verschattung. Die Phantasie der Menschen ist begrenzt. Und deshalb möchte man die gleichen Namen immer wieder verwenden – auch für verschiedene Zwecke –, ohne dass dabei Konflikte entstehen.[4] Für diesen Wunsch gibt es natürliche Grenzen; offensichtlich ergeben Konstruktionen wie (λx,x . ...) oder (LET x == ... x == ... IN ...) keinen Sinn. Andere Einschränkungen sind dagegen nicht so zwingend; sie sind eher Entwurfsentscheidungen der jeweiligen Sprachdesigner. In OPAL gelten zum Beispiel folgende Regeln:

- In *getrennten Gültigkeitsbereichen* dürfen die gleichen Namen eingeführt werden (ohne dass sie irgendetwas miteinander zu tun haben). Typische Beispiele sind:
  – Gleich benannte Funktionen in verschiedenen Strukturen:

    ```
    SIGNATURE A
      FUN foo: ...

    SIGNATURE B
      FUN foo: ...
    ```

  – Gleiche Parameter in verschiedenen Funktionen:

    ```
    DEF foo == λx. ...
    DEF bar == λx. ...
    ```

  – Gleiche lokale Deklarationen in getrennten Ausdrücken: Zum Beispiel haben LET-Deklarationen in einem Zweig einer Fallunterscheidung als

[4] Bei großen Softwareprojekten ist das sogar eine zwingend erforderliche Eigenschaft – weshalb z. B. die Sprache C für solche Zwecke eigentlich ungeeignet ist.

Gültigkeitsbereich den Ausdruck, der diesen Zweig darstellt. In den verschiedenen Zweigen einer Fallunterscheidung können daher die gleichen Namen konfliktfrei eingeführt werden.

```
IF ... THEN LET x == ... IN ...
       ELSE LET x == ... IN ... FI
```

Etwas weniger deutlich als bei THEN- und ELSE-Ausdrücken ist die Regel bei Tupeln. In der Situation

$$(E_1, E_2, E_3) \text{ WHERE } x == \ldots$$

ist der Name x in allen drei Ausdrücken E_1, E_2 und E_3 sichtbar. Wenn wir dagegen schreiben

$$(E_1, E_2 \text{ WHERE } x == \ldots, E_3)$$

dann ist x nur in E_2 sichtbar. (Aus Gründen der Lesbarkeit sollte man von dieser Möglichkeit allerdings keinen Gebrauch machen.)

- Bei *verschachtelten Gültigkeitsbereichen* entstehen ***Lücken*** im Gültigkeitsbereich (engl.: *hole in the scope*). Das heißt, weiter außen eingeführte Namen werden lokal ***verschattet***.
  Hinweis: Wir geben hier ein Prinzip an, wie es in vielen Sprachen existiert; OPAL macht es jedoch anders (siehe unten).
  - Die in einem λ-Ausdruck deklarierten Namen *verschatten* die von außen bekannten Namen. Beispiel:

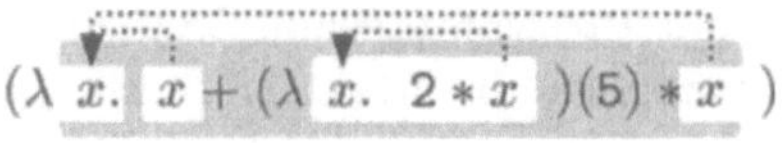

    $(\lambda\, x.\ x + (\lambda\, x.\ 2 * x\ )(5) * x\ )\ (7)$ [nicht OPAL]

    Der Identifikator x in x + ... und in 2 ∗ x steht hier für zwei verschiedene Namen. Deshalb erhalten wir auch folgende Auswertung für diesen Term:

    $$(\lambda x.\ x + (\lambda x.\ 2 * x)(5) * x)\ (7) \quad \rightsquigarrow \quad (7 + (2 * 5) * 7)$$
  - Die in einer LET-Deklaration eingeführten Namen *verschatten* weiter außen eingeführte Namen. Beispiel:

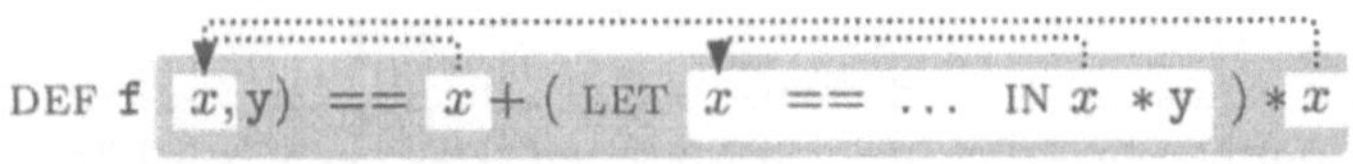

    DEF f (x, y) == x + (LET x == ... IN x ∗ y) ∗ x [nicht OPAL]

    Auch hier ist das x in x + ... ein anderes als das in x ∗ y.

  In OPAL wird allerdings eine etwas andere Philosophie vertreten: Zwar ist es in mittleren und großen Softwareprojekten unabdingbar, dass Namensräume getrennt sind. Auf der Ebene der lokalen Deklarationen und geschachtelten λ-Ausdrücke ist ein subtiles Hantieren mit gleichen Namen aber eher fehlerfördernd und lesehemmend. Deshalb *verbietet* OPAL solche Situationen. Das heißt, die obigen Beispiele führen *nicht* auf *holes in the scope*, sondern werden vom Compiler schlicht als fehlerhaft gebrandmarkt.
- Verschattungen betreffen insbesondere auch die global definierten Funktionsnamen. Wir können also theoretisch so etwas schreiben wie

```
IMPORT Nat ONLY nat ... succ ...
FUN foo : real → ..
DEF foo(x) == ...

FUN bar : nat × char × real → ...
DEF bar(foo, succ, nat) == ...        -- miserabler Stil !!!
```

In der Funktion bar werden drei Parameter eingeführt. Der erste heißt foo, ist vom Typ nat und verschattet die Funktion foo. Der zweite heißt succ, ist vom Typ char und verschattet die importierte Funktion succ. Der dritte ist am skurrilsten: Er heißt nat und ist vom Typ real. (Er verschattet allerdings die Sorte nat *nicht*! Denn Sorten und Parameter spielen so verschiedene Rollen im Programmtext, dass gleiche Namen problemlos nebeneinander bestehen können.)
Aber: *Auch wenn der Compiler so etwas schluckt (der Text also formal korrekt ist), sollte solch ein Programmierstil wegen Geschmacksverirrung mit sofortiger Terminalsperre bestraft werden.*

10.3 Überlagerung (*Overloading*)

In früheren Programmiersprachen dachte man, mit den Konzepten von getrennten Gültigkeitsbereichen und Lücken in geschachtelten Gültigkeitsbereichen alles getan zu haben, was man in der Programmierung braucht. Dieser Glaube wurde noch verstärkt, nachdem man die Idee der Modularisierung eingeführt hatte, die ja vor allem dazu dient, eine weitere Ebene von Namensräumen bereitzustellen.

Inzwischen hat sich aber die Erkenntnis verbreitet, dass es da noch mehr gibt: In einem großen Programmpaket treten nicht nur ungeheuer viele Namen auf, sondern oft verbergen sich hinter ihnen auch ganz ähnliche Konzepte. Ein allgemein bekanntes und problemlos akzeptiertes Beispiel liefert wieder einmal die klassische Arithmetik: Ein Symbol wie '+' wird sowohl für die Addition von natürlichen Zahlen als auch für die der ganzen, reellen und komplexen Zahlen verwendet. Und ebenso locker schreibt der Mathematiker das gleiche Symbol für die Addition von Matrizen. Das heißt, wir können in einem Programmstück nebeneinander – also im gleichen Scope – Funktionen haben wie

```
FUN + : nat × nat → nat
FUN + : int × int → int
FUN + : real × real → real
FUN + : complex × complex → complex
FUN + : matrix × matrix → matrix
```

Wir sprechen in einem solchen Fall von einer ***Überlagerung*** (engl.: ***overloading***) von Funktionsnamen. Natürlich ist eine solche Überlagerung nicht auf Grapheme beschränkt; wir können auch folgende Funktionen nebeneinander einführen:

```
FUN rest : nat × nat → nat       -- Rest bei Division
FUN rest : string → string       -- Reststring ohne erstes Zeichen
```

Alleinige Einschränkung ist, dass die Typen der so überlagerten Funktionen verschieden sein müssen (damit der Compiler aus dem Kontext erschließen kann, welche der Funktionen nun tatsächlich gemeint ist).

Zusammenfassung:

- Namen in *getrennten Gültigkeitsbereichen* stören sich gegenseitig nicht.
- Namen in *verschachtelten Gültigkeitsbereichen* verschatten sich. Das heißt, es ist jeweils nur einer von ihnen – nämlich der innere – sichtbar.
- *Überlagerte Namen* koexistieren *im selben Gültigkeitsbereich*. Das heißt, sie sind alle gleichzeitig sichtbar. Dashalb muss es Zusatzinformationen geben – zum Beispiel die Typanforderungen –, anhand derer sie auseinandergehalten werden können.

Die überlagerten Funktionen müssen nicht unbedingt ähnliche Bedeutung haben. Aus *methodischer Sicht* ist das aber vernünftig.

10.4 Für Fortgeschrittene: Annotierte Namen

Overloading ist eine schöne Sache, kann jedoch manchmal auch problematisch werden. Betrachten wir z. B. die beiden überlagerten Funktionen

```
FUN foo : nat → nat
FUN foo : real → real

DEF foo(x) == x + x
DEF foo(x) == x * x
```

Da die beiden Operationssymbole '+' und '*' sowohl für `nat` als auch für `real` existieren, hat der Compiler keine Chance herauszufinden, welche Definition zu welcher Funktion gehört.

Typ-Annotation. Wenn man das Overloading trotzdem beibehalten will, kann man dem Compiler helfen, indem man Namen mit ihren Typen annotiert. So können wir z. B. folgende Typangaben hinzufügen:

```
DEF foo(x : nat) == x + x
DEF foo(x : real) == x * x
```

Dieses Stückchen Information reicht dem Compiler aus, um die Funktionen eindeutig zuordnen zu können. Das ist aber nicht die einzige Möglichkeit, einen Typ zu annotieren. Tatsächlich können wir an jeden beliebigen Namen seinen Typ anhängen. Für die erste der beiden Funktionen haben wir also folgende Möglichkeiten:

```
DEF foo : nat → nat (x) == x + x
DEF foo(x : nat) == x + x
DEF foo(x) == x : nat + x
DEF foo(x) == x + : nat × nat → nat x
DEF foo(x) == x + x : nat
```

Man beachte das Leerzeichen zwischen '+' und ':' in der vorletzten Zeile. Andernfalls würde der Compiler hier ein Graphem '+ :' lesen.

Übrigens können wir nicht nur an einzelne Namen, sondern auch an ganze Teilausdrücke ihren jeweiligen Typ anhängen, was zu folgenden weiteren Variationen führt:

```
DEF (foo(x)) : nat == x + x
DEF foo(x) == (x + x) : nat
```

Jede dieser sieben Varianten reicht aus, um dem Compiler eine eindeutige Identifizierung der Funktion `foo` zu ermöglichen. Wer glaubt, noch mehr tun zu müssen, kann auch gerne einige dieser Formen kombinieren. Den Gipfel der Verrücktheit stellt dann die Kombination *aller* möglichen Annotationen dar:

```
DEF (foo : nat → nat (x : nat)) : nat ==
    (x : nat + : nat × nat → nat x : nat) : nat
```

Ursprungs-Annotation. Wie man an den obigen Beispielen erkennen kann, ist die Annotation mit Typen nicht immer sehr leserlich. Außerdem reicht eine Typ-Annotation manchmal nicht aus, um das Overloading aufzulösen. Das ist dann der Fall, wenn aus zwei Strukturen überlagerte Funktionen mit gleichem Typ importiert werden:

```
SIGNATURE A
  FUN foo : nat → nat
      ...

SIGNATURE B
  FUN foo : nat → nat
      ...

SIGNATURE C
  IMPORT A  ONLY foo
         B  ONLY foo
         ...
```

Wenn wir jetzt irgendwo in `C` die Funktion `foo` anwenden wollen, hilft uns nicht einmal mehr eine vollständige Typ-Annotation. Das einzige, was uns jetzt noch bleibt, ist die Annotation mit dem ***Ursprung*** (engl.: *origin*), d. h. mit der Struktur, aus der die Funktion stammt. Wir können also schreiben

```
...foo'A(x)...foo'B(y)...
```

was man liest als „`foo` aus `A`“ bzw. „`foo` aus `B`“. Diese Angabe des Ursprungs nimmt man übrigens nicht nur dann, wenn eine Typ-Annotation nicht ausreicht. In vielen Fällen zieht man sie grundsätzlich vor, weil sie bequemer und vor allem lesbarer ist.

Das Problem ist übrigens nicht so artifiziell, wie unsere obigen fiktiven Illustrationsbeispiele vielleicht vermuten lassen. Ein typischer Fall ist etwa eine Funktion wie

```
FUN draw: shape → pixels
```

Der Typ `shape` steht für geometrische Figuren wie Kreise, Dreiecke, Quadrate usw., `pixels` steht für die Darstellungen solcher Figuren in Form von Pixelmatrizen (wie sie in Bildschirmen auftreten). Für jede Art von geometrischer Figur führen wir eine Struktur ein, die ihre spezifischen Operationen zusammenfasst. Deshalb wird es in jeder dieser Strukturen eine Operation `draw` geben, wenn auch jeweils mit anderem Code. Um diese dann unterscheiden zu können, schreiben wir `draw'Circle(..)`, `draw'Triangle(...)` usw.[5]

10.5 Bindung von Namen an Objekte

Einen Punkt haben wir bisher überhaupt nicht angesprochen: den *Zweck* von Namen. Es ist offensichtlich, dass wir Namen benutzen, um Dinge zu „benennen“. Das heißt, *Namen sind Stellvertreter für gewisse Objekte*. Diese Objekte können z. B. Zahlen, Funktionen oder Strukturen in einem Programm sein, aber auch Dateien in einem Betriebssystem oder Homepages im World Wide Web.

Damit stellt sich die Frage: *Wie kommt die* ***Bindung*** *zwischen dem Namen und dem Objekt, das er bezeichnet, zustande?* Und vor allem: *Wann kommt sie zustande?*

Interessanterweise gibt es für die Lösung dieser Fragen durchaus unterschiedliche Konzepte. Die wichtigste Unterscheidung betrifft die Frage, ob die Bindung schon zur *Compilezeit* oder erst zur *Laufzeit* zustande kommt. Betrachten wir das Beispiel

```
DEF c == 5
DEF f == λx. a * x WHERE a == x + 1
```

Hier wird die Konstante oder die Funktion – also der Rumpf der Definition – durch den Compiler fest mit dem Namen verbunden. Der Name `c` steht also im ganzen Gültigkeitsbereich immer für die Zahl `5`, und `f` steht immer für die Funktion (`λx. a * x WHERE a == x + 1`).

Anders ist es mit dem Parameter `x`. Hier wird erst bei den jeweiligen Anwendungen der Funktion `f` entschieden, an welchen Wert der Name `x` gebunden wird. Und diese Argumentwerte sind bei den verschiedenen Aufrufen von `f` üblicherweise verschieden. Diese Bindung besteht dann jeweils für die Zeit der Auswertung von `f` (wie in Abschnitt 9.2 beschrieben).

[5] Diese Art der Ursprungs-Annotation ist in sog. objektorientierten Sprachen sogar zu einer der wesentlichsten Programmiertechniken ausgebaut worden.

Das Gleiche gilt natürlich auch für den Namen a. Da er vom jeweiligen Wert von x abhängt, kann er ebenfalls erst während der Auswertung, also zur Laufzeit, gebunden werden.[6]

Anmerkung: Die dynamische Bindung zur Laufzeit kann beliebig komplex werden. In vernetzten Systemen kann es passieren, dass wir einen Namen haben, dessen zugehöriges Objekt – z. B. eine www-Seite – durch das Netz von Computer zu Computer migriert. Die Bindung muss hier also so flexibel sein, dass sie der Wanderung folgen kann.

10.6 Namen in ML und HASKELL

In ML und HASKELL haben wir im Wesentlichen die gleichen Prinzipien wie oben für OPAL erläutert. Die Unterschiede sind marginal und liegen in Details.

10.6.1 Namen in ML

In ML beginnt der *Gültigkeitsbereich* einer Funktion immer *erst an der Stelle ihrer Definition*! Im Gegensatz zu OPAL und HASKELL spielt also die Reihenfolge der Aufschreibung der Funktionen eine zentrale Rolle. Das folgende ML-Programmstück ist daher *falsch*:

```
fun foo x = bar x          (* falsch *)
fun bar x = ...
```

Das ist auch der Grund, weshalb man verschränkt rekursive Funktionen mit dem Schlüsselwort and verbinden muss (siehe Abschnitt 6.3.1). Als Konsequenz dieses Prinzips, dass „Namen ab der Deklaration bekannt" sind, kommt auch folgender – etwas hässlicher – Effekt zustande:

```
let val x = 4
 in
    let val x = x + 1
     in
        2 * x
    end
end;
```

≫ *val it = 10 : int*

Das heißt, das rechte x im Ausdruck x = x + 1 bezieht sich auf das zuvor deklarierte, das linke ist ein neues x. Im Interesse einer fehlerresistenten Programmierung sollte man von solchen Situationen die Finger lassen.

[6] Es gibt auch die alternative Philosophie, dass in einer solchen LET- oder WHERE-Deklaration der Name a zur Compilezeit an den *Ausdruck* gebunden wird (und nicht zur Laufzeit an das Ergebnis der Auswertung des Ausdrucks). Das führt zu subtilen Unterschieden in der Semantik, auf die wir hier jedoch nicht eingehen können.

Als weitere Besonderheit erlaubt ML *lokale Definitionen.* Man kann schreiben

```
local
  fun aux x = ...
in
  fun foo y = ... aux y ...
end;
```

Der Gültigkeitsbereich der Hilfsfunktion `aux` reicht von ihrer Deklarationsstelle bis zum Schlüsselwort `end`. Das heißt, von weiter außen ist zwar die Funktion `foo` sichtbar, nicht aber `aux`. `local` und `let` unterscheiden sich also praktisch nicht – bis auf die üblichen Geschmacksfragen.

Overloading ist in ML – wie in HASKELL – auf vordefinierte Operatoren wie '+', '*', '/', usw. beschränkt.

10.6.2 Namen in HASKELL

HASKELL hat praktisch die gleichen *Gültigkeitsregeln* wie OPAL. Es gilt jedoch, dass `where`-Deklarationen sich auf den ganzen Rumpf der jeweiligen bedingten Gleichung beziehen. Beispiel:[7]

```
maxsq x y
  | sx > sy        = sx
  | otherwise      = sy
    where
    sx   =  sq x
    sy   =  sq y
    sq :: Int -> Int
    sq x =  x * x
```

Die in der `where`-Deklaration eingeführten Namen `sx` und `sy` sind in *beiden* Zweigen verfügbar.[8] Außerdem illustriert das Beispiel auch noch die Verschattung des äußeren Parameters `x` durch den inneren Parameter `x` der lokalen Funktion `sq`.

Overloading ist in HASKELL im Wesentlichen auf die vordefinierten Operatoren wie $+$, $*$, $>$ etc. beschränkt. (Allerdings gibt es in HASKELL in diesem Zusammenhang noch das Konzept der sogenannten *Typklassen*, auf das wir aber erst in Kap. 19 eingehen können.)

Die *Identifikatoren* sind in HASKELL etwas filigraner aufgebaut als in anderen Sprachen, denn der erste Buchstabe spielt eine wichtige Rolle: Namen von Funktionen und Werten beginnen mit einem kleinen Buchstaben, Namen

[7] Das Beispiel ist aus [45] entlehnt.

[8] Das Beispiel in Abschnitt 4.4.2 zeigt allerdings, dass die `where`-Deklaration im Zusammenspiel mit λ-Ausdrücken auch subtile Fehlermöglichkeiten eröffnet.

von Typen und sog. Konstruktoren (s. Abschnitt 12.6.2) mit einem großen Buchstaben. Innerhalb der Namen sind dann beliebige Buchstaben und Ziffern sowie *Underscore* und Akzent erlaubt, wie z. B. in `x_1` oder `x'`.

11. Formalismen 3: Aufwand und Terminierung*

LISP *programmers know the value of everything but the cost of nothing.*
A. Perlis [7]

Da wir Optimisten sind, nehmen wir an, dass wir immer korrekt programmieren. Das heißt, wir glauben fest daran (jedenfalls für den Augenblick), dass unsere Programme immer die Resultate liefern, die wir von ihnen erwarten.

Trotzdem können unsere Programme miserable Qualität haben. Zum Beispiel liegt offensichtlich ein gravierender Qualitätsmangel[1] vor, wenn Programme „langsam“ sind. Denn was nützen die schönsten Resultate, wenn man ihr Eintreffen nicht abwarten kann.

Damit stehen wir vor der Frage: *Wann ist ein Programm „langsam“?*

Man kann an das Problem natürlich ganz pragmatisch herangehen: Wenn der Benutzer unzufrieden ist, weil er am Bildschirm sitzt und wartet und wartet, dann wird er das Programm als langsam einstufen – es sei denn, man überzeugt ihn, dass das Programm eine Aufgabe lösen muss, die so komplex ist, dass es eben nicht schneller geht. Ein Programm wird sicher auch dann als langsam eingestuft werden, wenn es ein Konkurrenzprodukt gibt, das die gleiche Aufgabe in einem Bruchteil der Zeit löst.

Diese Pragmatik ist naheliegend, nützlich und wird in der Praxis auch häufig angewandt. Sie läuft darauf hinaus, dass man die Geschwindigkeit von konkreten Softwareprodukten experimentell ausmisst.[2]

Die Nachteile dieses Verfahrens sind auch klar: Man muss das Produkt erst fertigstellen, bevor man es ausmessen kann. (Lieber hätte man Prognosen schon während der Entwicklungsphase.) Wenn man bei den Testdaten für die Experimente unglückliche Stichproben erwischt, sind die Messungen nicht viel wert. Schließlich erhält man durch die Experimente nichts als nackte Zahlen. Um sie interpretieren zu können, d.h., um sie in Kategorien wie „schnell“ und

* Dieses Kapitel kann beim ersten Lesen übersprungen werden.

[1] Es gibt noch andere Qualitätsmängel: Ein Programm kann so verworren geschrieben sein, dass es unverständlich ist. Es kann nicht-dokumentiert sein. Es kann nicht-„robust“ sein, d. h. auf kleinste Eingabefehler mit katastrophalen Effekten reagieren. Und so weiter.

[2] Wenn man dabei noch detaillierter vorgeht und ermittelt, welche Teile der Software in welchem Maße zum Zeitverbrauch beitragen, spricht man von *Profiling*.

„langsam" einordnen zu können, braucht man Vergleichsmaßstäbe. Und die sind nicht immer verfügbar.

Deshalb arbeitet man in der Informatik schon seit langem daran, diesen Problemkreis objektivierbarer und mit analytischen Verfahren bearbeitbar zu machen. Dies geschieht unter den Schlagworten „Komplexitätstheorie" und „effiziente Algorithmen". Dabei müssen wir zwei Begriffe ganz klar auseinanderhalten, die gerne vermischt werden:

- Die ***Aufwandsanalyse*** (auch *Kostenanalyse* genannt) bestimmt für gegebene Programme, wieviel Zeit[3] ihre Ausführung kostet.
- Die ***Komplexitätsanalyse*** bestimmt für gegebene Aufgaben, wieviel Zeit das jeweils bestmögliche Programm brauchen wird.

Offensichtlich ist die Komplexitätsanalyse das wesentlich schwierigere Thema, denn sie muss über alle denkbaren Programme – die geschriebenen und auch die nicht-geschriebenen – argumentieren. Da wir in diesem Buch an konkreten Programmiertechniken interessiert sind, beschränken wir uns auf die Fragen der konkreten Aufwandsanalyse.[4]

11.1 Ein Beispiel

Um unsere Diskussion etwas konkreter fassbar zu machen, betrachten wir zunächst ein Beispiel und analysieren sein Zeitverhalten ganz intuitiv.

BEISPIEL 11.1 (Die Eulersche Zahl e)

Die Eulersche Zahl $e = 2.71828183\ldots$ *ist mathematisch als Grenzwert der unendlichen Reihe* $e = 2+\frac{1}{2!}+\frac{1}{3!}+\frac{1}{4!}+\cdots$ *definiert. Als Berechnungsverfahren ist das natürlich hoffnungslos unpraktikabel. Deshalb benutzt man in der Praxis Taylor-Entwicklungen. Es gibt jedoch ein noch schnelleres Verfahren [6] (bereits 1766 von Lambert gefunden): Man berechne die beiden Zahlenfolgen*

$$A_0 = 1,\ A_1 = 2,\ A_{i+1} = (4 \cdot i + 2) \cdot A_i + A_{i-1}$$
$$B_0 = 0,\ B_1 = 1,\ B_{i+1} = (4 \cdot i + 2) \cdot B_i + B_{i-1}$$

Aus diesen beiden Folgen berechne man die dritte Folge

$$Ei = \frac{A_i + B_i}{A_i - B_i}$$

Die Folge der Zahlen $E_0, E_1, E_2, E_3, \ldots$ *konvergiert gegen die Zahl* e.

Wir können diesen mathematischen Prozess sofort ganz naiv nachbauen (was aber nicht sehr professionell wäre):

[3] Es gibt auch andere interessante Kosten, z.B. den benötigten Speicherplatz. Aber wir beschränken uns hier auf die Ausführungszeit.

[4] Die Komplexitätsanalyse ist ein Thema der Theoretischen Informatik.

```
FUN e: real
DEF e == approx(1)     -- Vorsicht! Naives Programm!

FUN approx: real → real
DEF approx(i) == IF E(i) ≃ E(i − 1) THEN E(i)
                                     ELSE approx(i + 1) FI

FUN E: real → real
DEF E(i) == (A(i) + B(i)) / (A(i) − B(i))

FUN A: real → real
DEF A(i) == IF i = 0 THEN 1
            IF i = 1 THEN 2
            IF i > 1 THEN (4 ∗ i + 2) ∗ A(i − 1) + A(i − 2) FI

FUN B: real → real
DEF B(i) == IF i = 0 THEN 0
            IF i = 1 THEN 1
            IF i > 1 THEN (4 ∗ i + 2) ∗ B(i − 1) + B(i − 2) FI
```

Dieses Programm ist aber ziemlich dumm! Denn man überlege sich einmal, wie oft die Funktionen E, A *und* B *immer und immer wieder (mit den gleichen Argumenten) aufgerufen werden. Deshalb ist es besser, die Zahlen A_i, B_i und E_i nicht immer wieder neu auszurechnen, sondern sie in der Funktion* approx *– jedenfalls soweit sie noch benötigt werden – als Parameter mitzuführen.*

```
FUN e: real
DEF e == approx(1, E0, A1, A0, B1, B0)
    WHERE
    E0 == 3
    A0 == 1     A1 == 2
    B0 == 0     B1 == 1

FUN approx: real × real × real × real × real × real → real
DEF approx(i, E, A, Aold, B, Bold) ==
    IF Enext ≃ E THEN Enext
                 ELSE approx(i + 1, Enext, Anext, A, Bnext, B) FI
    WHERE
    Enext == (Anext + Bnext) / (Anext − Bnext)
    Anext == (4 ∗ i + 2) ∗ A + Aold
    Bnext == (4 ∗ i + 2) ∗ B + Bold
```

Dieses Beispiel zeigt eine häufige Situation bei schrittweisen Approximationsalgorithmen: Man muss sich genau ansehen, welche „alten“ Werte in einem Schritt jeweils zur Berechnung der „neuen“ Werte benötigt werden, und diese dann in Form von entsprechenden Parametern mitführen. Die Startwerte der Zahlenfolgen liefern dann die Argumente für den initialen Aufruf. (Das ist übrigens eine gute Faustregel: Die Zahl der notwendigen Startwerte liefert im Allgemeinen auch die notwendige Zahl von Parametern.)

Übrigens: Man könnte – in beiden Versionen – `A` *und* `B` *auch vollständig über* `nat` *definieren. Dann müsste man bei der Berechnung von* `E` *vor der Division beide Argumente mit Hilfe der Konversionsoperation* `asReal` *in reelle Zahlen verwandeln. Dieses Vorgehen ist aber problematisch, weil die* `nat`*-Zahlen der diversen Zwischenergebnisse zu groß werden könnten. Deshalb rechnen wir von Anfang an alles im Bereich der* `real`*-Zahlen.*

Soviel zur Programmierung des Beispiels. Jetzt wollen wir die lockere Kommentierung, dass die erste Version „ziemlich dumm" wäre, mit etwas Substanz erfüllen. Betrachten wir erst einmal nur die Funktion

```
DEF A(i) == IF i = 0 THEN 1
            IF i = 1 THEN 2
            IF i > 1 THEN (4 * i + 2) * A(i - 1) + A(i - 2) FI
```

Jede Auswertung des Rumpfes führt dazu, dass ein paar Vergleiche stattfinden und ein bisschen multipliziert, addiert und subtrahiert wird. Der Einfachheit halber setzen wir für diese Berechnungen in jedem der drei Zweige der Fallunterscheidung einen konstanten Kostenfaktor c_1, c_2, c_3 an. Dann erhalten wir für die Kosten $\mathcal{K}_{\mathtt{A}}(i)$ der Funktion `A` in Abhängigkeit vom Argumentwert i folgende Beziehungen:

$$\begin{aligned} \mathcal{K}_{\mathtt{A}}(0) &= c_1 \\ \mathcal{K}_{\mathtt{A}}(1) &= c_2 \\ \mathcal{K}_{\mathtt{A}}(i+2) &= c_3 + \mathcal{K}_{\mathtt{A}}(i+1) + \mathcal{K}_{\mathtt{A}}(i) \end{aligned}$$

Das heißt, im dritten Zweig haben wir die Kosten c_3 der Operationen (Vergleiche, Additionen, Multiplikationen), die in dieser Inkarnation ausgewertet werden, plus den Aufwand der beiden rekursiven Aufrufe.

Alles, was wir im Moment wollen, ist, den Aufwand *grob* abzuschätzen. Deshalb machen wir uns das Leben etwas leichter und setzen die Kosten c_1 und c_3 auf Null und c_2 auf Eins:

$$\begin{aligned} \mathcal{F}(0) &= 0 \\ \mathcal{F}(1) &= 1 \\ \mathcal{F}(i+2) &= \mathcal{F}(i+1) + \mathcal{F}(i) \end{aligned}$$

Aufgrund dieser Modifikation ist klar, dass diese Funktion „billiger" ist als unsere echten Kosten $\mathcal{K}_{\mathtt{A}}$; d.h., wir erhalten eine Abschätzung nach unten („`A` ist mindestens so teuer wie $\mathcal{F}$"):

$$\mathcal{F}(i) \le \mathcal{K}_{\mathtt{A}}(i)$$

Die Funktion $\mathcal{F}$ kennt man gut: es ist die sogenannte Fibonacci-Funktion. Von dieser Funktion weiß man unter anderem, dass sie folgender Ungleichung genügt:

$$\mathcal{F}(i+2) \ge r^i \quad \text{wobei } r = \frac{1+\sqrt{5}}{2} \text{ der goldene Schnitt ist.}$$

(Diese Eigenschaft lässt sich leicht durch Induktion zeigen, wobei man als wesentliche Eigenschaft verwenden muss, dass $r^2 = r + 1$ ist.)

Übung 11.1. Zeigen Sie durch Induktion, dass für die Funktion $\mathcal{K}_{\mathtt{A}}$ die Eigenschaft $\mathcal{K}_{\mathtt{A}}(i+2) \geq c_3 \cdot r^i + c_2 + c_1$ gilt.

Diese Rechnung zeigt, dass die Kostenfunktion $\mathcal{K}_{\mathtt{A}}$ sogenanntes „exponentielles Wachstum" hat (worauf wir gleich noch zurückkommen werden). Und das ist schlecht![5] Das heißt nämlich, dass bei zehnmal größerer Eingabe mindestens tausendmal so viel gerechnet werden muss, und bei zwanzigmal größerer Eingabe bereits eine Million Mal so viel.

Diese Zusammenhänge werden wir im nächsten Abschnitt etwas genauer studieren.

Zuvor schließen wir aber noch die Betrachtung unseres Beispiels ab: In der schlechten Version ruft die Funktion `approx` zweimal die Funktion `E` auf, die wiederum je einmal die Funktionen `A` und `B` aufruft. (Wir nehmen an, dass der Compiler clever genug ist, in `E` die identischen Aufrufe `A(i)` und `B(i)` zu entdecken und jeweils nur einmal zu berechnen.) Insgesamt haben wir also vier Auswertungen von `A` oder `B` bei jedem Aufruf von `approx`. Nehmen wir einmal an, dass wir dreißig solcher Aufrufe brauchen, bis die gewünschte Genauigkeit erreicht ist. Dann haben wir – etwas vergröbert – die Abschätzung

$$\mathcal{K}_{\mathtt{approx}} \approx 4r^1 + 4r^2 + \cdots + 4r^{29} + 4r^{30}$$

Gegenüber dieser hochgradig exponentiellen Lösung sieht die zweite Lösung erheblich besser aus. Jeder Aufruf von `approx` macht hier konstanten Aufwand c. Und bei dreißig Schritten heißt das gerade mal $30 \cdot c$.

11.2 Die "$\mathcal{O}$-Notation"

Wenn man es mit sogenannten „harten Realzeit-Aufgaben" zu tun hat, dann muss man den Zeitbedarf seiner Programme sehr präzise bestimmen. Ein typisches Beispiel ist der Mikrochip zur Auslösung des Airbags in einem Auto: Das Steuerprogramm muss hier innerhalb von zwei bis drei Millisekunden entscheiden, ob der Bag ausgelöst wird oder nicht. Bei so engen Zeitschranken kommt es auf jede Operation an.

Bei „normaler" Software brauchen wir es dagegen im Allgemeinen nicht annähernd so genau zu wissen. Hier reicht uns meistens *eine ganz grobe Abschätzung* des Zeitbedarfs locker aus. Und für diese Form der groben Abschätzung hat man in der Informatik eine spezielle Notation und Terminologie entwickelt, die wir im Folgenden kurz skizzieren wollen.[6]

*Warum begnügen wir uns mit **groben Abschätzungen**?*

[5] Man denke nur an die wohlbekannte Anekdote von dem Schachbrett und den Reiskörnern: auf das erste Feld ein Korn, auf das zweite zwei Körner, auf das dritte vier, auf das vierte acht, auf das fünfte sechzehn usw. Die Reisernte der ganzen Erde reicht nicht aus, um das letzte Feld zu füllen.

[6] Genauer kann man das z.B. in [2, 3, 13, 21] nachlesen.

- Weil wir's nicht genauer können.
  - Wir wissen nicht, wieviel Zeit die elementaren Operationen (Addition, Multiplikation etc.) auf der jeweiligen Maschine genau brauchen.[7]
  - Wir wissen nicht genau, wie der Compiler unseren Programmtext in Maschineninstruktionen umsetzt.
  - Wir wissen nicht genau, welchen Aufwand Dienste des Betriebssystems haben, die unser Programm in Anspruch nimmt.
  - Und nicht zuletzt: Es ist viel zu kompliziert, das Ganze auf die exakte Zahl von Operationen hin auszutüfteln.
- Weil wir's nicht genauer brauchen.
  - Ein Benutzer am Terminal empfindet ein interaktives Programm als gut benutzbar, wenn die Antwortzeiten im Bereich von 2–3 Sekunden liegen („*instant response*").
  - Schwierige Aufgaben mit langen Berechnungen können im Bereich von mehreren Stunden liegen.

  In beiden Fällen ist es offensichtlich nicht sinnvoll, bis auf einzelne Operationen hin, d. h. auf Mikro- oder sogar Nanosekunden genau, zu rechnen.

Die Grundidee ist deshalb, dass man eigentlich nur wissen will, wie das Programm auf doppelt, dreimal, zehnmal, tausendmal so große Eingabe reagiert. Das heißt, man stellt sich Fragen wie: „Wenn ich zehnmal so viel Eingabe habe, werde ich dann zehnmal so lang warten müssen?"

Für gewisse standardmäßige Kostenfunktionen hat man dabei eine gute intuitive Vorstellung. In Tabelle 11.1 sind die wichtigsten dieser Standardfunktionen aufgelistet. Die sogenannte *„Big-Oh-Notation"*, wie zum Beispiel $\mathcal{O}(n^2)$, ist dabei zu lesen als: „Wenn die Eingabe die Größe n hat, dann liegt der Arbeitsaufwand in der *Größenordnung* n^2."

Tabelle 11.1. Standardmäßige Kostenfunktionen

Name	Kürzel	Intuition: *Tausendfache Eingabe heißt* ...
konstant	$\mathcal{O}(c)$	... gleiche Arbeit
logarithmisch	$\mathcal{O}(\log n)$	... nur zehnfache Arbeit
linear	$\mathcal{O}(n)$	... auch tausendfache Arbeit
„n log n"	$\mathcal{O}(n \ \log n)$	... zehntausendfache Arbeit
quadratisch	$\mathcal{O}(n^2)$	... millionenfache Arbeit
kubisch	$\mathcal{O}(n^3)$	... milliardenfache Arbeit
polynomial	$\mathcal{O}(n^c)$	... gigantisch viel Arbeit (für großes c)
exponentiell	$\mathcal{O}(2^n)$	... hoffnungslos

In Tabelle 11.2 ist angedeutet, warum wir exponentiellen Aufwand als „hoffnungslos" klassifiziert haben: Wenn wir – um des Beispiels willen – von Funktionsgrößen ausgehen, bei denen die Auswertung einer Inkarnation eine Mikrosekunde dauert, dann ist zum Beispiel bei einer Eingabegröße $n = 40$

[7] Wenn wir für unsere aktuelle Maschine 25 Nanosekunden ansetzen, kann die nächste, die wir kaufen, schon bei 8 Nanosekunden liegen.

selbst bei kubischem Wachstum der Aufwand noch unter einer Zehntelsekunde, während im exponentiellen Fall der Rechner bereits zwei Wochen lang arbeiten muss. Wenn wir die Eingabegröße gerade mal von 40 auf 50 vergrößern, dann bleiben wir im kubischen Fall noch immer im Zehntelsekunden-Bereich, während im exponentiellen Fall unsere Geduld schon auf einige Jahrzehnte strapaziert wird. Für eine Eingabelänge 100 ist's hoffnungslos. (Zum Vergleich: Das Alter des Universums wird auf einige Milliarden Jahre, also in der Ordnung 10^{10}, geschätzt.[8])

Tabelle 11.2. Wachstum von exponentiellen Algorithmen

n	linear	quadratisch	kubisch	exponentiell
1	1 μs	1 μs	1 μs	2 μs
10	10 μs	100 μs	1 ms	1 ms
20	20 μs	400 μs	8 ms	1 sec
30	30 μs	900 μs	27 ms	18 min
40	40 μs	2 ms	64 ms	13 Tage
50	50 μs	3 ms	125 ms	36 Jahre
60	60 μs	4 ms	216 ms	36 560 Jahre
100	100 μs	10 ms	1 sec	$4 \cdot 10^{16}$ Jahre
1000	1 ms	1 sec	17 min	...

Aus solchen Überlegungen heraus führte man die $\mathcal{O}$-Notation ein, die eine Abschätzung des Rechenaufwands nach oben liefert:

Definition ($\mathcal{O}$-Notation)

Sei w eine Funktion $w : \alpha \to \mathcal{R}^+$ von einem gegebenen Datentyp α in die positiven reellen Zahlen. Dann ist die Klasse $\mathcal{O}(w)$ die Menge aller Funktionen, die „langsamer wachsen" als w:

$$\mathcal{O}(w) = \{\, h \mid h(n) \leq c \cdot w(n) \ \text{für eine positive Konstante } c \text{ und alle } n \geq N_0 \,\}$$

Wenn wir also z.B. sagen, „f liegt in der Klasse $\mathcal{O}(n^2)$", dann heißt das, dass die Funktion f langsamer wächst (bis auf einen konstanten Faktor c) als die Funktion $w(n) = n^2$ – zumindest wenn wir von einem gewissen Anfangsstück bis N_0 absehen. Mit anderen Worten, nach einer gewissen Startphase, über die wir nichts aussagen, liegt f unterhalb einer quadratischen Funktion. Mit solch einer Feststellung haben wir dann schon ein recht gutes Gefühl für die Kosten von f (s. Abb. 11.1).

[8] *Big Thought* hat die Lösung 42 also sicher nicht mit einem exponentiellen Verfahren gefunden.

Aufgrund der Definition von $\mathcal{O}$ kann man leicht folgende Rechenregeln ableiten.[9] Dabei nehmen wir uns die Freiheit, z.B. mit $c \cdot f$ die punktweise Multiplikation der Funktion f mit der Konstanten c zu bezeichnen und mit $c \cdot \mathcal{O}(f)$ die Multiplikation aller Funktionen $g \in \mathcal{O}(f)$ mit c. Entsprechend erlauben wir uns auch, etwa $\mathcal{O}(f) + \mathcal{O}(g)$ zu schreiben oder $\mathcal{O}$ auf Mengen von Funktionen anzuwenden.

$$\begin{array}{rll}
f \in \mathcal{O}(f) & & \text{(reflexiv)} \\
\mathcal{O}(\mathcal{O}(f)) \subseteq \mathcal{O}(f) & & \text{(transitiv)} \\
\mathcal{O}(c+f) = \mathcal{O}(f) & & \text{(konstante Summanden vernachlässigbar)} \\
c+\mathcal{O}(f) = \mathcal{O}(f) & & \text{(konstante Summanden vernachlässigbar)} \\
\mathcal{O}(c \cdot f) = \mathcal{O}(f) & & \text{(konstante Faktoren vernachlässigbar)} \\
c \cdot \mathcal{O}(f) = \mathcal{O}(f) & & \text{(konstante Faktoren vernachlässigbar)} \\
\mathcal{O}(f+g) = \mathcal{O}(f) + \mathcal{O}(g) & & \text{(Summenbildung distributiert)} \\
\mathcal{O}(f * g) = \mathcal{O}(f) * \mathcal{O}(g) & & \text{(Produktbildung distributiert)} \\
\mathcal{O}(f) + \mathcal{O}(g) = \mathcal{O}(f) & & \text{falls } \mathcal{O}(g) \subseteq \mathcal{O}(f)
\end{array}$$

Anmerkung: Weil konstante Faktoren vernachlässigbar sind, können wir uns erlauben, bei $\mathcal{O}(\log n)$ offen zu lassen, welche Basis für den Logarithmus genommen wird. Denn es gilt ja, dass $\log_a x = \frac{1}{\log_b a} \cdot \log_b x$; d.h., die Logarithmen zu verschiedenen Basen unterscheiden sich nur um eine Konstante.

Aufgrund der Definitionen können wir auch sehen, dass wir uns bei komplexeren Funktionen immer auf den „dominanten Term" beschränken können; der Rest ist vernachlässigbar. Wir illustrieren das mit dem Beispiel[10]

$$\mathcal{O}(2n^2 + 3n + 7) = \mathcal{O}(n^2) \text{ (Beschränkung auf dominanten Faktor)}$$

Wegen der Transitivität reicht es zu zeigen, dass $2n^2 + 3n + 7 \in \mathcal{O}(n^2)$ gilt. Das heißt, wir brauchen eine Konstante c, so dass $2n^2 + 3n + 7 \leq c \cdot n^2$ gilt für alle $n \geq N_0$. Indem wir auf beiden Seiten durch n^2 dividieren, erhalten wir $2 + \frac{3}{n} + \frac{7}{n^2} \leq c$. Wegen $n \geq N_0$ gilt aber $2 + \frac{3}{n} + \frac{7}{n^2} \leq 2 + \frac{3}{N_0} + \frac{7}{N_0^2}$. Damit können wir $c \stackrel{\text{def}}{=} 2 + \frac{3}{N_0} + \frac{7}{N_0^2}$ setzen.

Die $\mathcal{O}$-Notation ist eine Abschätzung des Aufwands nach oben. Eine solche Abschätzung kann natürlich beliebig vergröbert werden. Das heißt, es gilt z.B. automatisch

$$f \in \mathcal{O}(n) \Rightarrow f \in \mathcal{O}(n^2) \Rightarrow f \in \mathcal{O}(n^3) \Rightarrow f \in \mathcal{O}(2^n)$$

Das heißt, eine lineare Funktion ist insbesondere auch quadratisch, kubisch oder auch exponentiell. Implizit geht man aber natürlich davon aus, dass man jeweils die knappste mögliche Klasse angibt. Um diese Annahme nicht

---

[9] In der Literatur erlaubt man sich üblicherweise die Freiheit, anstelle von $f \in \mathcal{O}(w)$ eine „Gleichung" $f(n) = \mathcal{O}(w(n))$ zu schreiben. Das sieht zwar nett aus und erlaubt kompaktes Rechnen, ist aber letztlich wohl doch verwirrender als die korrekte Notation.

[10] Streng genommen müssten wir schreiben $\mathcal{O}(\lambda\, n.\ 2n^2 + 3n + 7)$, aber diesen notationellen Überbau spart man sich vernünftigerweise.

nur intuitiv gelten zu lassen, hat man weitere Notationen eingeführt, die die Kosten einer Funktion nach unten und nach beiden Seiten abschätzen. Wir beschränken uns auf die letztere.

DEFINITION (Θ-Notation)

Sei w eine Funktion $w : \alpha \to \mathcal{R}^+$ von einem gegebenen Datentyp α in die positiven reellen Zahlen. Dann ist die Klasse $\Theta(w)$ die Menge aller Funktionen, die „genauso wachsen" wie w:

$$\Theta(w) = \{\ h \mid c_1 \cdot w(n) \leq h(n) \leq c_2 \cdot w(n) \quad \textit{für positive Konstanten } c_1, c_2 \textit{ und alle } n \geq N_0\ \}$$

Abb. 11.1 illustriert den Unterschied zwischen der $\mathcal{O}$- und der Θ-Notation: In einem Fall wird die Funktion f irgendwann dominiert, im anderen Fall wird sie eingegrenzt.

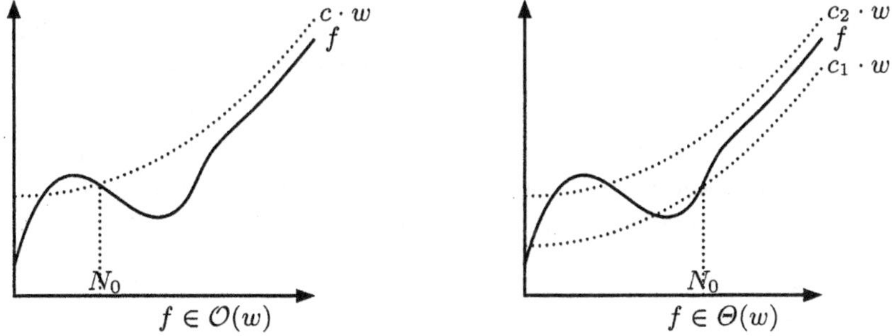

Abb. 11.1. Illustration der $\mathcal{O}$- und der Θ-Klassen

Übung 11.2. Zeigen Sie, dass die Funktion $h(n) \stackrel{\text{def}}{=} (2n+5)^2 + 500$ von der Ordnung $\mathcal{O}(\frac{1}{100} \cdot n^2)$ ist.

Übung 11.3. Schreiben Sie ein Programm für die Berechnung der Fibonacci-Funktion (die im obigen Abschnitt 11.1 eingeführt wurde). Zu welcher Aufwandsklasse gehört sie? Testen Sie die Funktion `fib(n)` für wachsendes n.
Hinweis: Man sollte für diesen Test genügend Zeit mitbringen!

11.3 Von Programmen zu Kostenfunktionen

Bleibt noch die Frage: *Wie kommt man von einem Programm zu seiner Kostenfunktion?* Dazu müssen wir uns zuerst einmal entscheiden, welche Art von Kosten wir ermitteln wollen:

- Wir können uns für den *durchschnittlichen Aufwand* (engl.: *average-case costs*) interessieren, also für die Kosten, die im statistischen Mittel anfallen werden.
- Oder wir können uns für den *maximalen Aufwand* (engl.: *worst-case costs*) interessieren, also für die Kosten, die entstehen, wenn Murphys Law voll zuschlägt.

Der Unterschied wird schon deutlich, wenn wir uns die Suche nach einer Karte in einem Kartenspiel ansehen: Im schlimmsten Fall müssen wir das ganze Spiel durchsuchen, weil die gesuchte Karte die letzte ist. Im statistischen Mittel werden wir aber nur den halben Stapel durchforsten müssen.

Dass die Idee des „statistischen Mittels" nicht trivial ist, zeigt ein anderes simples Beispiel: der Vergleich zweier Texte. Der *worst case* ist klar: Wir müssen beide Texte bis zum bitteren Ende ansehen (weil sie gleich sind oder sich erst beim letzten Buchstaben unterscheiden). Aber was können wir im statischen Mittel erwarten? Das hängt ganz von der Anwendung ab.

- Wenn wir beliebige Texte vergleichen, wird wohl schon nach zwei, drei Buchstaben ein Unterschied da sein (also konstanter Aufwand).
- Wenn wir aber zwei verschieden alte Versionen eines Programms vergleichen, um die Modifikationen zu entdecken, dann wird die „50%-Statistik" wohl greifen.

Wenn wir diese Entscheidung getroffen haben, also wissen, was wir ausrechnen wollen, dann können wir folgendes Verfahren benutzen (das wir im obigen Abschnitt 11.1 schon intuitiv angewandt haben):

Wir leiten aus den (rekursiven) Funktionen unseres Programms sogenannte ***Rekurrenzgleichungen*** ab. Das heißt, zu jeder Funktion f wird eine Kostenfunktion $\mathcal{K}_{\mathtt{f}}$ assoziiert, für die wir – orientiert am Programmtext – entsprechende Gleichungen aufstellen.

Wir illustrieren den Prozess anhand eines einfachen Beispiels. Sei eine Funktion gegeben, die prüft, ob ein Text ein Palindrom ist.

```
DEF palindrom(T) ==
    IF #(T) ≤ 1 THEN true
    IF #(T) > 1 THEN (IF T!0 = T!N THEN palindrom(slice(T, 1, N − 1))
                      IF T!0 ≠ T!N THEN false  FI                    )
                     WHERE
                     N = #(T) − 1
    FI
```

Die Kosten hängen offensichtlich von der Länge n des Textes ab. Also führen wir eine Funktion $\mathcal{K}_{\mathtt{pal}}(n)$ ein und bestimmen für die verschiedenen Fälle von n entsprechende Gleichungen. (Wir geben zuerst die Gleichungen an und erklären sie im Anschluss.) Für den *worst case* ergibt sich somit:

$$
\begin{aligned}
\mathcal{K}_{\mathtt{pal}}(0) &= c_1 \\
\mathcal{K}_{\mathtt{pal}}(1) &= c_2 \\
\mathcal{K}_{\mathtt{pal}}(n) &= c_3 + n + max(A, B) \qquad \text{für } n \geq 2 \\
&\quad \text{where } A = c_4 + 2 \cdot n + \mathcal{K}_{\mathtt{pal}}(n-2) \\
&\qquad\qquad B = c_5 + n
\end{aligned}
$$

Die einzelnen Gleichungen sind wie folgt begründet (wobei wir Vergröberungen vornehmen dürfen, da wir letztlich nur eine $\mathcal{O}$-Abschätzung wollen):

- Für $n = 0$ und $n = 1$ werden Längentests für einelementige oder leere Texte sowie einige elementare Operationen ausgeführt. Die Kosten sind also konstant.
- Im Rekursionsfall haben wir ebenfalls einige elementare Operationen. Dazu kommt der Längentest, der (leider) linear in der Länge des Textes ist. Für die innere Fallunterscheidung müssen wir – da wir den *worst case* betrachten – das Maximum der beiden Möglichkeiten nehmen. Im ersten Fall ergeben sich die Kosten A aus ein paar elementaren Operationen, einem Zugriff auf das letzte Element und einer `slice`-Operation, die beide linear in der Länge des Textes sind, sowie aus einem rekursiven Aufruf mit einem um zwei Elemente kürzeren Text.
  Im zweiten Fall haben wir für die Kosten B neben den üblichen elementaren Operationen noch den linearen Zugriff auf das letzte Element zu berücksichtigen.

Aufgrund der Regeln für den $\mathcal{O}$-Kalkül können wir diese Gleichungen vereinfachen. Vor allem ist das Maximum von A und B offensichtlich A:

$$
\begin{aligned}
\mathcal{K}_{\mathtt{pal}}(0) &= 1 \\
\mathcal{K}_{\mathtt{pal}}(1) &= 1 \\
\mathcal{K}_{\mathtt{pal}}(n) &= 3 \cdot n + \mathcal{K}_{\mathtt{pal}}(n-2) \quad \text{für } n \geq 2
\end{aligned}
$$

Damit ergibt sich grob folgende Berechnung:

$$\mathcal{K}_{\mathtt{pal}}(n) \approx 3 \cdot n + 3 \cdot (n-2) + 3 \cdot (n-4) + \cdots + 3 \cdot 2 + 1$$

Man macht sich schnell klar, dass der Aufwand hier quadratisch ist:

$$\mathcal{K}_{\mathtt{pal}}(n) \in \mathcal{O}(n^2)$$

Übung 11.4. Zeigen Sie durch Induktion, dass $\mathcal{K}_{\mathtt{pal}}(n) \in \mathcal{O}(n^2)$ in der Tat gilt.

Dieses Beispiel zeigt einige der wesentlichen Grundsätze für die Ableitung von Rekurrenzgleichungen:

- Primitive Operationen auf Zahlen, booleschen Werten und Zeichen haben konstanten Aufwand (das gilt sogar für Operationen wie `sin` oder `sqrt`).
- Bei primitiven Operationen auf Texten (`denotation`) hängt der Aufwand davon ab, wo im Text man arbeitet. So muss man z.B. unterscheiden:
  - Zugriffsfunktionen „vorne“ wie etwa `T!1` haben konstanten Aufwand.
  - Zugriffsfunktionen „hinten“ haben linearen Aufwand in der Länge des Textes. Das Gleiche gilt für die Längenberechnung `#` oder für `slice`.

  – Vergleiche wie '=' oder '<' hängen im Aufwand davon ab, wie weit vorne im Text der erste Unterschied auftritt.
- Bei Aufrufen selbstdefinierter Funktionen setzt man die entsprechende Kostenfunktion an, im Falle von rekursiven Aufrufen natürlich mit einem entsprechend verkleinerten Argumentwert.

Das Lösen der entstehenden Rekurrenzgleichungen erfordert im Allgemeinen etwas Intuition und mathematisches Gespür. Die folgende Tabelle 11.3 häufiger Situationen ist dabei nützlich.[11]

Tabelle 11.3. Häufige Rekurrenzen

Gleichung für $\mathcal{K}(n)$		Ordnung von $\mathcal{K}(n)$
$\mathcal{K}(n) = \mathcal{K}(n-1) + bn^k$		$\mathcal{O}(n^{k+1})$
$\mathcal{K}(n) = c \cdot \mathcal{K}(n-1) + bn^k$	mit $c > 1$	$\mathcal{O}(c^n)$
$\mathcal{K}(n) = c \cdot \mathcal{K}(\frac{n}{d}) + bn^k$	mit $c > d^k$	$\mathcal{O}(n^{\log_d c})$
$\mathcal{K}(n) = c \cdot \mathcal{K}(\frac{n}{d}) + bn^k$	mit $c = d^k$	$\mathcal{O}(n^k \log n)$
$\mathcal{K}(n) = c \cdot \mathcal{K}(\frac{n}{d}) + bn^k$	mit $c < d^k$	$\mathcal{O}(n^k)$

Wie man sieht, ist der zweite (und manchmal auch der dritte) Fall gefährlich, weil er exponentielles Wachstum bedeutet.

Diese kurzen Ausführungen müssen für die Zwecke unseres Buches reichen. Für Genaueres müssen wir auf die Theoretische Informatik und auf weiterführende Literatur (etwa [2, 3, 13, 21]) verweisen.

11.4 Terminierung

Der schlimmste Fall von Kosten tritt auf, wenn ein Programm gar nicht mehr aufhört. Dann ist sein Zeitverbrauch unendlich groß (und das ist noch schlimmer als exponentiell – zumindest theoretisch[12].) Um die *Terminierung* eines Programms zu zeigen, kann man also im Prinzip seine Kosten ausrechnen. Wenn man dabei auf eine endliche Größe kommt, ist der Fall erledigt.

Aber das hieße, mit Kanonen auf Spatzen schießen.

Es ist im Allgemeinen viel einfacher Terminierung zu zeigen, als konkrete Kosten auszurechnen. Außerdem kommt es in der Praxis viel häufiger vor, dass man durch einen kleinen Denkfehler die Terminierung einbüßt, als dass man eine falsche Aufwandsordnung erwischt. Deshalb ist es sinnvoll, den Terminierungsnachweis unabhängig von der Kostenrechnung zu führen. Und folglich ist es auch sinnvoll, für solche Nachweise eigenständige Verfahren zu entwickeln.

[11] Diese Tabelle wurde von M. Klose und W. Pfannenstiel zusammengestellt.

[12] Praktisch gesehen macht es für mich jedoch keinen Unterschied, ob ein Programm nur hundert Jahre läuft oder eine Ewigkeit: Ich werde beides nicht erleben.

11.4.1 Über wohlfundierte Ordnungen

Die Grundlage für jede Terminierungsaussage ist das, was Mathematiker eine „wohlfundierte Ordnung“ nennen:

DEFINITION (Wohlfundierte Ordnung)
*Eine **wohlfundierte Ordnung** ist eine partielle Ordnung '$\prec$', in der es keine absteigende Kette $a_1 \succ a_2 \succ a_3 \succ \ldots$ unendlicher Länge gibt.*

Anmerkung: Eine *partielle Ordnung* '$\preceq$' liegt vor, wenn folgende Eigenschaften erfüllt sind:

- Reflexivität: $a \preceq a$
- Antisymmetrie: $a \preceq b \wedge b \preceq a \Rightarrow a = b$
- Transitivität: $a \preceq b \wedge b \preceq c \Rightarrow a \preceq c$

Außerdem gilt natürlich $a \prec b \Leftrightarrow a \preceq b \wedge a \neq b$.

Das einfachste Beispiel einer wohlfundierten Ordnung liefern die *natürlichen Zahlen* mit ihrer üblichen '$<$'-Ordnung: Jede absteigende Kette endet spätestens bei der Null. Und „99%“ aller Terminierungsbeweise benutzen auch diese Ordnung.

Wir können jedoch auch andere wohlfundierte Ordnungen finden, selbst wenn dabei die Argumentation kniffliger wird. Sogar *Intervalle reeller Zahlen* funktionieren, wenn wir z.B. folgende zwei Bedingungen erfüllen: (1) Es gibt eine kleinste Intervallgröße, die nicht unterschritten werden kann. (2) Die Intervalle in einer Kette sind immer halb so groß wie ihre Vorgänger. (Die Ordnung $[a_1..a_2] \prec [b_1..b_2]$ ist dann so zu definieren: $(a_2 - a_1) < \frac{1}{2}(b_2 - b_1)$.)

Eine weitere raffinierte Ordnung ist die sogenannte *Multiset-Ordnung*. (Multisets verhalten sich wie Mengen, jedoch mit der Erweiterung, dass Elemente auch mehrfach enthalten sein können.) Hier kann man z.B. definieren: $M_1 \prec M_2$ genau dann, wenn gilt: $M_1 \subset M_2$ oder $max(M_1) < max(M_2)$; Voraussetzung ist allerdings, dass die Elemente des Multisets selbst einer wohlfundierten Ordnung angehören. Der zweite Fall der obigen Disjunktion bedeutet dabei, dass die Gesamtzahl der Elemente in M_1 sogar größer sein darf, sofern das Maximum schrumpft. Eine Variante ist so definiert, dass im zweiten Fall zumindest die Anzahl der *verschiedenen* Elemente kleiner werden muss.

11.4.2 Wie beweist man Terminierung?

Um für eine rekursive Funktion `FUN f : domain → range` Terminierung zu beweisen, kann man an sich ganz einfach vorgehen:

- Man sucht eine geeignete wohlfundierte Ordnung $\mathcal{W}$ (in den allermeisten Fällen die natürlichen Zahlen $\mathbb{N}$).

- Dann wählt man eine „Maßfunktion" τ: domain $\to \mathcal{W}$ vom Argumenttyp domain in die wohlfundierte Ordnung $\mathcal{W}$.
- Jetzt muss man für jeden rekursiven Aufruf

```
DEF f(x) == ... f(A) ...
```

  zeigen, dass das Argument A „kleiner" ist als x, d.h., dass gilt: $\tau(\mathtt{A}) \prec \tau(\mathtt{x})$.

Offensichtlich ist damit Terminierung garantiert: Denn wenn wir uns die Auswertungsregeln aus Kap. 9 ansehen, dann hat jede Inkarnation ein kleineres Argument als die vorherige. Die Inkarnationen stellen somit absteigende Ketten dar, die aufgrund der Wohlfundiertheit endlich sein müssen.

Wir wollen uns zur Illustration noch einige Beispiele früherer Programme ansehen:

- Für Funktionen wie fac, binom, pow aus Kap. 5 ist der Terminierungsbeweis trivial: Die Argumentsorte ist bereits nat und der rekursive Aufruf hat als Argument n − 1.
- Auch die Funktion search stellt keine Herausforderung dar: Die Terminierungsfunktion τ ist einfach die Länge des Textes.

BEISPIEL 11.2 (Terminierung von sqrt)

Spannender ist die Quadratwurzel sqrt *aus Kap. 5. Sie basiert auf folgender rekursiver Funktion:*

```
FUN approx: real × real × real → real
DEF approx == λx,low,high .
    LET
    middle == (low + high)/2
    IN
    IF square(middle) ≃ x THEN middle
                           ELSE
    IF square(middle) > x THEN approx(x,low,middle)
    IF square(middle) < x THEN approx(x,middle,high) FI FI
```

Als Basis für unsere Ordnung müssen wir offensichtlich Intervalle der Art [low..high] *nehmen. Diese Intervalle werden in jedem Aufruf halbiert. Bleibt zu zeigen, dass die Intervalle nicht beliebig klein werden können. Man sieht aber sofort, dass man die Intervallgröße $[a..b]$ so beschränken kann, dass $(b^2 - a^2) > \varepsilon$ gilt, wobei ε der Wert ist, der dem Vergleich '$\simeq$' zugrunde liegt.*

Und zum Schluss noch die deprimierende Nachricht: In der Theoretischen Informatik wird gezeigt, dass es kein automatisches, generell anwendbares Verfahren geben kann, das für beliebige Programme entscheidet, ob sie terminieren. (Das läuft unter dem Stichwort „Unentscheidbarkeit des Halteproblems".) Wir müssen also bei jedem unserer Programme selbst aufs Neue nachdenken.

Übung 11.5. *Zeigen Sie die Terminierung der Funktionen* `mod` *und* `ggt` *aus Abschnitt 5.3.*

Übung 11.6. *Zeigen Sie die Terminierung der Funktionen* `Diff` *und* `Integral` *aus Kap. 7.*

Übung 11.7. *Die folgende Aufgabe hat noch kein Mensch gelöst; sie ist also eine echte Chance, Ruhm und Ehre zu erwerben. Gegeben sei die folgende Funktion:*

```
FUN strange : nat → nat

DEF strange(n) == IF n ≤ 1            THEN 1
                  IF n > 1 ∧ even(n)  THEN strange(n/2)
                  IF n > 1 ∧ odd(n)   THEN strange(3 * n + 1) FI
```

Terminiert diese Funktion für beliebige Werte n? (Anmerkung: Für die ersten paar Tausend Zahlen hat man's experimentell nachgeprüft.)

Teil III

Datenstrukturen

Unsere bisherigen Beispielfunktionen operieren nahezu ausschließlich auf Zahlen. Nun wäre die Informatik aber wahrlich eine langweilige Angelegenheit, wenn diese Einschränkung mehr wäre als nur das Problem „Wie finde ich einen Einstieg in ein Thema, in dem Alles mit Allem zusammenhängt?“ Die Möglichkeit, eine beliebige Fülle von neuen Datenstrukturen zu schaffen, trägt mindestens ebenso viel zur Mächtigkeit und Farbigkeit der Informatik bei wie die Erfindung von immer neuen Funktionen.

Und das Eine bedingt fast immer auch das Andere — und umgekehrt.

12. Konstruktion von Datenstrukturen

Interessanterweise zeigt sich bei Datenstrukturen das gleiche Phänomen wie bei Funktionen: Die reiche Fülle von Möglichkeiten erwächst aus einer kleinen Zahl von *elementaren Konstruktionsprinzipien.* Dies sind bei Funktionen: Funktionsapplikation, Tupelbildung, Fallunterscheidung und Rekursion; bei Datenstrukturen: Produktbildung, Summenbildung und Rekursion.[1]

Unser Ziel ist also: Wir wollen aus vorhandenen Datenstrukturen *neue Datenstrukturen* aufbauen. Dafür gibt es im Wesentlichen drei Konstrukte:

- Tupelbildung (Produkt);
- Variantenbildung (Summe);
- Aufzählung.[2]

Dass diese Konstrukte die elementaren Bausteine eines ganzen Universums von Datenstrukturen sind, ist keine Entdeckung der Informatik, sondern – wieder einmal – der Mathematik, genauer: der elementaren Mengenlehre.

Auch eine zweite Beobachtung verdanken wir der Mathematik, und zwar diesmal der Algebra: Die Konstruktion von Datenstrukturen liefert nicht nur Mengen neuer Werte, sondern gleichzeitig auch *kanonische Operationen* für diese Werte:

Datenstrukturen und ihre kanonischen Operationen bilden eine logisch zusammengehörige Einheit – das Eine macht ohne das Andere keinen Sinn.

12.1 Tupel (Produkt, Aggregation)

Eine der häufigsten Gründe für die Einführung neuer Datenstrukturen ist die Beobachtung, dass eine Gruppe von Daten logisch zusammengehört und gemeinsam etwas Neues, Eigenständiges darstellt. Man spricht in solchen

[1] Diese wenigen Konstruktionsprinzipien treten allerdings in den verschiedenen Programmiersprachen mit zahlreichen kleinen Modifikationen und Variationen auf, so dass dem unerfahrenen Beobachter alles ungeheuer facettenreich und wild wuchernd erscheinen mag.

[2] In OPAL ist – wie wir noch sehen werden – dieser dritte Fall nur ein Spezialfall des zweiten; da dies aber nicht in allen Sprachen so ist, führen wir ihn hier gesondert auf.

Fällen von Tupelbildung oder Aggregation. Im Sinne der Mengenlehre haben wir es mit sogenannten *direkten Produkten* zu tun.

BEISPIEL 12.1 (Produkttypen)

Im Folgenden geben wir einige wohlbekannte Standardbeispiele für Aggregationen an. (Die Notation wird im Anschluss erklärt.)

```
DATA point    == point(x: real, y: real)
DATA rat      == bruch(zaehler: int, nenner: nat)
DATA datum    == datum(tag: nat, monat: denotation, jahr: nat)
DATA person   == person(name: denotation, geburt: datum)
DATA line     == line(p1: point, p2: point)
DATA circle   == circle(center: point, radius: real)
DATA fragment == fragment(fct: real → real, low: real,
                                        high: real)
```

Ähnlich wie DEF neue Funktionen einführt, führt DATA **neue Datentypen** ein. In unserem Beispiel werden also die Typen `point`, `rat`, `datum`, ..., `circle`, `fragment` eingeführt.

Konstruktion. Wenn wir einen neuen Typ kreieren, müssen wir auch die Werte, die zu diesem Typ gehören, darstellen können.[3] Zu diesem Zweck gibt man bei seiner Deklaration auch gleich den Namen der zugehörigen ***Konstruktorfunktion*** an. Mit Hilfe dieser Konstruktorfunktionen lassen sich dann Werte des neuen Typs darstellen. Zum Beispiel:

```
point(3.2, 7.394)              -- Element vom Typ point
bruch(8,21)                    -- Element vom Typ rat
datum(11, "Dezember", 1978)    -- Element vom Typ datum
person("Karl Marx", datum(5,"May",1818))  -- El.v.Typ person
line(point(0,0), point(3,2))   -- Element vom Typ line
circle(point(1,1), 3.7)        -- Element vom Typ circle
fragment(sin, π/4, π/2)        -- Element vom Typ fragment
```

Diese Beispiele zeigen eine Reihe von Eigenschaften auf, die Konstruktorfunktionen haben können:

- Die Konstruktorfunktion *darf* den gleichen Namen haben wie der Typ, kann aber auch anders heißen.[4]
- Die einzelnen Komponenten eines solchen *Konstruktorterms* können Werte von Standardtypen wie `int`, `real` oder `denotation` sein, aber natürlich

[3] Zu den Standardtypen `int`, `real` etc., die wir bisher immer benutzt haben, gehören ja auch Standarddarstellungen wie `12`, `100`, `27.382` etc. (auch wenn ihre Darstellung in OPAL eigentlich etwas umständlicher ist, nämlich z. B. ("27.382"!).

[4] In anderen Sprachen – z. B. JAVA – ist das anders; dort muss der Konstruktor genauso heißen wie der Typ.

auch Werte von neuen Typen wie `point` oder `datum`. Das heißt, die Anwendung von Konstruktorfunktionen kann – wie bei allen anderen Funktionen auch – geschachtelt auftreten.

- Man beachte, dass als Komponenten von solchen Tupeln auch Funktionen auftreten dürfen!

Wenn man sich die Situation bildlich vorstellen will, dann entstehen durch Terme wie z. B. `datum(11, "Dezember", 1978)` oder `circle(point(1,5), 3.7)` Werte der Bauart

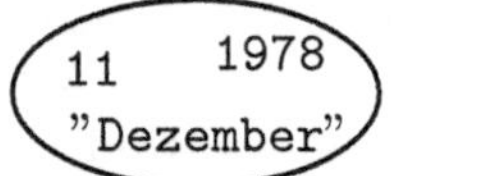

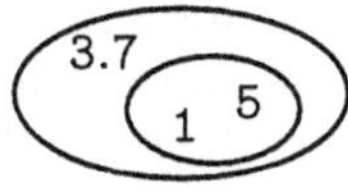

Selektion. Wenn man Elemente von Produkttypen hat, muss man aus ihnen die einzelnen Komponenten auch wieder zurückgewinnen können. Dazu dienen die ***Selektorfunktionen***, deren Namen ebenfalls in der Deklaration eingeführt werden. Seien z. B. die folgenden Elemente eingeführt:

```
LET Geburtstag == datum(11, "Dezember", 1978)
    Circle == circle(point(1,5), 3.7)
IN ...
```

Dann können wir folgende Komponenten selektieren:

```
... tag(Geburtstag) ...          -- Ergebnis: 11
... monat(Geburtstag) ...        -- Ergebnis: "Dezember"
... radius(Circle) ...           -- Ergebnis: 3.7
... center(Circle) ...           -- Ergebnis: point(1,5)
... x(center(Circle)) ...        -- Ergebnis: 1
... y(center(Circle)) ...        -- Ergebnis: 5
```

DEFINITION (Produkttyp)

*Durch eine **Datenstruktur-Deklaration** der Art*

```
DATA circle == circle(center: point, radius: real)
```

*wird ein **Produkttyp** definiert. Durch die Deklaration werden eine Reihe von Dingen automatisch eingeführt: eine **Sorte** (synonym:* Typ*)* `circle` *sowie eine **Konstruktorfunktion*** `circle` *und zwei **Selektorfunktionen*** `center` *und* `radius`*. Das führt zu der sog. **induzierten Signatur:***

```
SORT circle                          -- Name des Typs
FUN circle: point × real → circle    -- Konstruktorfunktion
FUN center: circle → point           -- Selektorfunktion
FUN radius: circle → real            -- Selektorfunktion
```

Es gibt keine Probleme, wenn die Sortenbezeichnung und die Konstruktoroperation (oder auch eine andere Operation) gleich sind. Aufgrund des

Kontextes kann nämlich jeweils eindeutig festgestellt werden, was gerade gemeint ist.

Die Bedeutung der einzelnen Operationen ist durch folgende Eigenschaften festgelegt:

```
LAW ∀ M: point, R: real.
    center(circle(M,R)) = M
    radius(circle(M,R)) = R
```

Man beachte: Die induzierte Signatur muss man nicht hinschreiben. Sie wird vom Compiler automatisch aus der DATA-Konstruktion abgeleitet. (Wenn man jedoch will, darf man sich die zusätzliche Arbeit ruhig machen – der Compiler toleriert die redundanten Angaben. Und vielleicht deckt man ja durch die Redundanz Tippfehler auf.)

Übung 12.1. Geben Sie einen Tupeltyp für Bücher an (Autor, Titel, Verlag, Jahr, etc.). Bestimmen Sie auch die induzierte Signatur.

Übung 12.2. Geben Sie einen Tupeltyp für die Daten aus einem Kfz-Schein an. Bestimmen Sie auch die induzierte Signatur.

12.2 Varianten (Summe)

Sehr häufig hat man das Problem, dass ein Typ Elemente zusammenfassen soll, die inhaltlich etwas Gemeinsames darstellen, aber strukturell unterschiedlich aufgebaut sind. In diesen Situationen lassen sich die Elemente des Typs in verschiedene ***Varianten*** klassifizieren. Im Sinne der Mengenlehre haben wir es dann mit einer sogenannten *direkten Summe* zu tun, d. h. im Wesentlichen mit einer disjunkten Vereinigung.

BEISPIEL 12.2 (Summentypen)

Im Folgenden geben wir einige wohlbekannte Standardbeispiele für Summentypen an. (Die Notation wird im Anschluss erklärt.)

```
DATA figure  == line(p1: point, p2: point)
                triangle(p1: point, p2: point, p3: point)
                circle(center: point, radius: real)
DATA address == st(plz: nat, ort: denotation, str: denotation)
                pf(plz: nat, ort: denotation, postfach: nat)
DATA result  == ok(value: real)
                error(message: denotation)
DATA infNat  == normal(value: nat)
                infinity
```

Konstruktor-Varianten. Diese Beispiele illustrieren, dass ein Summentyp aus mehreren *Varianten* besteht, die ihrerseits Produkte sind. Als Grenzfall sind auch *Konstanten* als Varianten möglich. Da die einzelnen Varianten Produkte sind, können wir ihre *Konstruktorfunktionen* wie üblich benutzen, um die Elemente des Summentyps zu erhalten. Beispiele:

```
line(point(3,4), point(7,9))      -- Wert vom Typ figure
triangle(point(2,2), point(5,2), point(3,7))  -- Typ figure
circle(point(1,1), 8.23)          -- Wert vom Typ figure
ok(133)                           -- Wert vom Typ result
error("Division durch Null")      -- Wert vom Typ result
normal(fib(18))                   -- Wert vom Typ infNat
infinity                          -- Wert vom Typ infNat
```

Selektion. Auch die *Selektorfunktionen* ergeben sich ganz analog zu den Produkttypen. Seien z. B. folgende Elemente gegeben:

```
LET L == line(point(3,4), point(7,9))
    C == circle(point(1,1), 8.23)
    T == triangle(point(2,2), point(5,2), point(3,7))
    O == ok(133)
    E == error("Division durch Null")
IN ...
```

Dann können wir die entsprechenden Komponenten auswählen:

```
... p1(L) ...          -- Ergebnis: point(3,4)
... p1(T) ...          -- Ergebnis: point(2,2)
... radius(C) ...      -- Ergebnis: 8.23
... value(O) ...       -- Ergebnis: 133
... message(E) ...     -- Ergebnis: "Division durch Null"
```

Diskrimination. Jetzt gibt es aber ein Problem. Die Selektoren sind *partielle Funktionen*! Wir können sie nur auf Werte anwenden, die zur „passenden" Variante gehören:

```
... p1(C) ...          -- verboten!
... radius(T) ...      -- verboten!
... value(E) ...       -- verboten!
```

Daher müssen wir herausfinden können, zu welcher Variante ein gegebener Wert gehört. Das geschieht mit sog. *Diskriminatorfunktionen.* Die Namen dieser Funktionen werden (in OPAL) ganz einfach aus den Namen der Konstruktorfunktionen gebildet, indem ein Fragezeichen angehängt wird:

```
... IF circle?(C) THEN ... radius(C) ...  ELSE ... FI ...
... IF ok?(O)     THEN ... value(O) ...   ELSE ... FI ...
... IF error?(E)  THEN ... message(E) ... ELSE ... FI ...
```

DEFINITION (Summentyp)

Durch eine ***Datenstruktur-Deklaration*** *der Art*

```
DATA shape ==
        rectangle(point : point, width : real, height : real)
        circle(point : point, radius : real)
```

wird ein ***Summentyp*** *definiert. Durch die Deklaration werden folgende Dinge automatisch eingeführt: eine* Sorte shape, *zwei* Konstruktorfunktionen rectangle *und* circle, *vier* Selektorfunktionen point, width, height *und* radius *sowie zwei* ***Diskriminatorfunktionen*** rectangle? *und* circle?. *Wir erhalten damit die* ***induzierte Signatur:***

```
SORT shape                                   -- Name des Typs
FUN rectangle : point × real × real → shape  -- Konstruktor
FUN circle : point × real → shape            -- Konstruktor
FUN point : shape → point                    -- Selektor
FUN width : shape → real                     -- Selektor
FUN height : shape → real                    -- Selektor
FUN radius : shape → real                    -- Selektor
FUN rectangle? : shape → bool                -- Diskriminator
FUN circle? : shape → bool                   -- Diskriminator
```

Betrachten wir den Typ shape in der Definition des Summentyps (s. Kasten): Hier haben zwei Selektoren den gleichen Namen und den gleichen Typ und führen deshalb nur zu einer Selektorfunktion. Das kann immer dann sinnvoll sein, wenn sie – wie hier – eine Komponente auswählen, die in beiden Varianten das Gleiche bedeutet (hier: den Referenzpunkt). Außerdem dürfen Selektoren auch so heißen wie eine Sorte, weil der Kontext bei jeder Anwendung des Namens klar macht, was gerade gemeint ist.

Die Bedeutung der einzelnen Operationen für shape ist durch folgende Eigenschaften festgelegt:

```
LAW ∀ P : point, B, H, R : real.
    point(rectangle(P, B, H)) = P
    width(rectangle(P, B, H)) = B
    height(rectangle(P, B, H)) = H
    point(circle(P, R)) = P
    radius(circle(P, R)) = R
    rectangle?(rectangle(P, B, H)) = true
    rectangle?(circle(P, R)) = false
    circle?(circle(P, R)) = true
    circle?(rectangle(P, B, H)) = false

    width(circle(P, R)) ist undefiniert
    height(circle(P, R)) ist undefiniert
    radius(rectangle(P, B, H)) ist undefiniert
```

Übung 12.3. In einer Literaturliste findet man Bücher, Zeitschriftenartikel, Konferenzbeiträge, Technische Berichte usw. Geben Sie einen Summentyp für die Elemente solcher Literaturlisten an. Wie lautet die induzierte Signatur?

Übung 12.4. Führen Sie einen Summentyp `kfz` *ein, in dem (exemplarisch) jeweils relevante Daten für die Kraftfahrzeugarten Motorrad, Personenwagen, Bus, Lkw zusammengefasst sind.*

12.3 Aufzählungen

Es kommt immer wieder vor, dass man einen neuen Typ einführen möchte, der aus einer kleinen Zahl von Elementen besteht. In solchen Situationen führt man einen ***Aufzählungstyp*** ein.

Beispiel 12.3 (Aufzählungstypen)

Die folgenden Typen illustrieren Situationen, in denen eine kleine Gruppe von Werten einen neuen Typ darstellt.

```
DATA day == monday tuesday wednesday thursday friday
            saturday sunday
DATA color == blue green red yellow
DATA switch == on off
DATA trafficLight == green amber red
```

Manche Programmiersprachen machen aus solchen Situationen ein neues Sprachkonstrukt (indem z. B. um die Aufzählung noch Klammern gesetzt werden müssen). In OPAL nutzt man aus, dass im Rahmen der Summentypen ohnehin schon Konstanten als Varianten zugelassen sind. Die obigen Typen sind also nichts anderes als der Grenzfall von Summentypen, bei denen *nur* Konstanten eingeführt werden. Deshalb erhalten wir insbesondere *Diskriminatoren* wie `monday?`, `tuesday?` etc. Der *Nachteil* dabei ist, dass es keine automatisch vordefinierte Gleichheit auf solchen Aufzählungstypen gibt. Man muss also selbst eine Funktion definieren wie

```
FUN = : color × color → bool
DEF a = b ==   (blue?(a) ∧ blue?(b))
             ∨ (green?(a) ∧ green?(b))
             ∨ (red?(a) ∧ red?(b))
             ∨ (yellow?(a) ∧ yellow?(b))
```

Aber das ist immer noch besser als etwas zu tun, was in vielen Programmiersprachen gar nicht anders geht, weil es dort überhaupt keine Aufzählungstypen gibt: die Konstanten als Zahlen verschlüsseln.

12.4 Rekursive Datenstrukturen

Rekursion heißt im Wesentlichen, dass ein Konstruktionsprinzip immer wieder angewandt wird. Diese Idee ist nicht nur bei Funktionen anwendbar, sondern auch bei Datenstrukturen. Denn oft enthält eine Datenstruktur als Bestandteile wieder Elemente derselben Sorte. Ausdrücken lassen sich solche Typen mit Hilfe von Produkten und Summen, wobei – analog zur Funktionsdefinition – jetzt der deklarierte Typ selbst auf der rechten Seite vorkommt.

Die einfachste rekursive Datenstruktur realisiert die Idee einer „Liste", „Sequenz" oder „Folge", d. h. einer linearen Aneinanderreihung von gleichartigen Elementen.

```
DATA seq == ◊                         -- leere Sequenz
            ::(ft : real, rt : seq)   -- Element vorne anhängen
```

Wir gehen in Kap. 15 auf Listen genauer ein.

So wie wir bei Funktionen mehrere rekursive Aufrufe im Rumpf zugelassen haben, können wir auch bei Datenstrukturen Mehrfachrekursion verwenden. Man kommt damit auf Strukturen, die in der Informatik als „Binärbäume" oder kurz „Bäume" bezeichnet werden.

```
DATA tree == nil   -- leerer Baum
             node(val : real, left : tree, right : tree)
```

Wir gehen in Kap. 18 auf Bäume genauer ein.

Anmerkung: Wenn es die natürlichen Zahlen nicht schon gäbe, könnten wir sie jetzt in unsere Programme einführen – allerdings auf eine denkbar umständliche Weise: Die Kartenspielern und Biergartenbesuchern wohlvertraute Zahldarstellung der Art 𝍸|| wird als *Strichzahlen* bezeichnet.[5] Diese Darstellung lässt sich durch folgende Datenstruktur simulieren:

```
DATA nat == 0                   -- Null
            succ(pred: nat)     -- Nachfolger ("n + 1")
```

Die Zahl 5 hat hier also die Darstellung `succ(succ(succ(succ(succ(0)))))`. Amüsanterweise übernimmt aufgrund der induzierten Signatur der Selektor `pred` in dieser Zahlsimulation genau die Rolle der Vorgängerfunktion. Das heißt zum Beispiel

`pred(succ(succ(succ(succ(succ(0)))))) = succ(succ(succ(succ(0))))`.

Erfreulicherweise wird auch die Tatsache, dass die Null keinen Vorgänger hat, akkurat widergespiegelt.

12.5 Anmerkungen zur Methodik

Das Arbeiten mit Datenstrukturen eröffnet viele Möglichkeiten zu einer systematischen und weniger fehleranfälligen Programmierung. Das ist ein ent-

[5] In der Mathematik wird diese Vorgehensweise – in den sog. Peano-Axiomen – sogar zur Definition der Menge $\mathbb{N}$ verwendet.

scheidender Vorteil gegenüber Sprachen, in denen man Datenstrukturen nur irgendwie über elementare Typen codieren kann (z. B. als Zahlen oder Arrays).[6]

> **Prinzip der Programmierung**
> *Arbeite intensiv mit Datentypen! Wo immer logisch zusammengehörige Werte im Programm auftreten, sollte man für sie einen eigenen Typ einführen.*

Aber man muss auch sorgfältig darauf achten, dass man Datentypen nicht missbraucht. Beides, den Nutzen wie den falschen Gebrauch, wollen wir im Folgenden exemplarisch aufzeigen.

Dimensionierte Zahlen. Oft wünscht man sich – etwa in der Physik oder in der Buchhaltung – aus Sicherheitsgründen Programme, in denen Zahlen mit Dimensionen belegt werden können. Indem man das in das Typsystem einbaut, erhält man ein zusätzliches Stück Fehlerschutz. Der Trick besteht darin, den Zahltyp in ein einelementiges Produkt *einzupacken*:

```
DATA dollar == dollar(value: int)
DATA mark == mark(value: int)
```

Wenn man jetzt eine Funktion `f : dollar → ...` für `dollar` definiert hat, kann es nicht passieren, dass man sie aus Versehen mit einem `mark`-Betrag aufruft: Der Compiler meldet sofort einen Typfehler.

Aber für nichts gibt's nichts. Und so kostet auch diese zusätzliche Programmiersicherheit ihren Preis. Denn wir können nicht einfach die Addition von `int` auf unsere Dollar-Beträge anwenden. Stattdessen müssen wir die Basisoperationen alle selbst neu definieren, zum Beispiel:

```
FUN + : dollar × dollar → dollar
DEF D1 + D2 == dollar(value(D1) + value(D2))

FUN * : int × dollar → dollar
DEF I * D == dollar(I * value(D))
```

Das heißt, wir müssen jeweils zuerst die Argumente „auspacken" und am Schluss das Ergebnis wieder „einpacken". Auf den ersten Blick scheint das viel zusätzlicher Aufwand zu sein. Wenn man aber genauer hinsieht, zeigt sich der große Vorteil. Denn schließlich ergeben längst nicht alle Zahloperationen auch für `dollar` einen Sinn. Was sollte denn etwa `dollar * dollar` sein? (Quadratdollar gibt's halt nicht.)

---

[6] Traurig ist allerdings, dass viele Programmierer, die mit solchen Sprachen „aufgewachsen" sind, diesen „Codier"-Stil auch dann noch beibehalten, wenn ihnen Möglichkeiten zur Definition von Datenstrukturen angeboten werden. (Vermutlich ist das auch einer der Gründe, weshalb die in der Praxis so populären objektorientierten Spachen auch nicht sofort und automatisch qualitätsverbessernd wirken.)

Offensichtlich ist das ein typischer Fall, in dem man Typen und ihre Operationen zu einer Struktur zusammenfassen sollte. (Wir kommen darauf in Kap. 14 nochmals zurück.)

Anmerkung: Der Aufwand dieses Verfahrens wird natürlich umso größer, je mächtiger das System von Dimensionen wird. Zum Beispiel in der Physik, wo man mit Dingen wie $\frac{kp\,m}{sec^2}$ arbeitet, hat man es schnell mit einer gewaltigen Vielfalt von Operationen über den verschiedenen Typ-Kombinationen zu tun. Aber wenn man möchte, dass der Compiler fehlerhafte Anwendungen frühzeitig abfängt, muss man diesen Preis eben zahlen.

Man kann aber auch einen Kompromiss versuchen: Man schreibt ein generelles System zur „Laufzeit-Dimensionierung".

BEISPIEL 12.4 (Dimensionierte Zahlen)

Um Zahlen mit Dimensionen versehen zu können, führen wir Typen folgender Bauart ein:

```
DATA dimension == dimension(meter: int, sec: int ,kilo: int)
                  error
DATA number == number(value: real, dim: dimension)
```

Über diesen Typen definieren wir jetzt entsprechende Konstanten und Operationen, zum Beispiel:

```
FUN m  sec  k: dimension
DEF m == dimension(1, 0, 0)
DEF sec == dimension(0, 1, 0)
DEF kp == dimension(0, 0, 1)

FUN * : dimension × dimension → dimension
FUN / : dimension × dimension → dimension
FUN ^ : dimension × int → dimension
FUN + : dimension × dimension → dimension
  ...
DEF D1 * D2 ==
  (meter(D1) + meter(D2), sec(D1) + sec(D2), kilo(D1) + kilo(D2))
DEF D1/D2 ==
  (meter(D1) − meter(D2), sec(D1) − sec(D2), kilo(D1) − kilo(D2))
DEF D^i ==
  (meter(D) * i, sec(D) * i, kilo(D) * i)
DEF D1 + D2 ==
  IF D1 = D2 THEN D1 ELSE error FI
  ...
```

Dann müssen wir auf number *noch die üblichen arithmetischen Operationen etc. einführen. Und als Letztes lassen wir uns zur besseren Lesbarkeit für dimensionierte Zahlen noch eine Infixnotation einfallen.*

```
FUN +  −  ∗  /  ... : number × number → number
FUN ∗  / : number × real → number
FUN :: : real × dimension → number
    ...
DEF N1 + N2 == number(value(N1) + value(N2), dim(N1) + dim(N2))
    ...
DEF n ∗ x == number(value(n) ∗ x, dim(n))
    ...
DEF x :: Dim == number(x, Dim)
```

Damit lassen sich Zahlen wie `5.3 :: (kp * m)/(sec^2)` *schreiben – intern dargestellt als* `number(5.3, dimension(1, −2, 1))` *–, mit denen man „kontrollierte Arithmetik" betreiben kann.*

Wir nennen ein solches Vorgehen *dynamische Typisierung*, weil die Überprüfungen erst zur Laufzeit des Programms stattfinden. (Im Gegensatz dazu heißt die übliche Form der Typisierung, bei der der Compiler die Prüfung durchführt, *statische Typisierung*.) Mit dynamischer Typisierung sind offensichtlich Nachteile verbunden:

- Programmierfehler werden frühestens beim Testen gefunden – oder erst nach Auslieferung an den Kunden.
- Die Typprüfung findet kontinuierlich statt, kostet also dauernd Rechenzeit.

Übung 12.5. Schreiben Sie eine Struktur mit Schnittstelle und Implementierung, in der ein System von dimensionierten Zahlen aus der Physik bereitgestellt wird.
(a) Realisieren Sie das System mittels statischer Typisierung.
(b) Realisieren Sie das System mittels dynamischer Typisierung.

Mehrdeutige Repräsentationen. Häufig trifft man die Situation an, dass Werte sich auf verschiedene Art und Weise darstellen lassen. Ein typisches Beispiel sind auch hier Dimensionsangaben:

```
DATA length == kilometer(value : real)      -- Vorsicht:
               meter(value : real)          --   schlechter
               millimeter(value : real)     --     Programmierstil!
```

Wenn dann – wie in OPAL – solche Funktionen in Postfixnotation geschrieben werden dürfen, lassen sich sehr gut lesbare Ausdrücke schreiben wie zum Beispiel

```
... (27 meter) + (53 millimeter) ...
```

Das setzt natürlich voraus, dass eine entsprechende Operation '+' auf dem Typ `length` definiert wurde.

Ein anderes Beispiel liefern die verschiedenen Darstellungen für eine Gerade in der Analytischen Geometrie (nämlich die *Normalform* $ax+by+c=0$, die *analytische Darstellung* $y-y_1=m(x-x_1)$ und die Darstellung als *Punktepaar* $\frac{y-y_1}{x-x_1}=\frac{y_2-y_1}{x_2-x_1}$):

```
DATA line ==
      normalform(a: real, b: real, c: real)   -- Vorsicht:
      analytic(p1: point, m: real)            --  schlechter
      points(p1: point, p2: point)            --   Programmierstil!
```

Ein weiteres Beispiel ist die Darstellung von Farben auf Bildschirmen. Für die Definition solcher Farben gibt es zwei Systeme, die beide in Programmierbibliotheken benutzt werden. Damit liegt die Versuchung nahe, zu definieren:

```
DATA color ==        -- Vorsicht : Schlechter Programmierstil !
      rgb(red: real, green: real, blue: real)
      hsl(hue: real, saturation: real, luminance: real)
```

Das Problem ist hier, dass ein und dasselbe Element unterschiedliche Darstellungen haben kann, was andere Operationen wie z. B. den Gleichheitstest sehr aufwendig macht.[7] *Die Lösung* besteht darin, dass man in solchen Fällen nur eine Variante als *Standarddarstellung* vorsieht und die anderen Darstellungen nicht als Konstruktoren, sondern als ganz normale Funktionen definiert (wofür wir in Kap. 14 gleich noch ein Beispiel zeigen werden).

12.6 Datenstrukturen in ML und HASKELL

Die Konstruktion von Datenstrukturen in ML und HASKELL unterscheidet sich nur wenig von der in OPAL. Allerdings heben beide Sprachen sehr deutlich auf die sogenannte „musterbasierte Funktionsdefinition" ab, auf die wir aber erst in Kap. 13 näher eingehen werden.

12.6.1 Datenstrukturen in ML

ML hat im Wesentlichen die gleichen Konzepte für benutzerdefinierte Datenstrukturen wie OPAL. Man schreibt z. B. für Produkttypen

```
datatype Datum = datum of (int * string * int);
```

und für Summentypen

```
datatype figure = line of (point * point)
                | triangle of (point * point * point)
                | circle of (point * real);
```

Aufzählungstypen werden, wie in OPAL, auch durch Summentypen mit erledigt:

[7] Ganz besonders problematisch gestalten sich die „musterbasierten Definitionen", auf die wir in Abschnitt 13.1 noch eingehen werden.

```
datatype switch = on
                | off;
```

Das Schlüsselwort heißt bei ML also '`datatype`' und die Konstruktorfunktionen werden durch das Schlüsselwort '`of`' von den Komponententupeln getrennt. Außerdem werden bei Summentypen die einzelnen Varianten durch ein '`|`' voneinander getrennt.

Die Konstruktion eines Elements eines solchen Typs geschieht ganz normal durch die Anwendung einer Konstruktorfunktion, also zum Beispiel mit

```
datum(27, "April", 1952);
```

Der Hauptunterschied zu OPAL besteht darin, dass es *keine* Selektoren und Diskriminatoren gibt. Damit stellt sich natürlich sofort die Frage: *Und wie kommt man an die einzelnen Komponenten wieder heran?* Die Antwort lautet: Man benutzt sogenannte *musterbasierte Funktionsdefinitionen*, indem man zum Beispiel schreibt

```
fun month(datum(d, m, y)) = m;
```

Genauer werden wir das in Kap. 13 sehen.

Ungeordnete Tupel. Aber ML wartet noch mit einer Besonderheit auf, in der die Selektoren dann doch da sind (dafür aber die Konstruktoren fehlen). Man kann unser obiges Beispiel auch anders realisieren:

```
type Datum = {day:int, month:string, year:int};
```

In einem solchen sog. *record type* werden die Komponenten mit Selektornamen belegt. Das Schlüsselwort heißt hier '`type`', und als Klammern benutzt man die Mengenklammern '`{...}`'.

Wenn jetzt Werte solcher Records definiert werden, dann muss man die Selektornamen mit angeben. Die Besonderheit ist aber, dass damit die Reihenfolge der Aufschreibung keine Rolle mehr spielt! Wir können also ruhig schreiben

```
val birthday = {year=1952, day=27, month="April"};
```

Die Selektornamen können auch tatsächlich zum Selektieren benutzt werden, sie sind dazu aber mit einem '`#`' zu verzieren:

```
#month(birthday);
```

Auch die schon erwähnten musterbasierten Definitionen sind möglich. Man schreibt dann

```
fun foo{day, month, year} = ...
```

Das heißt, als Parameter müssen jetzt die Selektornamen herhalten.

Typ-Synonyme. ML hat noch ein sehr nützliches – aber auch gefährliches – Feature, das in OPAL fehlt: Man kann sogenannte ***Typ-Synonyme*** einführen. Das heißt, man darf einem Datentyp einen weiteren Namen geben (was primär den Dokumentationswert erhöht und damit der Lesbarkeit dient). So können wir z. B. schreiben

```
type index = int;
type dollar = int;
type datum = int * string * int;
```

Man erkennt diese Synonyme also daran, dass das Schlüsselwort jetzt ‘`type`’ heißt und dass die Konstruktorfunktionen fehlen. (Unsere obigen Records erweisen sich also als Spezialfälle von Typ-Synonymen.)

Man muss sich allerdings darüber im Klaren sein, was das bedeutet: Die so eingeführten Typen sind echte Synonyme für ihre rechten Seiten, beide können deshalb auch beliebig miteinander vertauscht werden. Insbesondere können wir also Unsinn schreiben wie

```
val Dollar = 50 :dollar;
val Index = 22 :index;
val birthday = (Dollar*Dollar+Index, "Mai", Index-5):datum;
```

ohne dass der Compiler sich beschweren wird. Typ-Synonyme können also *nicht* benutzt werden, um z. B. physikalische Dimensionen typsicher zu realisieren.

Fazit: Typ-Synonyme sind nur Dokumentation; sie liefern ***keine*** *Typsicherheit!*

12.6.2 Datenstrukturen in HASKELL

Auch Haskell ermöglicht benutzerdefinierte Datenstrukturen; sie werden als *algebraische Typen* bezeichnet. Es gibt Produkttypen wie zum Beispiel

```
data Datum = Datum Int String Int    --  beachte das Currying!
```

mit der Konstruktorfunktion `Datum`, und es gibt Summentypen wie zum Beispiel

```
data Figure = Line     Point Point       |
              Triangle Point Point Point |
              Circle   Point Float
```

mit den Konstruktorfunktionen `Line`, `Triangle` und `Circle`. Aufzählungstypen werden auch in HASKELL als Summentypen realisiert:

```
data  Switch = On | Off
```

Das Schlüsselwort heißt also '`data`', und die Varianten einer Summe werden durch '`|`' getrennt. Die Besonderheit ist sicherlich, dass man in HASKELL auch die Konstruktoren in Curry-Notation zu schreiben pflegt. Außerdem *müssen* die Konstruktornamen – ebenso wie die Typnamen – mit einem Großbuchstaben anfangen.

Werte des entsprechenden Typs werden wie üblich durch Anwendung der Konstruktorfunktion definiert, jetzt natürlich in Curry-Form:

```
birthday :: Datum
birthday = Datum 27 "August" 1982
```

Wie in ML *fehlen* auch in HASKELL die Selektoren und Diskriminatoren. Und wie in ML muss daher die Extraktion der Komponenten durch *musterbasierte Definitionen* realisiert werden:

```
month :: Datum -> String
month(Datum d m y) = m
```

Genauer werden wir das in Kap. 13 sehen.

Typ-Synonyme. Auch HASKELL stellt das Hilfsmittel der Typ-Synonyme bereit. Wir können also schreiben

```
type Index  = Int
type Dollar = Int
type Datum  = (Int, String, Int)
```

Auch hier ist der Unterschied wieder am Schlüsselwort '`type`' erkennbar. Und es gelten genau die gleichen Überlegungen wie bei ML: *Typ-Synonyme liefern Dokumentation, aber keine Typsicherheit.* Um den Unterschied noch einmal zu unterstreichen:

- Ein Typ-Synonym wie
  ```
  type Dollar = Int              -- Typ-Synonym
  ```
  erbt alle Operationen von `Int` und ist auch mit `Int` beliebig austauschbar – mit allen Bequemlichkeiten und Gefahren.
- Ein algebraischer Typ wie
  ```
  data Dollar = Dollar Int       -- neuer Typ
  ```
  erbt keine einzige Operation von `Int` und bietet deshalb Typsicherheit – mit allen Unannehmlichkeiten durch die notwendige Zusatzarbeit.

13. Mehr syntaktischer Zucker

Die Gemeinschaft der funktionalen Programmierer ist ganz wild auf alles, was die Mathematik an Eleganz der Notation zu bieten hat. Aus diesem Grund ist zum Beispiel – wie wir schon früher diskutiert haben – die gleichungsorientierte Notation

```
DEF fac(n) == IF n = 0 THEN ... FI
```

wesentlich beliebter als die (ansonsten gleichwertige) λ-Notation

```
DEF fac == λ n . IF n = 0 THEN ... FI
```

So ist es nicht überraschend, dass man noch andere Schreibweisen der Mathematik nachzuempfinden trachtet – soweit das eben die Beschränktheit der Computer (und Compiler) zulässt.

13.1 Musterbasierte Funktionsdefinitionen

Bei Summentypen ist die Notation mit den Diskriminatoren ziemlich plump. Betrachte z. B. die folgende Definition für geometrische Figuren:

```
DATA shape == rectangle(base: point, width: real, height: real)
              circle(center: point, radius: real)
```

Wenn wir jetzt die Funktion

```
FUN flaeche: shape → real
```

definieren wollen, dann sieht das in unserer bisherigen Notation so aus:

```
DEF flaeche(S) == IF rectangle?(S) THEN width(S) * height(S)
                                   ELSE square(radius(S)) * pi FI
```

Dem Stil der Mathematik würde aber eher die folgende Schreibweise entsprechen:

```
DEF flaeche(rectangle(B, W, H)) == W * H
DEF flaeche(circle(M, R)) == square(R) * pi
```

Man nennt dies eine musterbasierte Funktionsdefinition (engl.: *pattern-based definition*).

DEFINITION (Musterbasierte Definition)

*Eine **musterbasierte Funktionsdefinition** ist eine gleichungsartige Definition, bei der auf der linken Seite Konstruktorfunktionen als Argumente auftreten:*

```
DEF f(c(x1, ..., xn)) == E
```

Sie ist folgendermaßen charakterisiert:

- *Für die Funktion gibt es so viele DEF-Deklarationen, wie es Varianten (und damit Konstruktoren) in dem zugehörigen Summentyp gibt.*
- *Die einzelnen Komponenten der jeweiligen Variante (die ja ein Produkttyp ist) werden durch Variablen benannt, die im Rumpf E so benutzt werden können, als ob sie durch ein λ-Konstrukt eingeführt worden wären.*
- *Der Compiler generiert aus einer Gruppe solcher musterbasierter Definitionen eine einzige Definition, die mit den entsprechenden Diskriminatoren und Selektoren arbeitet (wie im obigen Beispiel illustriert).*

Der Konstruktorterm c(x1, ..., xn) *auf der linken Seite der Definition wird als **Muster** bezeichnet (engl.:* pattern*).*

Es ist übrigens auch zulässig, geschachtelte Muster anzuwenden. Man betrachte z. B. die beiden Typen

```
DATA point  == point(x : real, y : real)
DATA figure == line(p1 : point, p2 : point)
               ...
```

Dann kann man z. B. eine Funktion definieren wie

```
FUN Inside : point × figure → bool
DEF point(a, b) Inside line(point(x1, y1), point(x2, y2)) ==
      ((x1 − a)/(y1 − b) = (x2 − a)/(y2 − b)) ∧
        (sign(x1 − a) = sign(a − x2)) ∧ (sign(y1 − b) = sign(b − y2))
```

So eine Formel ist schon in dieser Schreibweise schwer genug zu lesen; wenn wir jetzt noch alles mit Selektoren schreiben müssten, würde sie vollends unverdaulich werden.

Wildcards. Die funktionalen Programmierer wären nicht, was sie sind, wenn sie so ein Spiel nicht noch weiter treiben würden. So sieht man im obigen Beispiel der Funktion `flaeche`, dass Parameter eingeführt werden, die im Rumpf gar nicht auftauchen.[1] Solche Parameter darf man durch das „Wildcard"-Symbol '_' (Underscore) ersetzen.

```
DEF flaeche(rectangle(_, W, H)) == W * H
DEF flaeche(circle(_, R)) == square(R) * pi
```

[1] Da das oft ein Indiz für einen Fehler sein könnte, gibt der OPAL-Compiler eine entsprechende Warnung aus.

Diese Wildcards haben also einen ähnlichen Dokumentations- und Bequemlichkeitseffekt wie die Wildcards zur Abkürzung von λ-Ausdrücken in Abschnitt 6.1.2.

Best-fit pattern matching. Auf der Suche nach notationeller Bequemlichkeit geht den Sprachdesignern so schnell die Phantasie nicht aus! Deshalb müssen die Muster der einzelnen Definitionen nicht unbedingt disjunkt sein. Betrachten wir dazu ein Beispiel.

Wenn wir die weiter oben (in Abschnitt 12.4 auf Seite 152) eingeführte *Strichzahl-Darstellung* von `nat` hernehmen, können wir auch für diesen Typ gängige mathematische Schreibweisen nachempfinden:

```
DEF fac(0)        == 1
DEF fac(succ(n))  == succ(n) * fac(n)
```

Um die Flexibilität noch weiter zu erhöhen, führt man die Idee des „***best-fit pattern matching***" ein. Wir illustrieren dies wieder am Beispiel der Fakultätsfunktion:

```
DEF fac(0) == 1
DEF fac(n) == n * fac(n - 1)
```

Was passiert hier? Der Compiler findet zwei Definitionen für `fac`. Eine davon betrifft den Konstruktor einer Variante des zugehörigen Typs `nat`; also wird das Prinzip der musterbasierten Definition angewandt. Die zweite Definition enthält nur einen allgemeinen Parameter; sie wird deshalb immer dann genommen, wenn keine andere Definition passt.

Da Konstruktorfunktionen auf der linken Seite auch geschachtelt auftreten dürfen, können wir z. B. auch folgende Definitionen angeben, bei der 0 und 1 eigens behandelt werden und die Rekursion für Werte ab 2 einsetzt.

```
DEF fac(0)        == 1
DEF fac(succ(0))  == 1
DEF fac(succ(n))  == succ(n) * fac(n)
```

Auch die nächste Variante wäre akzeptabel; sie führt zum selben Effekt wie die vorausgegangene Version.

```
DEF fac(0)        == 1
DEF fac(succ(0))  == 1
DEF fac(n)        == n * fac(n - 1)
```

Muster und Parameter zugleich. Keine Angst – die Phantasie ist noch nicht erschöpft! Für die, die immer das Beste von beiden Welten haben wollen, gibt's noch ein weiteres Schmankerl. Betrachten wir dazu einen Typ wie

```
DATA person ==
     person(name: denotation, address: address, birthday: date)
```

Wenn wir jetzt eine Funktion schreiben wollen, die die ältere von zwei Personen liefert, und wenn wir das unbedingt musterbasiert tun wollen, dann führt das auf die folgende Definition (unter der Annahme, dass wir für den Typ `date` eine Vergleichsoperation $\leq$ definiert haben):

```
FUN senior: person × person → person
DEF senior(person(N₁, A₁, B₁), person(N₂, A₂, B₂)) ==
    IF B₁ ≤ B₂ THEN person(N₁, A₁, B₁)
    IF B₂ ≤ B₁ THEN person(N₂, A₂, B₂) FI
```

Das hat gleich zwei Nachteile. Zum einen zerlegt man zuerst die Tupel mit Hilfe der musterbasierten Definition in ihre Komponenten und baut sie anschließend wieder zusammen. Und zum anderen muss man dazu nur die – ansonsten unnötigen – Komponenten „Name" und „Adresse" benennen.

Also erlaubt man, für die Parameter in einer Funktionsdefinition gleichzeitig einen Namen und ein Muster anzugeben:

```
DEF senior(P₁ AS person(_, _,B₁), P₂ AS person(_, _,B₂)) ==
    IF B₁ ≤ B₂ THEN P₁
    IF B₂ ≤ B₁ THEN P₂ FI
```

Es ist also sowohl der ganze erste Parameter unter dem Namen P_1 verfügbar als auch seine `birthday`–Komponente unter dem Namen B_1 mit Hilfe des Musters `person(_, _,B₁)`. Dies gilt analog für den zweiten Parameter. Ob das die Programme wesentlich lesbarer macht, lassen wir hier einmal dahingestellt sein.

Anmerkung zur Methodik. Musterbasierte Definitionen sind zwar ungeheuer elegant und lesefreundlich, aber sie haben auch ihre Tücken.

- Wenn man nicht aufpasst, kann man hier – insbesondere bei Funktionen mit mehreren Parametern – leicht mehrdeutige Situationen erzeugen. Im Zweifelsfall sollte man sich dann lieber auf klassische Notationen zurückziehen.
- Der Definitionsstil ist absolut *änderungsfeindlich*! Wenn man z. B. im Laufe der Programmentwicklung feststellt, dass man für einen bestimmten Produkttyp noch eine Komponente mehr braucht, dann muss man die Definitionen aller Funktionen, die den Typ benutzen, ändern. Aus diesem Grund empfiehlt es sich, diesen Definitionsstil nur für Typen zu benutzen, die „stabil" sind, d. h., bei denen man sicher ist, dass keine Änderungen mehr kommen.

13.2 Musterbasierte Definitionen in ML und HASKELL

Musterbasierte Definitionen sind in ML und HASKELL selbstverständlich auch verfügbar, noch mehr: sie sind sogar das *methodisch absolut dominierende Mittel* für Funktionsdefinitionen. In ML und HASKELL werden die *Patterns* sehr weit gefasst. Es sind zugelassen:

1. Zahlkonstanten, Zeichenkonstanten und die booleschen Konstanten `true` und `false`;
2. Variablen;

3. Tupel von Patterns;
4. Wildcards;
5. Konstruktorpatterns;
6. Listenpatterns (siehe Kap. 15).

Der erste Fall fehlt in OPAL und der letzte ist ein Spezialfall des fünften Falles (weil in OPAL – im Gegensatz zu ML und HASKELL – Listen nicht als besonderer Datentyp behandelt werden).

Da dies für beide Sprachen gilt, konzentrieren wir uns im Folgenden auf ihre jeweiligen Besonderheiten.

13.2.1 Musterbasierte Definitionen in ML

Da auch Zahlen als Muster zugelassen sind, können wir in ML schreiben

```
fun fib 0 = 0
|   fib 1 = 1
|   fib n = fib(n-1) + fib(n-2);
```

(Man beachte jedoch: Da ML keinen Typ **nat** kennt, ist diese Funktion partiell, weil sie für negative Zahlen nicht terminiert.)

ML hat eine **case**-Konstruktion für Muster. Wenn also der Typ

```
datatype tree = nil
              | tree of (real * tree * tree);
```

gegeben ist, dann können wir die Summe aller Knoten berechnen mittels der Funktion

```
fun sum t =
  case t
    of nil            => 0.0
    | tree(N, L, R)  => N + sum(L) + sum(R);
```

Das ist genau das Gleiche wie die musterbasierten Gleichungen

```
fun sum(nil)            = 0.0
|   sum(tree(N,L,R)) = N + sum(L) + sum(R);
```

Die **case**-Konstruktion hat dann (kleine notationelle) Vorteile, wenn eine Funktion viele Parameter hat und die Fallunterscheidung sich nur auf einen davon bezieht.

Auch eine **as**-Notation wird in ML zur Verfügung gestellt (die sich praktisch nicht von der in OPAL unterscheidet).

Als Letztes sei noch erwähnt, dass man in ML zur Verbesserung der Lesbarkeit Datentyp-Definitionen mit Typ-Synonymen vermischen darf. Allerdings muss man dann anstelle von '**type**' das Schlüsselwort '**withtype**' benutzen:

```
datatype tree = nil
              | tree of real * forest
withtype forest = tree * tree;
```

13.2.2 Musterbasierte Definitionen in HASKELL

Da auch in HASKELL Zahlen als Muster zugelassen sind, können wir schreiben

```
fib :: Int -> Int
fib 0 = 0
fib 1 = 1
fib n = fib(n-2) + fib(n-1)
```

Man beachte wieder das Terminierungsproblem, also die Partialität, für negative Zahlen.

HASKELL besitzt auch eine **case**-Konstruktion. Damit können wir zum Beispiel einen String (von Ziffern) normieren, indem wir den leeren String durch Null ersetzen.

```
normalize :: String -> String
normalize number
  = case (length number) of
      0  ->  "0"
      _  ->  number
```

14. Datenstrukturen und Modularisierung

Was ist wichtiger, Daten oder Operationen? Dieser Streit hat in der Informatik lange Zeit die Gemüter bewegt. Inzwischen weiß man, dass dies nur eine Neuauflage des müßigen Streites ist, ob zuerst die Henne kommt oder das Ei. Denn ohne Daten gibt es nichts, worauf Operationen operieren könnten, und Daten, mit denen man nichts tun kann, sind ziemlich nutzlos.

Also landen wir schnell bei der Erkenntnis, dass wir Daten und Operationen zusammen betrachten müssen. Deshalb sind hier die in Kap. 3 eingeführten Modularisierungskonzepte besonders nützlich.[1]

14.1 Abstrakte Datentypen

Im modernen Software-Engineering spielt, wie in Kap. 3 bereits angesprochen, neben dem Effekt der Bündelung zusammengehöriger Dinge auch noch das *Geheimnisprinzip* eine zentrale Rolle: Die interne Realisierung der Funktionen und der Datenstrukturen soll verborgen werden. In der Schnittstelle soll nur sichtbar gemacht werden, was zur *Benutzung* relevant ist. Wenn diese Form von Abstraktion auf die Definition einer Datenstruktur angewandt wird, spricht man von einem ***abstrakten Datentyp***.

Um diese Idee umzusetzen, brauchen wir keine neuen Sprachmittel einzuführen; die *Modularisierungskonzepte* aus Kap. 3 reichen völlig aus. Wir brauchen nur in unsere Strukturen neben Sammlungen von Funktionen auch Datenstrukturen mit aufzunehmen.

Das folgende kleine Beispiel illustriert die zwei wesentlichen Aspekte:

- Der Datentyp `length` und seine spezifischen Operationen werden zu einer Einheit zusammengefasst.
- Die Schnittstelle macht nur so viel von der Struktur verfügbar, dass Programmiersicherheit gewährleistet ist. Insbesondere wird vom Datentyp `length` nur sein Name (die Sorte) verraten.

---

[1] In der Mathematik spricht man bei solchen Situationen jeweils von einer *algebraischen Struktur* oder kurz von einer *Algebra*. Deshalb heißen die Module in OPAL *Strukturen*.

Beispiel 14.1 (Struktur für Längenrechnung)

Wir wollen eine Struktur definieren, in der wir möglichst bequem und sicher mit Längenmaßen rechnen können. Ein repräsentativer Ausschnitt aus dem Signaturteil dieser Struktur ist in Abb. 14.1 angegeben.

Ein Teil der Funktionen wird direkt auf Zahlen angewandt, also zum Beispiel – in Postfix-Notation – (23 cm) *oder* (15 miles)*. Ein anderer Teil der Funktionen dient der Konversion in den Zahlenwert zu einem gegebenen Längenmaß, also z. B.* (L inKm) *oder* (L inMiles)*. Die dritte Gruppe von Funktionen schließlich dient dem eigentlichen Rechnen mit Längenmaßen, also der Addition und Subtraktion von Längen sowie der Multiplikation und Division von Längen mit reellen Zahlen.*

```
SIGNATURE Length

  IMPORT Real ONLY real

  SORT length

  FUN mm: real → length                       -- Millimeter
  FUN cm: real → length                       -- Zentimeter
  FUN m: real → length                        -- Meter
  FUN km: real → length                       -- Kilometer
  FUN miles : real → length                   -- Meilen

  FUN inMm: length → real                     -- Länge in mm
  FUN inCm: length → real                     -- Länge in cm
  FUN inM: length → real                      -- Länge in m
  FUN inKm: length → real                     -- Länge in km
  FUN inMiles : length → real                 -- Länge in Meilen

  FUN +: length × length → length             -- Addition
  FUN −: length × length → length             -- Subtraktion
  FUN *: length × real → length               -- Vielfaches
  FUN *: real × length → length               -- Vielfaches
  FUN / : length × real → length              -- Teil
```

Abb. 14.1. Signatur einer Struktur für Längenmaße

Ein repräsentativer Ausschnitt aus dem Implementierungsteil dieser Struktur ist in Abb. 14.2 angegeben. (Man beachte, dass wir wieder einmal ausnutzen, dass in OPAL *alle einstelligen Funktionen in Postfix- und alle zweistelligen in Infix-Notation geschrieben werden dürfen.)*

Die wesentliche Idee dabei ist, dass wir uns auf ein Referenzmaß, zum Beispiel Millimeter, festlegen und dann entsprechende Konversionsfunktionen einführen. Das einheitliche Referenzmaß wird dadurch realisiert, dass der entsprechende Längenwert (vom Typ real*) in einen einelementigen Produkttyp „eingepackt" wird (siehe Abschnitt 12.5).*

```
IMPLEMENTATION Length

  IMPORT Real COMPLETELY

  DATA length == mm(value : real)

  DEF x cm == mm(x * 10)                                  -- Zentimeter
  DEF x m == mm(x * 1000)                                 -- Meter
  DEF x km == mm(x * 1000000)                             -- Kilometer
  DEF x miles == mm(x * 1000 * metersInAMile)             -- Meilen

  DEF L inMm == value(L)
  DEF L inCm == value(L)/10
  DEF L inM == value(L)/1000
  DEF L inKm == value(L)/1000000
  DEF L inMiles == value(L)/(1000 * metersInAMile)

  DEF K + L == mm(value(K) + value(L))
  DEF K - L == mm(value(K) - value(L))
  DEF L * x == mm(value(L) * x)
  DEF x * L == mm(x * value(L))
  DEF L/x == mm(value(L)/x)

  -- Verborgene Hilfsgroesse
  FUN metersInAMile : real
  DEF metersInAMile == "1609.35"!
```

Abb. 14.2. Implementierung einer Struktur für Längenmaße

Die Tatsache, dass die Art der DATA-*Definition – und damit das gewählte Referenzmaß – in der Schnittstelle verborgen ist, trägt entscheidend zur* Programmiersicherheit *bei. Denn alles Arbeiten mit den Längenmaßen kann nur noch in kontrollierter Weise mittels der bereitgestellten Operationen stattfinden. Damit kann es insbesondere* nicht *passieren, dass jemand z. B.* 20 *Millimeter zu* 15 *Meilen addiert und* 35 *Was-auch-immer erhält.*

An dem obigen Beispiel kann man noch einmal einige wichtige Aspekte im Zusammenspiel zwischen Signatur- und Implementierungsteil erkennen und auch die Rolle der induzierten Signatur bei DATA-Definitionen sehen:

- Jede in der Signatur eingeführte Funktion und Sorte muss in der Implementierung definiert werden.
- Die induzierte Signatur der DATA-Definition führt unter anderem die Sorte `length` ein, die in der Signatur gefordert ist.
- Auch der Konstruktor `mm` aus der DATA-Definition erfüllt eine Anforderung aus der Signatur. Alle anderen Funktionen werden dagegen mittels normaler DEF-Deklarationen eingeführt.
- Man beachte, dass in der Signatur nicht mehr erkennbar ist, ob und welche der Funktionen Konstruktoren sind. (Damit ist das Geheimnisprinzip erfüllt.)

- Die beiden anderen durch die DATA-Definition induzierten Funktionen, nämlich der Diskriminator `mm?` und der Selektor `value`, werden ebenfalls durch die Schnittstelle *verborgen*.
- Schließlich sieht man hier auch wieder, dass in der Signatur nur die tatsächlich für die diversen Funktionalitäten benötigte Sorte `real` aus der Struktur `Real` importiert wird, während wir in der Implementierung (aus Bequemlichkeit) alles importieren, was `Real` zu bieten hat (auch wenn wir `sin`, `cos`, `sqrt` etc. gar nicht brauchen).

Übung 14.1. Definieren Sie abstrakte Datentypen:
(a) Eine Struktur, in der Typen und Operationen für Währungen (z. B. Dollar) definiert werden.
(b) Eine Struktur, in der Typen und Operationen für physikalische Größen wie z. B. Weg, Geschwindigkeit und Beschleunigung definiert werden.
(c) Eine Struktur für die Zeitrechnung. Dabei sollen Sekunden, Minuten, Stunden und Tage vorgesehen werden. Welche Typen und Operationen wird man hier sinnvollerweise einführen?

Übung 14.2. Definieren Sie Strukturen für die folgenden Darstellungen von Zahlen:
(a) Ganze Zahlen als Paare, bestehend aus einem Vorzeichen und einer natürlichen Zahl.
(b) Rationale Zahlen, bestehend aus Zähler und Nenner.
(c) Gleitpunktzahlen, bestehend aus einer ganzen Zahl als „Mantisse“ und einer zweiten ganzen Zahl als „Exponent“ (also in der Form $M \cdot 10^E$).

14.2 Die TYPE-Deklaration

Abstrakte Datentypen haben die – aus Sicht des Software-Engineerings – ganz wichtige Eigenschaft, dass sie den *internen Aufbau der definierten Datenstrukturen verbergen*: In der Signatur steht (wie im obigen Beispiel der Struktur `Length` zu sehen) nur noch die Sorte und eine Sammlung von Funktionen. Das hat aber auch einen gravierenden Nachteil: Weil jetzt Konstruktoren nicht mehr als solche erkennbar sind, *sind musterbasierte Definitionen nicht mehr möglich*.

Da dieser Verlust ein zu hoher Preis wäre, führt man lieber eine zusätzliche Konstruktion in die Sprache ein, um die musterbasierten Definitionen auch für abstrakte Typen zu retten: Im *Signaturteil* einer Struktur kann man die DATA-Konstruktion simulieren, jetzt allerdings mit dem Schlüsselwort TYPE. Beispiel:

```
SIGNATURE Nat
  TYPE nat == 0
              succ(pred: nat)
  FUN + : nat × nat → nat
    ...
```

Diese Konstruktion hat folgenden Effekt:

- Die TYPE-Konstruktion führt die gleiche induzierte Signatur ein wie die DATA-Konstruktion. Die obige Definition ist also äquivalent zu

```
SIGNATURE Nat
  SORT nat
  FUN 0 : nat
  FUN succ : nat → nat
  FUN pred : nat → nat
  FUN 0? : nat → bool
  FUN succ? : nat → bool
  FUN + : nat × nat → nat
      ...
```

- Im Gegensatz zur DATA-Konstruktion erzeugt der Compiler hier aber keinen Code. Das heißt, wir sind verpflichtet, zu jeder der induzierten (Sorten und) Funktionen im Implementierungsteil selbst Definitionen anzugeben. Der einfachste Weg, diese Definitionen zu programmieren, ist natürlich, im Implementierungsteil einfach die entsprechende DATA-Definition zu schreiben (was auch in „99% aller praktischen Fälle“ der Fall sein wird).
- Man kann aber auch anders vorgehen und sich alle Teile der induzierten Signatur selbst definieren. So ist z. B. in der Standardstruktur `Nat` aus der *Bibliotheca Opalica* die Sorte **nat** (Compiler-intern) über die standardmäßigen Maschinenzahlen realisiert. Deshalb sind in der Implementierung die weiteren Operationen „von Hand“ realisiert, zum Beispiel:

```
DEF succ(n) == n + 1
DEF succ?(n) == (n > 0)
```

  Dabei benutzen wir die Operationen (wie + und >), die direkt von dem zu Grunde liegenden Rechner angeboten werden.

14.3 Generische abstrakte Datentypen – naiv betrachtet

Die Idee abstrakter Datentypen bringt eine weitere Facette ins Spiel, der wir bisher nur einmal kurz begegnet sind. In Abschnitt 8.3 hatten wir den Trick angewandt, „Platzhalter“ wie α, β oder γ zu schreiben, wenn der tatsächliche Typ keine Rolle spielt. Ein typisches Beispiel dafür ist die Funktion FUN `id`: $\alpha \to \alpha$, die für alle Typen gleichermaßen funktioniert.

Dieses Prinzip taucht bei Datentypen ganz häufig auf. Wenn wir z. B. (in Kapitel 15) die Idee von „Listen“ betrachten, zeigt sich schnell, dass die Art der Elemente für viele Operationen keine Rolle spielt: Die Länge einer Liste berechnet sich immer gleich, egal ob es sich um eine Liste von Kunden, eine Liste von Messwerten oder eine Liste von Spielkarten handelt.

Den Trick mit den „Platzhaltern“ aus Abschnitt 8.3 wollen wir jetzt wieder aus der Kiste holen, aber diesmal verbinden wir ihn etwas systematischer mit der Idee der abstrakten Datentypen: Wir geben in der Signatur an, dass wir mit einem solchen Platzhalter arbeiten. Das wollen wir im Folgenden an Hand von zwei einfachen Beispielen illustrieren.

14.3.1 Paare

In der Programmierung hat man es häufig mit Paaren, Tripeln, Quadrupeln etc. zu tun (vgl. Abschnitt 12.1), wobei die Art der Komponenten immer wieder anders ist. Das lässt sich in Strukturen folgender Bauart fassen:

```
SIGNATURE Pair[α, β]                          -- Paare

  SORT α                                      -- "Parameter"
  SORT β                                      -- "Parameter"

  TYPE pair == pair(1st: α, 2nd: β)           -- Paar konstruieren

  FUN set1: pair × α → pair                   -- erste Komp. ändern
  FUN set2: pair × β → pair                   -- zweite Komp. ändern
```

Die Implementierung besteht im Wesentlichen aus einer entsprechenden DATA-Deklaration für die Typdeklaration. Die Operationen `set1` und `set2` sind nicht wirklich nützlich; wir haben sie vorwiegend aus Illustrationszwecken hinzugefügt.

```
IMPLEMENTATION Pair[α, β]

  DATA pair == pair(1st: α, 2nd: β)           -- Paar konstruieren

  DEF set1(pair(_, b), x) == pair(x, b)
  DEF set2(pair(a, _), y) == pair(a, y)
```

Übrigens hätten wir die Angabe von α und β bei der Implementierung auch weglassen und nur IMPLEMENTATION `Pair` schreiben können, da der Compiler die Parameter schon aus der Signatur kennt. In der vollständigen Form IMPLEMENTATION `Pair`$[\alpha, \beta]$ ist der Dokumentationswert aber höher.

Wie man sieht, ist die Programmierung in der Tat unabhängig von den konkreten Typen α und β. Deshalb sind sie zu Recht als Parameter ausgewiesen. Das drückt aus, dass wir Paare aus beliebigen Arten von Elementen bilden können.

Damit brauchen wir natürlich eine Möglichkeit zu sagen, dass ein bestimmtes Paar zwei `int`-Komponenten hat, während ein anderes aus einer `int`- und einer `string`-Komponente besteht und wieder ein anderes aus einer `char`- und einer `bool`-Komponente. Dazu müssen wir zwei Dinge tun[2]:

- Zum einen müssen wir die entsprechende Paarinstanz importieren, also z.B. schreiben:

[2] Das gilt vorläufig. In Kap. 19 werden wir diese Regeln etwas allgemeiner fassen.

```
IMPORT Pair[nat, nat]                      COMPLETELY
       Pair[real, string]                  ONLY pair 1st 2nd
       Pair[char, bool]                    COMPLETELY
       Pair[real, pair[real, string]]      ONLY ...
```

- Zum anderen müssen wir bei der Definition neuer Funktionen jeweils sagen, auf welchen Arten von Paaren sie operieren. Beispiel:

```
FUN greater: pair[int, int] × pair[int, int] → bool
FUN stretch: pair[real, real] × real → pair[real, real]
```

Diese Beispiele zeigen, wie flexibel wir mit diesem Sprachmittel der *parametrisierten Strukturen* geworden sind. Man beachte vor allem, dass es überhaupt keine Probleme bereitet, jetzt auch *Paare von Paaren* oder *Paare von Paaren von Paaren* einzuführen.

Genauer werden wir diese „parametrisierten Strukturen“ in Kap. 19 betrachten.

14.3.2 *Maybe it's a good value*

In der Programmierung stößt man häufig auf das Problem, dass eine Funktion nicht immer ein brauchbares Resultat liefern kann, sondern manchmal auch in eine Fehlersituation läuft. Das Dilemma ist dann die Angabe eines adäquaten Ergebnistyps. Die Grundlage dafür bieten die Summentypen aus Abschnitt 12.2, über denen wir jetzt einen geeigneten abstrakten Datentypen bilden.[3]

```
SIGNATURE Maybe[α]                        -- potenzieller Fehler

  SORT α                                  -- "Parameter"

  TYPE maybe == okay(value: α)            -- "guter" Wert
                fail                      -- Fehlerfall
```

```
IMPLEMENTATION Maybe[α]

  DATA maybe == okay(value: α)            -- "guter" Wert
                fail                      -- Fehlerfall
```

Wir werden später noch eine Reihe von nützlichen Anwendungen für diese Struktur kennen lernen. Im Augenblick beschränken wir uns zur Illustration auf ein sehr einfaches Beispiel. In Abschnitt 7.1 hatten wir die Funktion FUN `sqrt : real → real` zur Berechnung der Quadratwurzel angegeben. Dabei hatten wir ignoriert, dass diese Funktion für negative Werte undefiniert

[3] In der *Bibliotheca Opalica* gibt es eine Struktur `Option` die im Wesentlichen diesen abstrakten Datentyp realisiert. Wir ziehen hier aber den Namen vor, der sich im HASKELL Standard eingebürgert hat.

ist. Mit anderen Worten, wir verlassen uns darauf, dass der Aufrufer sich um die Einhaltung des echten Definitionsbereichs kümmert. Eine bessere Realisierung ergibt sich mit Hilfe von Maybe.

```
SIGNATURE Sqrt
  IMPORT Real ONLY real
  IMPORT Maybe[real] ONLY maybe
  FUN sqrt : real → maybe[real]

IMPLEMENTATION Sqrt
  IMPORT Real COMPLETELY
  IMPORT Maybe[real] COMPLETELY
  DEF sqrt(a) == IF a < 0 THEN fail
                 IF a ≥ 0 THEN okay(converge(a/2)) FI
        ⋮
```

Jetzt muss an der Aufrufstelle der eigentliche Wert von `sqrt` auf jeden Fall „ausgepackt" werden, was die Überprüfung zumindest nahe legt. Das heißt, wenn der Programmierer sicher ist, dass `x` nicht negativ ist, schreibt er nur

```
...value(sqrt(x))....
```

Andernfalls schreibt er den vollständigen Test

```
... IF okay?(sqrt(x)) THEN ...value(sqrt(x))... ELSE ... FI ....
```

Dabei muss natürlich im ELSE-Fall eine entsprechende Fehlerbehandlung stattfinden.

14.4 Abstrakte Datentypen in ML und GOFER

Sowohl ML als auch GOFER stellen zur Realisierung der Idee der abstrakten Datentypen noch besondere Sprachmittel zur Verfügung. Der Grund mag darin liegen, dass in beiden Sprachen – im Gegensatz zu OPAL– das Modulkonzept etwas stiefmütterlich behandelt wird (oder gar nicht da ist), so dass es sich nicht als der natürliche Kandidat für diese Realisierung aufdrängt.

Hinweis: Den Aspekt der Parametrisierung im ML und GOFER werden wir erst in Kapitel 19 unter dem Stichwort „Polymorphie" diskutieren.

14.4.1 Abstrakte Datentypen in ML

ML stellt eine besondere Syntax zur Verfügung, um eine Datenstruktur zu einem abstrakten Datentyp zu machen: Anstelle des Schlüsselworts '`datatype`' muss man jetzt das Schlüsselwort '`abstype`' nehmen. Die zum Typ gehörigen Funktionen werden im Anschluss an die Typdefinition, eingeschlossen zwischen '`with`' und '`end`', angegeben; sie bilden die sichtbare *Schnittstelle* des abstrakten Datentyps.

Wir können z. B. „Boxen“ (also rechteckige Bereiche, die in manchen Textsystemen als Basis der Layoutbeschreibung dienen) über ihre gegenüberliegenden Eckpunkte repräsentieren, diese Tatsache aber verbergen:

```
abstype Box
        = box of (Point * Point)
with
   fun makebox(P, w, h) = box(P, makepoint(x(P)+w, y(p)+h))
   fun width(box(P1, P2) :Box) = abs(x(P2) - x(P1))
   fun height(box(P1, P2) :Box) = abs(y(P2) - y(P1))
   fun base(box(P1, P2) :Box) = P1
   ...
end;
```

Die Tatsache, dass Box als Punktepaar realisiert ist – d. h. insbesondere Patternmatching über die Konstruktorfunktion box –, kann nur im Rumpf des abstrakten Datentyps, also zwischen with und end, benutzt werden. Von außen sind nur die Funktionen makebox, width etc. verfügbar.

Im Rumpf können alle Sprachmittel von ML uneingeschränkt benutzt werden, also val, fun, datatype, type, local usw.

Natürlich können auch in ML die Modularisierungskonzepte (siehe Abschnitt 3.3.1) benutzt werden, um abstrakte Datentypen zu realisieren. Insbesondere kann in der Signatur das Schlüsselwort type benutzt werden (wie SORT in OPAL), wenn man offen lassen will, ob der Typ eine echte Datenstruktur oder ein Typ-Synonym ist.

14.4.2 Abstrakte Datentypen in GOFER

Während in HASKELL abstrakte Datentypen (genau wie oben für OPAL gezeigt) über das Modulsystem realisiert werden, nimmt man dazu in GOFER eine Erweiterung der Notation für die Typ-Synonyme. Beispiel:

```
type
  Box = (Point, Point)      -- Eckpunkte
  in
  width  :: Box -> Float     -- Breite
  height :: Box -> Float     -- Hoehe
  base   :: Box -> Point     -- Basispunkt
  ...
width(P1, P2) = abs(x(P2) - x(P1))
height(P1, P2) = abs(y(P2) - y(P1))
base(P1, P2) = P1
...
```

Die Funktionen, die nach dem '`in`' kommen, sind die sichtbare Schnittstelle des abstrakten Datentyps. (Wegen der Abseitsregel enden sie bei der Gleichung für `width`.)

Die Tatsache, dass der Typ `Box` als Punktepaar realisiert ist, kann nur in den Definitionen der „eigenen“ Funktionen `width`, `height`, `base` etc. benutzt werden. Für alle „externen“ Funktionen ist `Box` nur über seine Schnittstellenfunktionen bearbeitbar.

15. Listen (Sequenzen)

Zu den Datenstrukturen, die mit am häufigsten in der Informatik benutzt werden, gehören zweifellos die *Listen* oder *Sequenzen.* Diese Datenstruktur tritt in einigen Varianten auf, die wir im Folgenden betrachten wollen. Außerdem werden wir einige typische Vertreter der zahlreichen Funktionen studieren, die für Listen existieren.[1]

Dabei werden wir uns von Anfang an mit dem generischen abstrakten Datentyp `Seq`$[\alpha]$ befassen, weil Listen ganz typische Beispiele für das Prinzip sind, dass bei Datenstrukturen die Art der Elemente oft egal ist (vgl. Abschnitt 14.3).

15.1 Die Definition von Listentypen

Wir beginnen mit der am häufigsten benutzten Standardform von Listen. Der folgende Datentyp beschreibt ***Sequenzen*** (auch *Listen* genannt) von Elementen eines beliebigen Typs α.

DEFINITION (Liste, Sequenz)

Listen sind Folgen von Elementen der gleichen Sorte. Sie werden durch Typdefinitionen folgender Bauart beschrieben (wobei α als Platzhalter für beliebige Elementtypen fungiert):

```
DATA seq == ◇                        -- leere Sequenz
            ::(ft : α, rt : rseq)    -- Anfügen eines Elements
```

Diese Definition ist ein Summentyp mit den Konstruktorfunktionen $\Diamond$ und :: sowie den Selektorfunktionen `ft` und `rt`. Die Diskriminatorfunktionen heißen hier $\Diamond$? und ::? – was vielleicht ein bisschen kryptisch aussieht, aber ganz konsequent nach unseren Notationsregeln aufgebaut ist. Damit haben wir die induzierte Signatur

[1] Wir werden dabei aber nicht so weit gehen wie Richard Bird, der eine ganze „Theorie der Listen“ aufgestellt hat [8, 9].

```
SORT seq                    -- Name des Typs
FUN ◊ : seq                 -- leere Sequenz
FUN :: : α × seq → seq      -- Anhängen eines Elements "vorne"
FUN ft : seq → α            -- erstes Element der Sequenz
FUN rt : seq → seq          -- Rest der Sequenz (ohne erstes Element)
FUN ◊? : seq → bool         -- Test auf "leer"
FUN ::? : seq → bool        -- Test auf "nicht leer"
```

Zu diesem Typ können wir z.B. ein Element angeben wie die Sequenz

```
LET S == (112 :: (27 :: (38 :: (96 :: (21 :: ◊))))) IN ...
```

Diese Sequenz stellt – in informeller Notation – die Liste $\langle 112, 27, 38, 96, 21\rangle$ dar; d.h., sie besteht aus der Zahl 112 gefolgt von der Restliste $\langle 27, 38, 96, 21\rangle$. Das lässt sich graphisch so darstellen wie in Abb. 15.1.

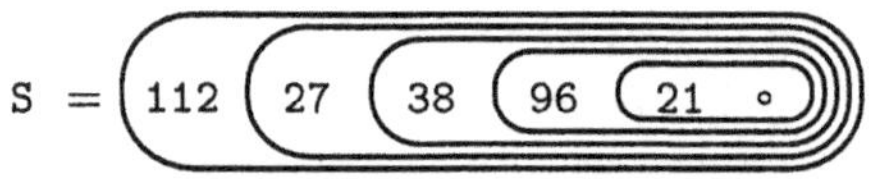

Abb. 15.1. Graphische Darstellung einer Sequenz

Dieses Bild deutet graphisch eine wichtige konzeptuelle Eigenschaft an: Eine Liste ist ein einziges Objekt.[2]

Auf diese Liste können wir jetzt entsprechende Selektionen anwenden:

```
... ft(S) ...                  -- Ergebnis: 112
... rt(S) ...                  -- Ergebnis: ⟨27,38,96,21⟩
... ft(rt(S)) ...              -- Ergebnis: 27
... ft(rt(rt(S))) ...          -- Ergebnis: 38
... rt(rt(rt(rt(rt(S)))))      -- Ergebnis: ◊
```

Da der Type seq generisch ist, sollten wir auch noch den entsprechenden Kontext angeben, der dafür erforderlich ist.

```
SIGNATURE Seq[α]                          -- Sequenzen
-------------------------------------------------------------
  SORT α                                  -- "Parameter"
  TYPE seq == ◊                           -- leere Sequenz
              ::(ft: α, rt: seq)          -- Element anfügen (vorne)
       ⋮
```

[2] Das ist ein wesentlicher Unterschied zu den sogenannten imperativen Programmiersprachen wie PASCAL oder C. Dort sind Listen nur indirekt existent, nämlich dann, wenn eine Reihe von Elementen „zufälligerweise“ geeignet durch *Pointer* miteinander verbunden sind. Das heißt, die Listenstruktur kann zur Laufzeit des Programms da sein, sie ist aber nicht zwingend durch die Typdefinitionen vorgeschrieben.

Die Punkte deuten an, dass der abstrakte Datentyp Seq[α] noch mehr enthält als nur den Typ seq. Eine vollständige Definition erfolgt in Abschnitt 15.3.

```
IMPLEMENTATION Seq[α]

  DATA seq == ◊
              ::(ft : α, rt : seq)
    ⋮
```

Die oben beschriebenen Sequenzen entsprechen ziemlich genau dem, was man klassischerweise (vor allem in imperativen Programmiersprachen) unter Listen versteht. Unsere Konzepte erlauben uns aber problemlos, auch Variationen dieser Idee einzuführen. So können wir z.B. zumindest verhindern, dass die Selektion ft eine partielle Funktion ist, indem wir mit folgender Variante des Listentyps arbeiten:

Beispiel 15.1 (Nicht-leere Sequenzen)

Die folgende Sequenzversion besitzt keine Variante mit einer leeren Liste, sondern endet mit einer einelementigen Liste. Da sie also garantiert immer mindestens ein Element hat, nennen wir sie „populated sequence“:

```
DATA pSeq == atom(ft : α)          -- einelementige Liste
             ::(ft : α, rt : pSeq) -- Anhängen eines Elements
```

Unsere obige Beispielsequenz ⟨112, 27, 38, 96, 21⟩ *wird als Element dieses Typs jetzt folgendermaßen dargestellt:*

```
LET S == (112 :: (27 :: (38 :: (96 :: atom(21))))) IN ...
```

Man beachte aber, dass dieser Typ zwar das Partialitätsproblem für ft löst, nicht aber das von rt.

15.2 Elementare Listenalgorithmen

Als Nächstes wollen wir an ein paar kleinen Beispielen illustrieren, wie man Funktionen schreibt, die auf solchen Sequenzen operieren. Wir schreiben unsere Funktionen für die erste Variante seq; die (triviale) Adaption auf die zweite Variante pSeq lassen wir als Übung offen.

Diese Beispiele zeigen im Übrigen auch, dass viele Algorithmen für beliebige Sequenzen seq[α] funktionieren, während andere nur für spezielle Sequenzen, z. B. seq[real], sinnvoll sind.

Beispiel 15.2 (Länge einer Sequenz)

Eine leere Sequenz hat die Länge Null, und wenn man an eine Sequenz ein Element anfügt, wächst ihre Länge um Eins. Wir benutzen das Zeichen '#' als Namen für die Längenfunktion.

```
FUN #: seq[α] → nat                          -- Länge der Sequenz
DEF #(S) == IF ◇?(S) THEN 0
                      ELSE 1 + #(rt(S)) FI
```

Zur Illustration geben wir die Definition auch in musterbasierter Form an:

```
DEF #(◇) == 0
DEF #(a :: R) == 1 + #(R)
```

Offensichtlich hat diese Funktion linearen Aufwand $\mathcal{O}(n)$, wobei n die Länge der Liste ist. Denn weil der Selektor `rt` die Liste immer um ein Element verkürzt, erhalten wir die einfachen Rekurrenzgleichungen

$$\mathcal{K}_{\#}(0) = c_1$$
$$\mathcal{K}_{\#}(n) = c_2 + \mathcal{K}_{\#}(n-1)$$

Und das liefert (z.B. gemäß der ersten Regel von Tabelle 11.3 auf Seite 138) gerade $\mathcal{O}(n)$.

Beispiel 15.3 (Summe einer Sequenz von Zahlen)

Die Summe aller Elemente einer leeren Sequenz ist Null; bei einer nichtleeren Sequenz ist es die erste Zahl plus die Summe der restlichen Zahlen.

```
FUN sum: seq[real] → real          -- Summe aller Elemente
DEF sum(S) == IF ◇?(S) THEN 0
                        ELSE ft(S) + sum(rt(S)) FI
```

In musterbasierter Form sieht diese Definition so aus:

```
DEF sum(◇) == 0
DEF sum(a :: R) == a + sum(R)
```

Auch diese Operation hat wieder linearen Aufwand $\mathcal{O}(n)$, weil genau die gleiche Art von Rekurrenzgleichungen entsteht wie bei der obigen Längenfunktion.

Beispiel 15.4 (Konkatenation von Sequenzen)

Wenn wir zwei Sequenzen `A` *und* `B` *„verkleben" wollen, können wir das mit folgender Funktion tun, die wir mit dem Symbol '++' bezeichnen: Wenn* `A` *leer ist, dann ist* `B` *das Ergebnis. Ansonsten ist das erste Element der Gesamtsequenz das erste Elemente von* `A`*, und der Rest entsteht aus dem Verkleben des Rests von* `A` *mit* `B`*.*

```
FUN ++ : seq[α] × seq[α] → seq[α]          -- Konkatenation
DEF A ++ B == IF ◇?(A) THEN B
                       ELSE ft(A) :: (rt(A) ++ B) FI
```

Hier ist die musterbasierte Form deutlich eleganter:

```
DEF ◇ ++ B == B
DEF (a :: A) ++ B == a :: (A ++ B)
```

Man beachte, dass die Konkatenation zwar für Sequenzen beliebiger Art definiert ist, aber mit der Nebenbegingung, dass beide Sequenzen von der gleichen Art sein müssen.

Da auch hier die Rekursion nur über einen Parameter läuft, ergibt sich wieder linearer Aufwand $\mathcal{O}(n)$, wobei n die Länge der ersten Sequenz ist.

Beispiel 15.5 (Teilsequenz aller „guten" Zahlen in einer Sequenz)

Wenn z. B. eine Sequenz von Messwerten gegeben ist, können wir alle „guten" Werte herausfiltern, wobei ein gegebenes Prädikat good? : real → bool *die „guten" Zahlen charakterisiere (z. B. an Hand von Plausibilitätskriterien, die Messfehler erkennen lassen):*

```
FUN filter: seq[real] → seq[real]          -- die "guten" Zahlen
DEF filter(S) ==
    IF ◇?(S) THEN ◇
             ELSE LET a == ft(S) IN
                  IF good?(a) THEN a :: filter(rt(S))
                              ELSE      filter(rt(S)) FI FI
```

Auch hier geben wir die musterbasierte Form an:

```
DEF filter(◇) == ◇
DEF filter(a :: R) == IF good?(a) THEN a :: filter(R)
                                  ELSE      filter(R) FI
```

Da beide Zweige der inneren Fallunterscheidung über die Operation `rt` laufen, erhalten wir wieder linearen Aufwand $\mathcal{O}(n)$.

Beispiel 15.6 (Gleichheit zweier Sequenzen)

Um die Gleichheit von Sequenzen entscheiden zu können, brauchen wir einen Gleichheitstest für die Elemente. Deshalb können wir nicht mit beliebigen Sequenzen seq[α] *arbeiten. Wir illustrieren den Algorithmus daher für* seq[real].

Die Gleichheit von Sequenzen braucht – wenn man systematisch vorgeht – eine vierfache äußere und eine zweifache innere Fallunterscheidung.

```
FUN =: seq[real] × seq[real] → bool            -- Gleichheit
DEF (A = B) ==
    IF ◊?(A) ∧ ◊?(B) THEN true
    IF ◊?(A) ∧ ::?(B) THEN false
    IF ::?(A) ∧ ◊?(B) THEN false
    IF ::?(A) ∧ ::?(B) THEN (IF ft(A) = ft(B) THEN rt(A) = rt(B)
                             IF ft(A) ≠ ft(B) THEN false      FI)
    FI
```

Man beachte, dass wir hier für den Vergleich ft(A) = ft(B) *die in* Real *vordefinierte Gleichheitsfunktion* FUN =: real × real → bool *verwenden. Diese Namensüberlagerung führt aber nicht zu Konflikten, da der Compiler (ebenso wie die Leser) an Hand der Argumenttypen immer unterscheiden kann, welche Funktion gemeint ist.*
Die musterbasierte Form ist hier besonders gut lesbar:

```
DEF (◊ = ◊)             == true
DEF (◊ = (b :: B))      == false
DEF ((a :: A) = ◊)      == false
DEF ((a :: A) = (b :: B)) == IF a = b THEN A = B
                             IF a ≠ b THEN false FI
```

Spaßeshalber geben wir auch noch eine Variante an, die textuell wesentlich kürzer ist, aber meistens eine längere Laufzeit hat (warum?).

```
DEF (A = B) ==              -- Gleichheit zweier Sequenzen
    IF ◊?(A) ∨ ◊?(B) THEN ◊?(A) ∧ ◊?(B)
                     ELSE (ft(A) = ft(B)) ∧ (rt(A) = rt(B)) FI
```

Der maximale Aufwand ist (für die erste Version) linear in der Länge der kürzeren der beiden Sequenzen. Der durchschnittliche Aufwand hängt ganz von der statistischen Verteilung der Eingabesequenzen ab, also davon, wie schnell im Durchschnitt mit einem Unterschied zu rechnen ist.

Das nächste Beispiel soll zeigen, dass die verschiedenen Sequenzvarianten durchaus wichtige Rückwirkungen auf die Algorithmen haben.

BEISPIEL 15.7 (Maximales Element)

Wir wollen das maximale Element einer Liste bestimmen. Dazu verwenden wir allerdings den Listentyp pSeq. *Und wegen der notwendigen Vergleichsoperationen können wir wieder nicht mit α arbeiten, sondern müssen eine konkrete Instanz wie z. B.* real *verwenden.*

```
FUN maximum: pSeq[real] → real
DEF maximum(S) == IF atom?(S) THEN ft(S)
                              ELSE max(ft(S), maximum(rt(S))) FI
```

Auch hier geben wir noch die – wesentlich schönere – musterbasierte Form an:

```
DEF maximum(atom(a)) == a
DEF maximum(a :: R) == max(a, maximum(R))
```

Diese Funktion lässt sich für unsere Standardsequenzen seq[real] *nicht so ohne weiteres formulieren, da für die leere Liste nicht klar ist, was man als „Maximum“ nehmen sollte. Das ist eine typische Anwendung für den Datentyp* Maybe[α] *aus Abschnitt 14.3.2.*

```
FUN maximum: seq[real] → maybe[real]
DEF maximum(◊) == fail
DEF maximum(a :: ◊) = okay(a)
DEF maximum(a :: R) == okay(max(a, value(maximum(R))))
```

Hier sieht man sehr gut die Einbettung mittels okay *und* fail*. Außerdem erkennt man in der dritten Definitionszeile, dass der Test* okay? *entfallen kann, wenn auf Grund des Kontexts klar ist, dass die* okay*-Variante vorliegt.*

Übrigens: Man könnte das Programm etwas effizienter gestalten, indem man für nichtleere Sequenzen eine Hilfsfunktion einführt, in der man sich das permanente Ein- und Auspacken erspart.

Die folgenden beiden Beispiele zeigen, dass Listen außerordentlich unsymmetrisch sind: Das „vordere Ende“ verhält sich ganz anders als das „hintere Ende“. Aufgrund der Typdefinition von seq sind die Operationen

ft(S)	(erstes Element)
rt(S)	(Restsequenz ohne erstes Element)
x :: S	(Anfügen vorne an der Sequenz; *prepend*)

mit konstantem Aufwand ausführbar. Aber die dualen Gegenstücke dieser Operationen „am anderen Ende“

last(S)	(letztes Element)
front(S)	(Anfangssequenz ohne letztes Element)
S +% x	(Anfügen hinten an der Sequenz; *append*)

benötigen jeweils linearen Aufwand $\mathcal{O}(n)$.

BEISPIEL 15.8 (Letztes Element einer Sequenz)

Zum Zugriff auf das letzte Element einer Sequenz bleibt uns nichts anderes übrig als die ganze Sequenz zu durchlaufen, bis wir am Ende angekommen sind. Wegen der erheblich höheren Eleganz geben wir hier nur die musterbasierte Definition an:

```
FUN last: seq[α] → α
DEF last(a :: ◊) == a
DEF last(a :: S) == last(S)
```

Man beachte, dass die Definition von last einige der etwas trickreicheren Features der musterbasierten Definitionen benutzt. Zum einen nutzen wir das *best-fit pattern matching* aus, aufgrund dessen die zweite Gleichung nur im

Falle S $\neq$ ◇ angewandt wird. Und außerdem haben wir keine Gleichung für die leere Sequenz vorgesehen, was die Anwendung last(◇) partiell macht.[3]

BEISPIEL 15.9 („Flattening" einer Sequenz)

Nehmen wir an, wir hätten eine Sequenz von Zeilen, wobei eine Zeile selbst wieder eine Sequenz von Wörtern ist. Wenn wir jetzt das Layout vergessen wollen und nur an der eigentlichen Wortfolge interessiert sind, dann schreiben wir dazu die Funktion

```
FUN flatten: seq[seq[word]] → seq[word]
DEF flatten(◇) == ◇
DEF flatten(Zeile :: RestAbsatz) == Zeile ++ flatten(RestAbsatz)
```

Man beachte, dass die Operation '::' in (Zeile :: RestAbsatz) *sich auf den Typ* seq[seq[word]] *bezieht, während die Konkatenation '++' zum Typ* seq[word] *gehört.*

Diese Beispiele sollten genügen, das grundsätzliche Programmieren von Listenalgorithmen zu veranschaulichen.

Übung 15.1. Programmieren Sie die Operation front, *die eine Liste ohne ihr letztes Element liefert – also das duale Gegenstück zu* rt *ist.*

Übung 15.2. Gegeben sei eine Liste von Kunden und ihren Umsätzen. Erzeugen Sie eine Liste der „Goldkunden", d.h. eine Liste all der Kunden, deren Umsatz mindestens eine Million Mark beträgt.

Übung 15.3. Programmieren Sie die „inverse" Operation zu flatten. *Das heißt, es sei ein Text als Sequenz von Wörtern gegeben. Dieser Text soll in einen Absatz umgebrochen werden, dessen Zeilen die maximale Länge n haben. (Dabei gehe man davon aus, dass für die Wörter eine Längenfunktion* #(w) *verfügbar ist und kein Wort länger als n ist.)*

Berücksichtigen Sie bei der Berechnung, dass beim späteren Drucken zwischen den Wörtern in einer Zeile Leerzeichen benötigt werden.

Übung 15.4. Modifizieren Sie die Lösung von 15.3 so, dass sogenannter „Blocksatz" entsteht. Dazu müssen zusätzliche Leerzeichen so zwischen die Wörter einer Zeile eingestreut werden, dass alle Zeilen (außer der letzten) **genau** *die Länge n haben. (Die Leerzeichen sollen möglichst gleichmäßig auf die Zeile verteilt werden, so dass ein optisch ansprechendes Layout entsteht.)*

Die Leerzeichen können dabei als „Pseudowörter" in die Wortsequenzen eingestreut werden.

Übung 15.5. Die Zahlen auf einem Rechner sind nur beschränkt groß. Das gilt insbesondere auch für unseren primitiven Typ int, *der durch die Werte* minint *und* maxint *beschränkt ist. Man kann aber „unbeschränkt" rechnen (zumindest für praktische Zwecke), indem man Listen von solchen* int*-Zahlen benutzt. Allerdings muss man sich dazu alle Operationen wie Addition, Multiplikation etc. selbst definieren.*

[3] Der Compiler reagiert hier mit einer entsprechenden Fehlermeldung.

Im Dezimalsystem werden Zahlen bekanntlich als Sequenzen der Ziffern $0, \ldots, 9$ *dargestellt. Das kann man natürlich auch mit einer anderen Basis als 10 machen. Wenn wir als Basis eine natürliche Zahl* B : nat *nehmen, dann erhalten wir die „Ziffern"* $0, \ldots, B-1$ *und können beliebig lange Zahlen als Sequenzen solcher Ziffern darstellen (der Einfachheit halber schlicht* seq[nat]*).*

Schreiben Sie einen abstrakten Datentyp, der die üblichen Operationen wie Addition, Subtraktion, Multiplikation auf diesen Zahlen bereitstellt.

Übung 15.6. Gegeben sei eine römische Zahl der Art MCMXXIII als Liste von entsprechenden Ziffern. Berechnen Sie ihren Wert als natürliche Zahl. (Führen Sie einen passenden Typ für römische Ziffern ein.)

15.3 Ein abstrakter Datentyp für Sequenzen

Im vorigen Abschnitt haben wir den Typ seq[α] der Sequenzen eingeführt sowie eine Reihe von Operationen auf diesen Sequenzen. Dieser Typ und die Operationen bilden offensichtlich eine logisch zusammengehörige Einheit – also gerade das, was man einen ***abstrakten Datentyp*** nennt (siehe Kap. 14). Die Schnittstelle des abstrakten Datentyps ist in der folgenden Signatur enthalten:

```
SIGNATURE Seq[α]                            -- Sequenzen

  SORT α                                    -- "Parameter"
  IMPORT Nat ONLY nat

  TYPE seq == ◊                             -- leere Sequenz
              ::(ft : α, rt : seq)          -- Element anfügen (vorne)

  FUN # : seq → nat                         -- Länge
  FUN ++ : seq × seq → seq                  -- Konkatenation
  FUN last : seq → α                        -- letztes Element
  FUN front : seq → seq                     -- Anfang der Sequenz
  FUN +% : seq × α → seq                    -- Element hinten anfügen
  FUN take : nat × seq → seq                -- die ersten i Elemente
  FUN drop : nat × seq → seq                -- ... der Rest, der bleibt
  FUN split : nat × seq → seq × seq         -- Teilen nach dem i-ten El.
  FUN revert : seq → seq                    -- Umdrehen
```

Man beachte, dass die Funktionen am vorderen Ende, also ::, ft und rt, schon durch die induzierte Signatur des Typs eingeführt werden, so dass wir nur die Operationen am hinteren Ende, also +%, last und front explizit angeben müssen.

Die meisten Funktionen haben wir oben schon ausprogrammiert. Deshalb geben wir im Folgenden nur noch die neu hinzugekommenen an.

```
IMPLEMENTATION Seq[α]

  IMPORT Nat ONLY 0 1 +
  DATA seq == ◊
              ::(ft: α, rt: seq)
  ...
  «wie oben programmiert»
  ...
  DEF take(i, ◊) == ◊
  DEF take(i,a :: R) == IF i = 0 THEN ◊
                        IF i > 0 THEN a :: take(i - 1,R) FI
  DEF drop(i, ◊) == ◊
  DEF drop(i, S AS a :: R) == IF i = 0 THEN S
                              IF i > 0 THEN drop(i - 1,R) FI
  DEF split(i,S) == ( Left, Right )
                    WHERE
                    Left  == take(i,S)
                    Right == drop(i,S)
```

Hinweis: Das ist im Wesentlichen die Struktur Seq, wie sie in der *Bibliotheca Opalica* realisiert ist. Dort sind allerdings noch ein paar weitere Operationen mit eingebaut worden.

Generell erkennt man hier deutlich die Probleme, die der Entwurf „guter“ abstrakter Datentypen bereitet. Nimmt man zu wenige Operationen auf, müssen die späteren Nutzer immer noch viel selbst programmieren. Nimmt man zu viele Operationen auf, wird der Datentyp ineffizient und – schlimmer noch – unübersichtlich, so dass die Nutzer nicht mehr wissen, was schon existiert und was nicht.

Es gibt allerdings gewisse Hinweise, wie ein „guter“ abstrakter Datentyp (für Sequenzen) aussehen sollte: Er sollte auf jeden Fall nur Operationen umfassen, die bei beliebigen Arten von Elementen sinnvoll sind.

Aber es bleiben noch Defizite. So können wir z. B. keinen Gleichheitstest '=' für Funktionen bereitstellen, weil der nicht für beliebige Elementtypen α realisierbar ist, sondern nur für solche, die selbst schon einen Gleichheitstest besitzen. Der Vergleich von Sequenzen ist jedoch offensichtlich etwas sehr Nützliches. Deshalb werden wir in Kaptitel 19 einen entsprechend erweiterten Datentyp entwickeln, für den wir allerdings zuerst noch zusätzliche Sprachmittel einführen müssen.

Übung 15.7. Definieren Sie einen abstrakten Datentyp für „Messreihen", wobei Messreihen $x_1, x_2, \ldots, x_n$ als Listen dargestellt werden. Auf diesen Listen sollen dann die für solche Messreihen wichtigen Funktionen bereitgestellt werden, insbesondere
(a) Mittelwert $m = \frac{1}{n} \cdot \sum_{i=1}^{n} x_i$
(b) Standardabweichung $D = \sqrt{(\sum_{i=1}^{n} (m - x_i)^2}$

(c) Median, das heißt derjenige Wert x_j, der „in der Mitte" liegt, für den also gilt: $\frac{n}{2}$ Messwerte sind kleiner oder gleich.[4]

15.4 Listen in ML und HASKELL

Listen sind in ML und HASKELL vordefinierte Datenstrukturen wie `int`, `string` oder `bool`. Ansonsten verhalten sie sich aber ähnlich wie unsere oben eingeführten Sequenzen.

15.4.1 Listen in ML

In ML wird anstelle unserer Typangaben `seq[int]`, `seq[real]` etc. geschrieben `int list`, `real list` etc. Außerdem haben wir folgende Operationen:

```
[]                    (* leere Liste *)
a :: L                (* Element a vor Liste L setzen *)
L1 @ L2               (* Konkatenation *)
hd L                  (* erstes Element *)
tl L                  (* Restliste *)
```

Diese Operationen stimmen also mit denen unseres obigen Typs `seq` überein, bis auf Umbenennungen wie `hd` für `ft`, `tl` für `rt` und `@` für ⧺.

Da Listen in die Sprache eingebaut sind, kann ML auch problemlos eine spezielle Notation für die kompakte Aufschreibung gegebener Listen vorsehen. Man benutzt dazu die Klammern [...]:

```
[1, 2, 3, 4, 5]
```

ist das Gleiche wie `1::2::3::4::5::[]`, nur kürzer und lesbarer.

Als einen speziellen Komfort bietet ML Konvertierungen zwischen Strings und Listen von Characters:

```
explode "hallo"                  liefert  ["h","a","l","l","o"]
implode ["h","a","l","l","o"]    liefert  "hallo"
```

15.4.2 Listen in HASKELL

In HASKELL werden die Klammern [...] auch zur Notation des Listentyps benutzt. Das heißt, anstelle unserer Schreibweise `seq[int]`, `seq[string]` etc. schreibt man in HASKELL `[Int]`, `[String]` etc.

Genauso wie in ML werden konkrete Listen in folgender Form geschrieben:

[4] Wenn diese Aufgabe schwierig erscheint, sollte man vielleicht erst Abschnitt 20.2.2 lesen.

```
[1,2,3,4,5]
```

Das ist übrigens auch als

```
[1 .. 5]
```

schreibbar. Die leere Liste ist '`[]`'.

Da der zweifache Doppelpunkt schon für die Typisierung verbraucht ist, muss man als Listenkonstruktor etwas anderes nehmen. Glücklicherweise ist der einfache Doppelpunkt frei.

```
[]                      -- leere Liste
a:L                     -- Element a vor Liste L setzen
length L                -- Laenge
L1 ++ L2                -- Konkatenation
```

HASKELL stellt auch noch eine sogenannte „Listenkomprehension“ bereit, auf die wir hier aber nicht näher eingehen wollen.

16. Funktionale auf Listen

Im Software-Engineering und insbesondere in der objektorientierten Programmierung macht seit einiger Zeit die Idee der sog. *Design pattern* Furore. Man kann sich darunter getrost so etwas wie „Kochrezepte“ für immer wieder kehrende Programmiersituationen vorstellen. In der funktionalen Programmierung ist die Lage besser: Anstatt mit informellen Tipps und Mustern arbeiten zu müssen, kann man in vielen Fällen formal definierte Funktionen anwenden. Einige davon wollen wir jetzt betrachten.

Wir hatten bereits in Kap. 8 gesehen, dass es vor allem die Funktionen höherer Ordnung sind, die die wahre Eleganz und Mächtigkeit der funktionalen Programmierung zum Vorschein bringen. Das wird ganz besonders bei der Programmierung mit Sequenzen deutlich, wo wir häufig wiederkehrende Programmiersituationen sehr elegant, knapp und einheitlich mit Funktionalen beschreiben.[1] Die Idee ist auf Datenstrukturen aller Art übertragbar, wir führen sie hier aber nur für den einfachsten Fall der Listen exemplarisch vor.

Auf solchen Listen sind immer wieder die gleichen Programmieraufgaben zu lösen (von denen wir uns einige charakteristische Beispiele schon im vorigen Kapitel angesehen haben). Diese Aufgaben kommen in vielfältigen Variationen, die dazu führen würden, daß wir eine Unzahl von – nahezu identischen – Programmen schreiben müßten, wenn wir nicht in den Zauberkasten der Funktionale greifen könnten.

Wegen der größeren notationellen Eleganz werden wir die folgenden Funktionen grundsätzlich mit *musterbasierten Definitionen* schreiben.

16.1 Generierung von Listen

Es gibt im Grunde nur drei Arten, wie Listen in unsere Programme Eingang finden können:

1. Wir erhalten sie als *Eingabe.*

[1] Im Prinzip wurden diese Ideen Mitte der 70er Jahre von F. von Henke vorgestellt. Richtig populär wurden sie aber erst, als sie in den 80er Jahren von R. Bird und L. Meertens wiedererfunden wurden.

2. Wir erhalten sie durch *Konversion* aus einer anderen Datenstruktur, insbesondere auch aus anderen Listen (z. B. denotation → seq[char], seq[real] → seq[int], tree[int] → seq[int] etc.).
3. Wir *generieren* sie systematisch.

Wir beschäftigen uns zunächst mit der dritten Art. Es gibt nur wenige Standardverfahren, mit denen die Generierung üblicherweise bewerkstelligt wird. Diese lassen sich durch ganz einfache Funktionale ein für alle Mal programmieren. In der folgenden Tabelle listen wir einige solche Funktionale auf; anschließend werden wir sie programmieren.

(i..j)	Die Liste der Zahlen ⟨i, i + 1, ..., j⟩
a ∗ n	Die Liste ⟨a, a, ..., a⟩, die n-mal die Konstante a enthält.
(f while p)(a)	die Liste $\langle a, f(a), f^2(a), \ldots, f^{n-1}(a)\rangle$, wobei n die kleinste Zahl mit $\neg p(f^n(a))$ ist.

Diese Funktionale lassen sich ganz einfach programmieren:

- Die Liste der Zahlen ⟨i, i + 1, ..., j⟩.

```
FUN .. : nat × nat → seq[nat]
DEF (i .. j) == IF i > j THEN ◊
                ELSE i :: ((i + 1) .. j) FI
```

- Die Liste der Werte ⟨a, ..., a⟩.

```
FUN * : α × nat → seq[α]
DEF a * n == IF n = 0 THEN ◊
             ELSE a :: (a * (n − 1)) FI
```

- Die Liste $\langle a, f(a), f^2(a), \ldots, f^{n-1}(a)\rangle$, wobei n die kleinste Zahl mit $\neg p(f^n(a))$ ist.

```
FUN while: (α → α) × (α → bool) → α → seq[α]
DEF (f while p)(a) == IF ¬p(a) THEN ◊
                      ELSE a :: (f while p)(f(a))FI
```

Man beachte, dass bei den ersten beiden Funktionen Listen einer vorgegebenen Länge entstehen, während bei der letzten Funktion Listen unbekannter Länge generiert werden.

Übung 16.1. Erzeugen Sie die Folge der Zahlen 1, 0.1, 0.01, 0.001, 0.0001, ... *bzw. die Folge der Zahlen* $1, \frac{1}{2}, \frac{1}{4}, \frac{1}{8}, \frac{1}{16}, \frac{1}{32}, \ldots$
(a) Erzeugen Sie jeweils die ersten N Zahlen der beiden Folgen.
(b) Erzeugen Sie jeweils alle Zahlen der beiden Folgen, bis eine vorgegeben Schranke ε erreicht ist.

16.2 Map: *Jeder kommt dran*

Das erste – und in der Praxis besonders nützliche – Funktional auf Listen wendet eine gegebene Funktion f „punktweise" auf alle Elemente einer Liste L an. In der Literatur treffen wir diese Funktion sowohl in der Notation map(f)(L) als auch in der Infix-Notation f * L an. Der Effekt wird durch folgendes Beispiel illustriert (mit Sequenzen in informeller Notation):

$$\texttt{double} * \langle 0,1,2,3,4,5\rangle = \langle 0,2,4,6,8,10\rangle$$

Bevor wir die Programmierung von map betrachten, sollten wir allerdings noch eine notwendige Verallgemeinerung berücksichtigen. Nehmen wir dazu eine Funktion big?, die entscheidet, ob eine Zahl „groß" ist (z. B. „größer als π"). Wenn wir jetzt alle Elemente einer Liste diesem Test unterziehen wollen, erhalten wir z. B.

$$\texttt{big?} * \langle 1,7,12,3,9\rangle = \langle \texttt{false},\texttt{true},\texttt{true},\texttt{false},\texttt{true}\rangle$$

Wir sehen hier, daß eine Liste von Zahlen in eine Liste von Wahrheitswerten abgebildet wird. Das führt uns auf folgende allgemeine Definition der Funktion map:

```
FUN map: (α → β) → seq[α] → seq[β]
FUN * :  (α → β) × seq[α] → seq[β]
DEF f * ◇ == ◇
DEF f * (a :: R) == f(a) :: (f * R)
DEF map(f)(L) == f * L
```

Man beachte, dass wir für die Variante map Currying vorziehen, während wir den Operator '*' lieber in Infixschreibweise verfügbar haben.

Beispiele: Die Funktion map kann benutzt werden, um eine Vielzahl von Funktionen knapp und elegant zu formulieren.

conv * L	Die Liste L: seq[char] von Zeichen wird in eine Liste ihrer Zahlwerte gemäß ASCII-Tabelle konvertiert (mit Hilfe der Funktion FUN conv: char → nat).
lower * L upper * L	Alle Buchstaben der Liste L: seq[char] werden in Klein- bzw. in Großbuchstaben umgewandelt (mit Hilfe der beiden Funktionen FUN lower: char → char und FUN upper: char → char)
abw(M) * L	Die Liste L: seq[real] von Messwerten wird in ihre Abweichungen von einem Sollwert M abgebildet (mit der Funktion DEF abw(M)(x) == M − x)
artnr * K kunde * K	Aus der Liste K: seq[kauf] aller Verkäufe des Monats werden die Liste aller verkauften Artikel und die Liste aller „aktiven" Kunden extrahiert.
f * (i..j)	Die Liste der Werte ⟨f(i), f(i + 1), ..., f(j)⟩.

Übung 16.2. Erzeugen Sie die Folgen aus 16.1 unter Verwendung von map.

Übung 16.3. Gegeben sei ein Telegramm, d. h. eine Liste von Wörtern. Bestimmen Sie daraus eine Liste der Längen der Wörter im Telegramm.

16.3 Zip: *Das Reißverschluss-Prinzip*

Genauso wie man mit `map` eine unäre Funktion `f` „punktweise" auf die Elemente *einer* Liste anwendet, kann man mit der folgenden Funktion `zip` die Elemente *zweier* Listen „punktweise" mit einer binären Funktion $\oplus$ verknüpfen. (Zur besseren Lesbarkeit verwenden wir für die Parameteroperation hier die Infixschreibweise.)

$$\mathtt{zip}(+)\ (\langle 1,2,3,4,5\rangle,\ \langle 10,20,30,40,50\rangle) = \langle 11,22,33,44,55\rangle$$

Es gibt allerdings eine kleine Komplikation: Was tun, wenn die Listen nicht gleich lang sind? Im Prinzip gibt es mehrere Möglichkeiten, mit dieser Schwierigkeit umzugehen, von denen allerdings nur eine wirklich gut funktioniert: Man schneidet die längere Liste ab.

```
DEF zip(⊕)(♢, _) == ♢
DEF zip(⊕)(_, ♢) == ♢
DEF zip(⊕)(a :: A, b :: B)) == (a ⊕ b) :: zip(⊕)(A,B)
```

Für `zip` gibt es zahlreiche Anwendungsbeispiele, von denen wir in der folgenden Tabelle einige auflisten.

`zip(+)(A,B)`
`zip(*)(A,B)`
`zip(-)(A,B)`
	Punktweise Summe, Produkt, Differenz etc. der beiden Listen `A` und `B`

`zip(>)(A,B)` `zip(=)(A,B)`	Punktweiser Vergleich der beiden Listen `A` und `B`; Ergebnis ist eine Liste boolescher Werte.
`zip(pair)(A,B)`	Mache aus den zwei Listen `A` und `B` eine Liste von Paaren $\langle (a_1, b_1), \ldots, (a_n, b_n)\rangle$.
`zip(^)(a * n, (1..n))`	Liefert die Liste $\langle a, a^2, a^3, \ldots, a^n\rangle$, wobei `N` = `(1..n)`
`zip(+)(L, rt(L))`	Erzeugt z.B. aus der Liste `L` = $\langle 1,2,3,4,5,\ldots\rangle$ die Liste $\langle 1+2, 2+3, 3+4, 4+5, ..\rangle$.

Beim letzten Beispiel zeigt sich, wie nützlich es sein kann, dass `zip` mit Listen unterschiedlicher Länge umgehen kann, indem es einfach die längere kappt.

Übung 16.4. Es seien zwei Messreihen gegeben, die durch Wiederholung des gleichen Experiments zustande gekommen sind. Prüfen Sie, ob die Ergebnisse jeweils innerhalb einer gewissen Toleranz ε übereinstimmen.

16.4 Filter: *Die guten ins Töpchen ...*

Eine Vielzahl von Programmieraufgaben verlangt, dass wir aus einer gegebenen Liste eine Teilliste „herausfiltern". Die Teilliste soll dabei aus allen Elementen bestehen, die eine gegebene Eigenschaft p erfüllen. Für diese Funktion verwendet man häufig das Infixsymbol '$\triangleleft$'. Zum Beispiel gilt also

$$\texttt{even?} \triangleleft \langle 1,2,3,4,5,6,7\rangle = \langle 2,4,6\rangle$$

Wir führen für die Funktion zwei Symbole ein, den Namen `filter` und das Infixsymbol '$\triangleleft$':

```
FUN ◁:       (α → bool) × seq[α] → seq[α]
FUN filter:  (α → bool) → seq[α] → seq[α]
DEF (p ◁ ◊) == ◊
DEF (p ◁ (a :: R)) == IF p(a) THEN a :: (p ◁ R)
                              ELSE      (p ◁ R) FI
DEF filter(p)(L) == p ◁ L
```

Beispiele gibt es auch hier in Hülle und Fülle.

`prim? ◁ (2 .. 1000)`	Liefert alle Primzahlen unter den ersten 1000 Zahlen.
`printable? ◁ L`	Eliminiert alle nicht-druckbaren Zeichen aus der Liste L

`(_ < x) ◁ L`
`(_ = x) ◁ L`
`(_ ≤ x) ◁ L`
	Liefert all die Zahlen in der Liste, die kleiner, gleich, kleiner-gleich usw. einer gegebenen Zahl x sind

Das letzte Beispiel zeigt übrigens, wie nützlich Prädikate in „Wildcard"-Form bei Filter-Aufgaben sind.

Übung 16.5. Ein Webbrowser verfügt über eine Liste von Stichwörtern, dargestellt als Paare von Wörtern und zugehörigen Netzadressen. Erstellen Sie zu einem gegebenen Suchbegriff die Liste aller Treffer.

Übung 16.6. Finden Sie in einem gegebenen Text (= Liste von Wörtern) alle „essenziellen" Wörter heraus, d. h. alle Wörter, deren Länge größer als drei ist.

Übung 16.7. Finden Sie in einer Messreihe alle „Ausreißer", d. h. alle Werte, deren Abweichung vom Mittelwert größer als ein Limit ε ist.

16.5 Reduce: *Alles wird eins*

Als letztes Beispiel für diese Art von nützlichen Listenfunktionalen betrachten wir noch die Aufgabe, alle Elemente einer Liste „zusammenzufassen". Typische Beispiele sind: „Bilde die Summe, das Produkt etc. aller Zahlen in der Liste", „Bilde einen durchgängigen Text aus allen Zeilen einer Liste (also einem Paragraphen)“ usw. Das entsprechende Funktional wird oft als `reduce` bezeichnet und mit dem Infixsymbol ‘/’ geschrieben.

$$\texttt{reduce}(+,0)(\langle 1,2,3,4,5,6,7\rangle) = 1+2+3+4+5+6+7+0 = 28$$

Der besseren Lesbarkeit wegen schreiben wir in der folgenden Definition den Funktionsparameter als Infixsymbol ‘$\oplus$’; außerdem brauchen wir noch eine Konstante e als Wert, den wir für den Grenzfall der leeren Liste abliefern wollen.

```
FUN / :      (α × β → β) × β × seq[α] → β
FUN reduce:  (α × β → β) × β → seq[α] → β

DEF reduce(⊕, e)(◊)  ==  e
DEF reduce(⊕, e)(a :: R)  ==  a ⊕ reduce(⊕, e)(R)
DEF (⊕, e)/S  ==  reduce(⊕, e)(S)
```

Als einfache Anwendungen hat man die klassischen Aufgaben „Summe aller Elemente“, „Produkt aller Elemente“ usw.

```
DEF sum  ==  reduce(+, 0)
DEF product  ==  reduce(*, 1)
DEF maximum  ==  reduce(max, minusInfinity)
DEF minimum  ==  reduce(min, plusInfinity)
```

Übrigens: Wirklich nützlich ist dieses Funktional eigentlich nur, wenn die Operation ‘$\oplus$’ *assoziativ* ist. In allen anderen Fällen fehlt einem erfahrungsgemäß die Intuition dafür, was das Ergebnis der Reduktion bedeuten könnte – und das ist bekanntlich keine gute Voraussetzung für gute Programmierung.

Hier ist wieder ein Fall, bei dem die alternative Typversion `pSeq` der nichtleeren Listen viel einfacher ist. Wir können uns nämlich den Defaultwert für die leeren Sequenzen sparen.

```
FUN / :      (α × α → α) × pSeq[α] → α
FUN reduce:  (α × α → α) → pSeq[α] → α

DEF reduce(⊕)(atom(a))  ==  a
DEF reduce(⊕)(a :: R)  ==  a ⊕ reduce(⊕)(R)
DEF ⊕/S  ==  reduce(⊕)(S)
```

16.6 Kombinationen von Funktionalen

Wie immer steckt auch hier der Reiz nicht so sehr in den einzelnen Funktionalen selbst, sondern in ihrer Kombination. Aus der Fülle möglicher und interessanter Kompositionen führen wir hier eine kleine, aber repräsentative Auswahl vor:

- Alle Elemente einer Liste L haben die Eigenschaft p:

```
DEF all(p)(L)  ==  reduce(∧, true)(p * L)
```

- Es gibt in der Liste L ein Element mit der Eigenschaft p:

```
DEF exists(p)(L) == reduce(∨, false)(p * L)
```

- Die Länge einer Liste L:

```
DEF #(L) == (+, 0) / (K(1) * L)
```

- Häufigkeit eines Elements x in einer Liste L:

```
DEF (x in L) == #( (_ = x) ◁ L)
```

- Anzahl der Primzahlen unter den ersten tausend Zahlen:

```
#(prim? ◁ (2 .. 1000))
```

- Summe der Quadrate der Zahlen in L:

```
(+, 0)/ (square * L)
```

Übung 16.8. Gegeben sei ein Telegramm (wie in Aufgabe 16.3). Bestimmen Sie den Preis des Telegramms, unter der Annahme, dass ein Wort mit weniger als fünf Zeichen 5 Pfennige kostet und längere Wörter 10 Pfennige.

Übung 16.9. Berechnen Sie zu einer Messreihe den Mittelwert und die Standardabweichung, d. h. die Summe der Quadrate der Abweichungen aller Messwerte vom Mittelwert.

Übung 16.10. Gegeben sei eine (unsortierte) Liste der Verkäufe des Jahres, wobei ein „Verkauf" die Artikelnummer, das Verkaufsdatum, den Preis etc. umfasse. Bestimmen Sie die Umsätze für die einzelnen Wochen das Jahres.

Übung 16.11. Gegeben seien zwei gleich lange Listen von Wörtern (z. B. genetische Codes). Bestimmen Sie den Prozentsatz der identischen Teilstücke.

16.7 Strukturen für Listenfunktionale

Auch die Listenfunktionale sollten wir in Strukturen einbetten, um die Software-Engineering-Prinzipien der Modularisierung und der Verschattung von Implementierungsdetails einzuhalten. Um dabei genügende Allgemeinheit sicherzustellen, wollen wir natürlich wieder mit generischen Sequenzen arbeiten.

Eine schwierige Entscheidung in solchen Fällen ist, ob man die Funktionale in möglichst wenige Strukturen stecken will oder ob man lieber filigraner sein will. Diese Entscheidung wird zusätzlich noch überlagert durch technische Anforderungen an die Strukturparameter. Wir folgen hier dem Design der *Bibliotheca Opalica* und nehmen eine sehr filigrane Modularisierung vor.[2]

[2] Die wahre Antwort auf solche Modularisierungsfragen ist wohl – ähnlich wie etwa in JAVA–, eine weitere Modularisierungsebene in Form von „*Packages*" verfügbar zu machen, in der zusammengehörige Strukturen gesammelt werden.

Map. Wenn wir die Funktion `map` aus dem obigen Abschnitt 16.2 betrachten, dann sehen wir, dass dort Sequenzen über *zwei* Arten von Elementen vorkommen können. Also müssen wir entsprechend zwei Parametersorten spendieren.

```
SIGNATURE SeqMap[α, β]          -- Funktional 'map' auf Sequenzen

  SORT α                        -- "Parameter" ist eine Sorte
  SORT β                        -- "Parameter" ist eine Sorte
  IMPORT Seq[α] ONLY seq
         Seq[β] ONLY seq
  FUN map: (α → β) → seq[α] → seq[β]
  FUN * : (α → β) × seq[α] → seq[β]
```

Die zugehörige Implementierung enthält dann die Definitionen aus dem obigen Abschnitt 16.2.

Zip. Für `zip` brauchen wir sogar drei Parametersorten! Außerdem fügt die *Bibliotheca Opalica* noch eine inverse Funktion `unzip` hinzu, für die `unzip(split)(C)` = `(A,B)` gilt, wobei `split(c)` = `(a,b)` aus jedem Element `c`: γ ein Paar (`a`: α, `b`: β) macht. Die Funktion `unzip` generiert dann die zugehörigen Sequenzen. In der Praxis tritt dieser Fall besonders dann auf, wenn man eine Liste von Paaren in die entsprechenden Einzellisten zerlegen will.

```
SIGNATURE SeqZip[α, β, γ]       -- Funktional 'zip' auf Sequenzen

  SORT α                        -- "Parameter" ist eine Sorte
  SORT β                        -- "Parameter" ist eine Sorte
  SORT γ                        -- "Parameter" ist eine Sorte
  IMPORT Seq[α] ONLY seq
         Seq[β] ONLY seq
         Seq[γ] ONLY seq

  FUN zip: (α × β → γ) → seq[α] × seq[β] → seq[γ]
  FUN unzip: (γ → α × β) → seq[γ] → seq[α] × seq[β]
```

Die zugehörige Implementierung enthält dann die Definition von `zip` aus dem obigen Abschnitt 16.3.

Übung 16.12. Definieren Sie die Funktion `unzip`.

Filter. Die Funktion `filter` aus dem obigen Abschnitt 16.4 benötigt nur eine Parametersorte. (Man hätte sie also im Prinzip mit der Basisstruktur `Seq[α]` verschmelzen können; die Trennung ist jedoch softwaretechnisch systematischer.) Die *Bibliotheca Opalica* stellt neben dem elementaren Filter außerdem noch weitere nützliche Operationen zur Verfügung (s. unten).

```
SIGNATURE SeqFilter[α]               -- Funktional 'filter' auf Sequenzen

  SORT α                             -- "Parameter" ist eine Sorte
  IMPORT Seq[α] ONLY seq

  FUN filter: (α → bool) → seq[α] → seq[α]
  FUN ◁: (α → bool) × seq[α] → seq[α]
  FUN partition: (α → bool) × seq[α] → seq[α] × seq[α]
  FUN split: (α → bool) × seq[α] → seq[α] × seq[α]
  FUN take: (α → bool) × seq[α] → seq[α]
  FUN drop: (α → bool) × seq[α] → seq[α]
```

Die zusätzlichen Operationen haben folgende Effekte:

- `partition(p,S)` = (`p` ◁ `S`, ¬`p` ◁ `S`) spaltet die Sequenz in diejenigen Elemente, die die Eigenschaft `p` erfüllen, und in diejenigen, die `p` nicht erfüllen.
- `split(p,S)` = (S_1, S_2) spaltet die Sequenz `S` auf in einen vorderen Teil S_1, dessen Elemente alle `p` erfüllen, und einen hinteren Teil S_2, dessen erstes Element `p` nicht erfüllt. Für die beiden Resultatsequenzen gilt also insbesondere $S_1 +\!\!+ S_2 = S$ und $p \lhd S_1 = S_1$.
- `take(p,S)` und `drop(p,S)` sind die beiden Hälften von `split(p,S)`, das heißt: `split(p,S)` = (`take(p,S)`, `drop(p,S)`)

Übung 16.13. Geben Sie die Implementierung von `SeqFilter` *an.*

Reduce. Die Funktion `reduce` aus dem obigen Abschnitt 16.5 braucht wieder zwei Parametersorten.

```
SIGNATURE SeqReduce[α, β]            -- Funktional 'reduce' auf Sequenzen

  SORT α                             -- "Parameter" ist eine Sorte
  SORT β                             -- "Parameter" ist eine Sorte
  IMPORT Seq[α] ONLY seq
         Seq[β] ONLY seq
  FUN reduce: (α × β → β) × β → seq[α] → β
  FUN / : (α × β → β) × β × seq[α] → β
```

Die *Bibliotheca Opalica* stellt übrigens eine weitere Variante '\' zur Verfügung, die die Sequenzelemente von hinten her zusammenfasst.

Die Variante von `reduce`, die nur für nichtleere Sequenzen definiert ist, wird von der *Bibliotheca Opalica* auch bereitgestellt, und zwar in der Struktur `SeqFold`.

17. Beispiel: Numerische Interpolation

Zur Illustration wollen wir noch ein längeres Beispiel bearbeiten, bei dem Listen nicht in der ursprünglichen Aufgabenstellung vorkommen, sondern nur als Zwischenstruktur auftreten, also als Hilfsmittel zur Lösung eines anderen Problems.

Das Problem. In der Naturwissenschaft und Technik, aber auch in der Wirtschaft hat man es immer wieder mit einem Problem zu tun: Man weiß zwar qualitativ, dass zwischen gewissen Größen eine funktionale Abhängigkeit f besteht, aber man kennt diese Abhängigkeit nicht quantitativ (in Form einer geschlossenen Formel). Alles, was man hat, sind ein paar Stichproben („Messwerte"). Trotzdem muss man den Funktionswert an einer beliebigen Stelle ermitteln – d. h., möglichst gut abschätzen.

Abb. 17.1 veranschaulicht den Zusammenhang: Wir haben eine Reihe von Messwerten $(x_0, y_0), \ldots, (x_n, y_n)$; diese Werte (x_i, y_i) werden als ***Stützstellen*** bezeichnet. Was wir brauchen, ist ein „dazu passender" Wert y an einer Stelle x, die selbst kein Messpunkt ist. Um das „passend" festzulegen, gehen wir davon aus, dass der funktionale Zusammenhang „gutartig" ist, d. h., durch eine möglichst „glatte" Funktionskurve adäquat wiedergegeben wird. Und für diese unbekannte Funktion f wollen wir dann den Wert $y \approx f(x)$ berechnen.

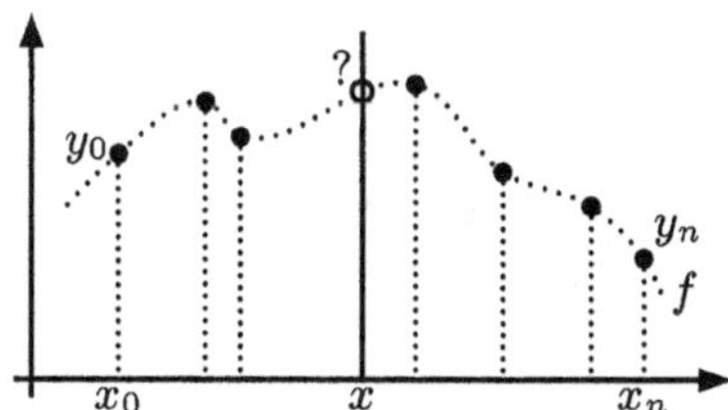

Abb. 17.1. Das Interpolationsproblem

Hinweis: Wer nur an der Programmiertechnik interessiert ist, kann die folgenden beiden Absätze überspringen und an der Stelle „Das Programm" weiterlesen. Dieses Verhalten entspricht dann einer relativ typischen Situation, in der Informatiker sich häufig finden: Man muss die Ergebnisse der jeweiligen Anwendungsexperten (hier: der Numerischen Mathematiker) einfach akzeptieren und in Software umsetzen.

Wer aber seine Neugier nicht zügeln kann, sollte weiterlesen. Denn im Folgenden skizzieren wir – wenn auch nur ganz grob und kurz – die Lösungsidee und die zugrunde liegende Mathematik.

Die Lösungsidee. Einen möglichen Lösungsansatz bietet das Interpolationsschema von Neville: Dabei arbeitet man sich an die unbekannte Funktion f Stück für Stück heran, indem man der Reihe nach geeignete Polynome P_k^i bildet. Zur Erinnerung: Ein Polynom vom Grad n ist ein Ausdruck der Form

$$P(x) = a_n \cdot x^n + \cdots + a_2 \cdot x^2 + a_1 \cdot x + a_0$$

mit gewissen Koeffizienten a_i.

Die Idee des Algorithmus ist, dass die Polynome P_k^i immer mehr Stützstellen erfassen; das letzte der Polynome, das dann alle Stützstellen respektiert, wird als Näherung an die gesuchte Funktion f genommen. (Unsere Nummerierung ist so gewählt, dass das Polynom P_k^i den Grad i hat und die $i+1$ Stützstellen $x_k, x_{k+1}, \ldots, x_{k+i}$ erfasst.)

Abb. 17.2 illustriert die ersten beiden Schritte des Verfahrens: Im linken Bild (a) wird der Anfang gezeigt: Man startet mit $n+1$ konstanten Funktionen, also Polynomen $P_0^0, \ldots, P_n^0$ vom Grad 0; das sind dann horizontale Gerade, die jeweils durch eine der Stützstellen laufen. Im rechten Bild (b) hat man n Polynome $P_0^1, \ldots, P_{n-1}^1$ vom Grad 1, also Gerade, die jeweils zwei Stützstellen erfassen. Als Nächstes erhält man $n-1$ Polynome $P_0^2, \ldots, P_{n-2}^2$ vom Grad 2, also Parabeln, die jeweils drei Stützstellen erfassen. Und so weiter. Am Ende hat man noch genau ein Polynom P_0^n vom Grad n, das alle n Stützstellen erfasst.

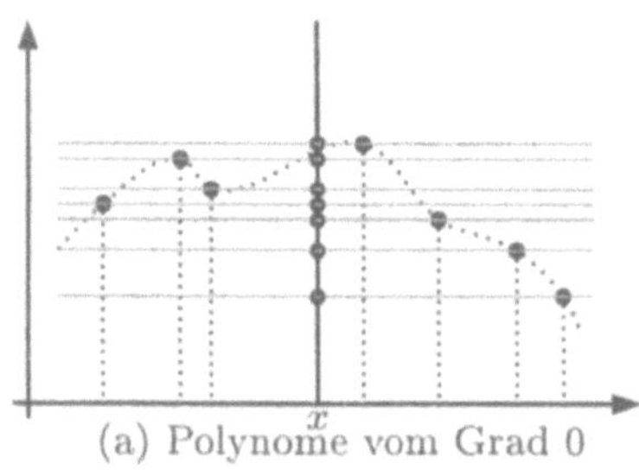

(a) Polynome vom Grad 0

(b) Polynome vom Grad 1

Abb. 17.2. Die Lösungsidee

Jede dieser Kurven hat einen Schnittpunkt mit der vertikalen Geraden bei der gesuchten Stelle x, also im ersten Schritt insgesamt $n+1$ Schnittpunkte, im zweiten Schritt n, und so weiter. Diese Schnittpunkte führen am Schluss zu dem gesuchten Schnittpunkt $y = P_0^n(x) \approx f(x)$.

Um die Berechnung möglichst ökonomisch zu gestalten, leitet man jeweils die Polynome P_k^i vom Grad i aus den vorausgegangenen Polynomen P_j^{i-1} vom Grad $i-1$ ab. Um das genauer zu betrachten, brauchen wir ein bisschen Mathematik.

Die Mathematik. Der wesentliche Trick des Verfahrens besteht in der Entscheidung, wie die Polynome vom Grad i jeweils ausgerechnet werden. Wir wählen die Formel

$$\boxed{\begin{array}{ll} P_k^0(x) = y_k & k = 0, \ldots, n \\ P_k^i(x) = \frac{(x-x_k)\cdot P_{k+1}^{i-1}(x) - (x-x_{k+i})\cdot P_k^{i-1}(x)}{x_{k+i}-x_k} & i = 1, \ldots, n \\ & k = 0, \ldots, n-i \end{array}} \qquad (*)$$

Damit erreichen wir, dass das Polynom P_k^i gerade die Stützstellen $x_k, \ldots x_{k+i}$ erfasst, d. h.:

$$P_k^i(x_j) = y_j \qquad \text{für } x_j \in \{x_k, \ldots x_{k+i}\}$$

Das kann man sofort mit Induktion bestätigen: Für $i = 0$ gilt die Eigenschaft unmittelbar nach Definition. Der Induktionsschritt lässt sich schnell nachrechnen: Man betrachte zunächst die inneren Punkte $x_j \in \{x_{k+1}, \ldots x_{k+i}\}$.

$$\begin{aligned} P_k^{i+1}(x_j) &= \tfrac{(x_j-x_k)\cdot P_{k+1}^i(x_j) - (x_j-x_{k+i+1})\cdot P_k^i(x_j)}{x_{k+i+1}-x_k} && \text{[Definition]} \\ &= \tfrac{(x_j-x_k)\cdot y_j - (x_j-x_{k+i+1})\cdot y_j}{x_{k+i+1}-x_k} && \text{[Induktion]} \\ &= \tfrac{((x_j-x_k)-(x_j-x_{k+i+1}))\cdot y_j}{x_{k+i+1}-x_k} && \text{[Ausklammern]} \\ &= y_j && \text{[Kürzen]} \end{aligned}$$

Damit bleiben noch die beiden Randpunkte x_k und x_{k+i+1} zu betrachten. Für den ersten rechnen wir nach:

$$\begin{aligned} P_k^{i+1}(x_k) &= \tfrac{(x_k-x_k)\cdot P_{k+1}^i(x_k) - (x_k-x_{k+i+1})\cdot P_k^i(x_k)}{x_{k+i+1}-x_k} && \text{[Definition]} \\ &= \tfrac{-(x_k-x_{k+i+1})\cdot P_k^i(x_k)}{x_{k+i+1}-x_k} && \text{[Ausrechnen]} \\ &= P_k^i(x_k) && \text{[Kürzen]} \\ &= y_k && \text{[Induktion]} \end{aligned}$$

Der andere Punkt x_{k+i+1} folgt ganz analog. (qed)

Hinweis: Die Rekursionsformel $(*)$ kann zwar auch benutzt werden, um das Polynom $P_0^n \approx f$ selbst zu berechnen, d. h., um seine Koeffizienten a_j zu bestimmen. Dafür gibt es aber effizientere Verfahren. Wo die Rekursion $(*)$ jedoch sehr gut funktioniert, ist die Berechnung eines konkreten Wertes $y = P_0^n(x) \approx f(x)$ an einer gegebenen Stelle x.

Anmerkung: Die obigen Formeln werfen noch eine Reihe von diffizilen numerisch-mathematischen Fragen auf, etwa das Problem der Rundungsfehler, die Frage der Genauigkeit der Approximation, den Nachweis, dass die Polynome jeweils eindeutig bestimmt sind usw. Diese Fragen gehen aber weit über den Rahmen dieses Buchs hinaus, weshalb wir hier auf Bücher über Numerische Mathematik verweisen müssen.

Das Programm. Jetzt wollen wir die erarbeitete Lösungsidee in einen Programmtext umsetzen. Dabei gehen wir von der Rekursionsformel $(*)$ aus.

Eine *naive Idee* wäre, die Rekursionsformel $(*)$ selbst als Programm zu nehmen. Dann würden wir eine Funktion

FUN P : **nat** × **nat** → **seq[pair[real, real]]** → **real** → **real**

definieren, so dass `P(i,k)(S)(x)` gerade $P_k^i(x)$ berechnet, wobei S die Liste der Stützstellen (dargestellt als Paare reeller Zahlen) ist. Die Definition selbst wäre einfach die in Programmnotation übertragene Formel (∗).

Man macht sich aber schnell klar, dass das ein äußerst ineffizientes Verfahren wäre. Dazu überlege man nur, wie oft `P` immer wieder mit den gleichen Argumenten aufgerufen würde.

Übung 17.1. Programmieren Sie die Funktion `P` entsprechend der Formel (∗) und bestimmen Sie den Aufwand des resultierenden Programms.

Deshalb wählen wir eine bessere Implementierungstechnik, bei der einmal berechnete Werte in geeigneten Listen „aufbewahrt" werden. Wie man aus der Formel (∗) sehen kann, gehören die einzelnen Werte jeweils folgendermaßen zusammen:

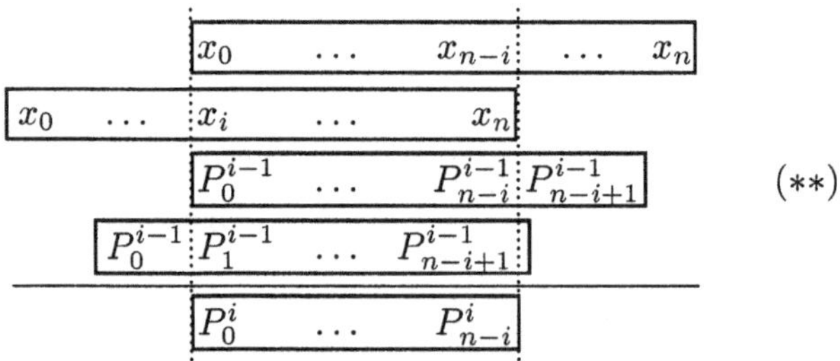

(∗∗)

Das heißt, man braucht jeweils die oberen vier Werte einer Spalte, um den fünften Wert zu berechnen.

BEISPIEL 17.1 (Numerische Interpolation)

Um das Verfahren sehr kompakt zu beschreiben, verwenden wir eine Reihe von Listen:

- *Die Liste `P` enthält in jeder Inkarnation gerade die Werte $P_0^i(x)$, ..., $P_{n-i}^i(x)$.*
- *Die Liste `Q` enthält einfach nur die Teilliste `rt(P)`, also die Werte $P_1^i(x)$, ..., $P_{n-i+1}^i(x)$.*
- *Die Liste `VS` enthält jeweils die „vorderen" Stützpunkte x_0, ..., x_{n-i}.*
- *Die Liste `HS` enthält jeweils die „hinteren" Stützpunkte x_i, ..., x_n.*

Auf dieser Basis lässt sich die Rekursionsformel (∗) sehr kompakt darstellen. Um die eigentliche Formel auszurechnen, benutzen wir die Hilfsfunktion

$$\mathtt{e(x)(p,q,v,h)} \;==\; \frac{\mathtt{(x-v)\cdot q-(x-h)\cdot p}}{\mathtt{h-v}}$$

Dann brauchen wir nur noch eine Variante der Funktion `zip`, die vier Listen verarbeitet (statt nur zwei) und die zu lange Listen einfach abschneidet (also die Länge des Ergebnisses auf die der kürzesten Liste beschränkt). Mit diesem `zip` ist der Rekursionsschritt (∗) auf die spaltenweise Berechnung von (∗∗) mittels der Hilfsfunktion `e` reduziert:

```
Pnew == e(x) zip (P,Q,VS,HS)
```

Diese Überlegungen lassen sich zu folgendem Programm zusammenfassen:

```
SIGNATURE Interpolation
  IMPORT Real                 ONLY real
         Pair[real,real]      ONLY pair
         Seq[pair[real,real]] ONLY seq

  FUN interpolate: seq[pair[real,real]] → real → real
```

Die Schnittstelle führt also nur die wesentliche Funktion `interpolate` *ein, die als Argumente die Sequenz der Stützstellen sowie den gesuchten Punkt* x *braucht. Die Stützstellen selbst sind Paare* (x_i, y_j).

In der Implementierung nützen wir aus, dass `zip` *den hinteren Teil der zu langen Sequenzen ignoriert. Deshalb können wir auf das Kürzen von* `VS` *verzichten. Das Programm terminiert, wenn die Liste* `P` *nur noch einen Wert enthält; das ist dann der gesuchte Wert* y.

Man beachte, dass in der Funktion `iterate` *immer gilt* `#(P) = #(HS)+1`*, die Anwendung* `rt(HS)` *im Rumpf also immer wohldefiniert ist.*

Man beachte auch, dass `interpolate` *undefiniert ist, wenn die Liste der Stützstellen leer ist. (Was sollte dann schließlich gerechnet werden?)*

```
IMPLEMENTATION Interpolation
  IMPORT Real                             COMPLETELY
         Pair[real,real]                  COMPLETELY
         Seq[pair[real,real]]             COMPLETELY
         Seq[real]                        COMPLETELY
         SeqMap[pair[real,real],real]     COMPLETELY

  DEF interpolate(S)(x) ==
      IF #(S) = 1 THEN 2nd(S)
                  ELSE iterate(P, VS, HS)(x)
                       WHERE
                       P  == 2nd * S
                       VS == 1st * S
                       HS == rt(VS)         FI

  FUN iterate: seq[real] × seq[real] × seq[real] → real → real
  DEF iterate(y :: ◊, _, _)(x) == y
  DEF iterate(P,VS,HS)(x) == iterate(Pnew, VS, HSnew)(x)
                             WHERE
                             Pnew  == e(x) zip (P,rt(P),VS,HS)
                             HSnew == rt(HS)

  FUN e : real → real × real × real × real → real
  DEF e(x)(p,q,v,h) == (((x - v) * q) - ((x - h) * p)) / (h - v)
```

```
FUN zip: (real → real)×
              seq[real] × seq[real] × seq[real] × seq[real] → seq[real]
DEF f zip (◇, _, _, _) == ◇
DEF f zip (P, ◇, _, _) == P
DEF f zip (P, _, ◇, _) == P
DEF f zip (P, _, _, ◇) == P
DEF f zip (p :: P, q :: Q, v :: VS, h :: HS) ==
    f(p,q,v,h) :: (f zip (P,Q,VS,HS))
```

Dieses Beispiel zeigt deutlich, dass die wenigen Funktionen höherer Ordnung, die wir in den vorigen Abschnitten aufgelistet haben, zwar die essenziellen Ideen widerspiegeln, dass aber für spezifische Programmieraufgaben manchmal Varianten benötigt werden, die wir dann eben entsprechend „maßschneidern“ müssen – was aber trivial ist, wenn wir die vorgegebenen Funktionale als Muster verwenden.[1]

Auf jeden Fall ist das Programm übersichtlicher und leichter verständlich, wenn man mit den Funktionalen `zip` und `map` (also '$*$') arbeitet, als wenn man die ganze Listenabarbeitung auch noch in den Code von `iterate` hineinpacken würde.

Hinweis: Wir können übrigens unseren Algorithmus zur numerischen Integration aus Abschnitt 8.4.2 noch etwas beschleunigen, wenn wir zusätzlich Extrapolation anwenden. Grundsätzlich gilt zwar, dass Interpolation *nicht* funktioniert, wenn man die Technik für einen Wert x anwendet, der *außerhalb* der Stützpunkte $x_0, \ldots x_n$ liegt. Für den speziellen Fall von Nullfolgen wie etwa h, $\frac{h}{2}$, $\frac{h}{4}$, ... kann man das Verfahren aber benutzen, um den Wert an der Stelle $x = 0$ zu „extrapolieren“.

Übung 17.2. (Für Ambitionierte!) Benutzen Sie die Extrapolationsidee, um das Verfahren zur Numerischen Integration aus Abschnitt 8.4.2 zu beschleunigen.

Hinweis: Da man die Anzahl der benötigten Stützstellen nicht a priori kennt, sondern – je nach Schnelligkeit der Konvergenz – weitere $\frac{h}{2^i}$ hinzunehmen muss, braucht man eine andere Listenorganisation für die Berechnung der P_k^i (nämlich diagonal statt spaltenweise).

---

[1] Diese elementare Beobachtung macht gerade in der Welt der objektorientierten Programmierung unter dem Schlagwort *design patterns* Furore.

18. Bäume

Neben den Listen gibt es eine weitere Art von Datenstrukturen, die in der Informatik sehr häufig anzutreffen ist: "Bäume".

18.1 Die Definition von Baumtypen

So wie wir bei Funktionen mehrere rekursive Aufrufe im Rumpf zugelassen haben, können wir auch bei Datenstrukturen Mehrfachrekursion verwenden. Man kommt damit auf Strukturen, die in der Informatik als ***Binärbäume*** oder kurz ***Bäume*** bezeichnet werden.

BEISPIEL 18.1 (Binärbaum)

Die Standardform von Binärbäumen hat einen Knotenwert und zwei Unterbäume. Als "Abbruchfall" nehmen wir – analog zu Sequenzen – den leeren Baum.

```
DATA tree == nil     -- leerer Baum
             node(val: α, left: tree, right: tree)
```

Der Typ tree[nat] *enthält z. B. den Baum mit folgender Darstellung:*

```
LET B == node( 17,
               node( 96,
                     node(8,nil,nil),
                     nil            ),
               node( 31,
                     node(112,nil,nil),
                     node(106,nil,nil) ))
IN ...
```

Graphisch lässt dieser Baum sich illustrieren wie in Abb. 18.1. Die linke Darstellung verdeutlicht, dass ein Baum ein *einziges, kompaktes Objekt ist, das als Teilobjekte weitere Bäume enthält. Die rechte Darstellung macht das nicht so deutlich; da sie aber übersichtlicher und einfacher zu zeichnen ist, wird sie üblicherweise bevorzugt. (Außerdem sieht man eher den "Baum" – wenn auch einen, der auf dem Kopf steht.)*

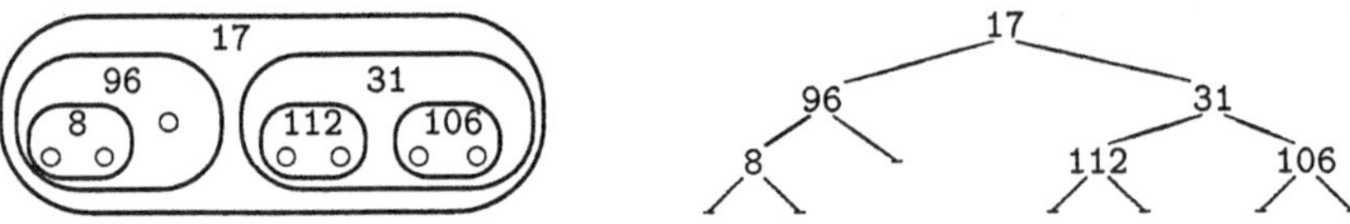

Abb. 18.1. Graphische Darstellungen eines Baumes

Von den zahlreichen anderen Baumvarianten wollen wir hier nur noch drei angeben. Bei der ersten ersetzen wir die leeren Bäume im Abbruchzweig durch einelementige Bäume. Letztere werden meist als *Blätter* bezeichnet.

```
DATA lTree == leaf(val: α)   -- Blatt
              node(val: α, left: lTree, right: lTree)
```

Bei der zweiten Variante verzichten wir auf die inneren Knoten und behalten Zahlen nur noch an den Blättern.

```
DATA binTree == leaf(val: α)   -- Blatt
                node(left: binTree, right: binTree)
```

Auch indirekt rekursive Deklarationen sind möglich. So lassen sich zum Beispiel Bäume mit beliebiger Verzweigung – sogenannte *p-adische Bäume* – dadurch erfassen, dass wir das Konzept von Bäumen und Sequenzen miteinander in verschränkt rekursiven Definitionen verschmelzen:

```
DATA pTree  == nil
               node(val: α, children: forest)
DATA forest == ◊
               ::(ft: pTree, rt: forest)
```

18.2 Elementare Baumalgorithmen

Algorithmen auf Bäumen sind analog zu Sequenzalgorithmen aufgebaut: Sie folgen in ihrer Rekursionsstruktur dem rekursiven Aufbau der Datenstruktur. Wir beschränken uns wieder auf die erste Baumversion `tree`.

Beispiel 18.2 (Größe eines Baumes, Anzahl der Knoten)

Die Größe *eines Baumes wird als die Anzahl seiner Knoten definiert. Der leere Baum hat keinen Knoten, jeder andere Baum hat die Anzahl der Knoten in seinen Unterbäumen plus Eins.*

```
FUN size: tree → nat
DEF size(T) == IF nil?(T) THEN 0
                          ELSE 1 + size(left(T)) + size(right(T))
               FI
```

Auch hier lohnt es sich wieder, die musterbasierten Definitionen zum Vergleich zu betrachten:

```
DEF size(nil) == 0
DEF size(node(x,L,R)) == 1 + size(L) + size(R)
```

Bei der Analyse des *Aufwands* dieser Funktion helfen uns die Rechenregeln aus Tabelle 11.3 von Seite 138 wenig, weil wir nicht wissen, wie die Knoten sich jeweils auf die beiden Unterbäume verteilen. Aber offensichtlich gelten die folgenden Rekurrenzgleichungen (wobei wir mit n die Zahl der Knoten im ganzen Baum und mit l die Anzahl der Knoten im linken Unterbaum abkürzen):

$$\begin{aligned} \mathcal{K}_{\texttt{size}}(0) &= c_1 && \text{leerer Baum} \\ \mathcal{K}_{\texttt{size}}(n) &= c_2 + \mathcal{K}_{\texttt{size}}(l) + \mathcal{K}_{\texttt{size}}(n-l-1) && \text{Unterbäume} \end{aligned}$$

Aus diesen Gleichungen sieht man sofort, dass die Operation `size` *linear* in der Größe des Baums ist. (Die Funktion `size` berechnet also zufällig gerade ihre eigenen Kosten.)

$$\mathcal{K}_{\texttt{size}}(n) \in \mathcal{O}(n) \qquad \text{für } n \geq 1$$

Diese Eigenschaft beweist man ganz einfach durch Induktion. Der Induktionsanfang ist trivial. Der Induktionsschritt ist dann (wobei wir wie üblich im $\mathcal{O}$-Kalkül $c_1 = c_2 = 1$ setzen):

$$\begin{aligned} \mathcal{K}(n+1) &= 1 + \mathcal{K}(l) + \mathcal{K}(n+1-l-1) && \text{[Rekursion im Programm]} \\ &= 1 + \mathcal{K}(l) + \mathcal{K}(n-l) && \text{[Arithmetik]} \\ &= 1 + l + n - l && \text{[Induktion]} \\ &= n + 1 && \text{[Arithmetik]} \end{aligned}$$

BEISPIEL 18.3 (Höhe des Baumes)

Die Höhe *eines Baumes ist die maximale Entfernung von der Wurzel zu den Blättern bzw. den leeren Bäumen, in der bildlichen Darstellung also die Zahl der Kanten von „oben" bis „unten". (In Abb. 18.1 ist dieser Wert z. B. 3.)*

```
FUN height : tree → nat
DEF height(T) ==
    IF nil?(T) THEN 0
               ELSE 1 + max(height(left(T)), height(right(T)))
    FI
```

In musterbasierter Form sieht das so aus:

```
DEF height(nil) = 0
DEF height(node(x,L,R)) == 1 + max(height(L), height(R))
```

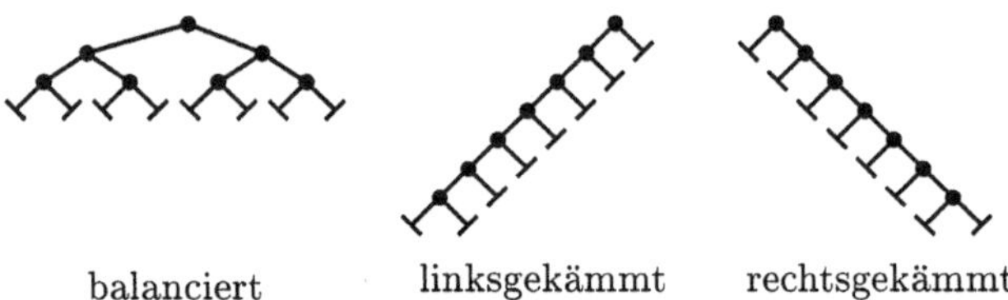

Abb. 18.2. Extreme Formen von Bäumen

Für diese Funktion ist die Bestimmung des Aufwands etwas diffiziler. Wir müssen nämlich drei Fälle unterscheiden (siehe Abb. 18.2):

- Im *optimalen* Fall ist der Baum absolut „ausbalanciert", d. h., alle Pfade von der Wurzel zu den Blättern sind etwa gleich lang. Für derart balancierte Bäume kann die Höhenberechnung so programmiert werden, dass sie logarithmischen Aufwand $\mathcal{K}_{\texttt{height}}(n) \in \mathcal{O}(\log n)$ macht.
- Im *schlimmsten* Fall (*worst case*) ist der Baum „links-" bzw. „rechtsgekämmt". Dann ist der Aufwand offensichtlich linear: $\mathcal{K}_{\texttt{height}}(n) \in \mathcal{O}(n)$.
- Im *Durchschnitt* wird der Wert irgendwo dazwischen liegen. Wo genau, hängt von der statistischen Verteilung der Daten ab, also von der jeweiligen Anwendung.

Beispiel 18.4 (Summe über einen Baum)

Wie bei Sequenzen können wir auch bei Bäumen alle Knoten aufsummieren. Die Struktur ist ganz analog zur Größenberechnung.

```
FUN sum: tree → real
DEF sum(T) ==
      IF nil?(T) THEN 0
                 ELSE val(T) + sum(left(T)) + sum(right(T)) FI
```

Auch hier wollen wir die musterbasierte Form angeben:

```
DEF sum(nil) == 0
DEF sum(node(x,L,R)) == x + sum(L) + sum(R)
```

Übung 18.1. Schreiben Sie Funktionen, die prüfen, ob ein Element x *in einem Baum vorkommt bzw. wie oft es vorkommt.*

Übung 18.2. Schreiben Sie eine Funktion, die prüft, ob alle Elemente in einem Baum eine bestimmte Eigenschaft p *erfüllen. (Variante: ob es mindestens ein Element mit der Eigenschaft gibt.)*

18.3 Ein abstrakter Datentyp für Bäume

Analog zu den Sequenzen (s. Abschnitte 15.3 und 14.3) sollten wir auch bei den Bäumen die Definition der Datenstruktur und ihrer wichstigsten Funktionen zu einem abstrakten Datentyp zusammenfassen.

```
SIGNATURE Tree[α]                          -- Bäume

  SORT α                                   -- "Parameter"
  IMPORT Nat ONLY nat

  TYPE tree == nil                         -- leerer Baum
               node(val: α, left: tree, right: tree)

  FUN size: tree → nat                     -- Größe
  FUN height: tree → nat                   -- Höhe
  FUN width: tree → nat                    -- Breite
  FUN swap: tree → tree                    -- Tausch der Unterbäume
  FUN leaf?: tree → bool                   -- Blatt-Test
     ...
```

Die Funktion width berechnet die Breite des Baumes, d. h., die Anzahl der Blätter, swap vertauscht die beiden Unterbäume und leaf? testet, ob der Baum ein Blatt ist, d. h., ob beide Unterbäume leer sind.

```
IMPLEMENTATION Tree[α]

  IMPORT Nat ONLY ...
  DATA tree == nil                                -- leerer Baum
               node(val: α, left: tree, right: tree)
        ...
        «wie oben programmiert»
        ...
  DEF width(T) == ...
  DEF swap(T) == ...
  DEF leaf?(T) == ...
     ...
```

Übung 18.3. Fügen Sie die Implementierungen der fehlenden Funktionen width, swap *und* leaf? *hinzu.*

Übung 18.4. Erweitern Sie die Struktur Tree *um weiter Funktionen:*
(a) leaves *liefert die Liste aller Blätter von links nach rechts.*
(b) level(i,T) *liefert die Liste der Knotenwerte auf Stufe i von links nach rechts.*

18.4 Baumtraversierung

In vielen Aufgabenstellungen müssen wir die Elemente eines Baumes der Reihe nach abarbeiten, man spricht dann von ***Baumtraversierung***. Als Genotypus dieser Art von Aufgabenstellung betrachten wir die Abbildung von Bäumen in Sequenzen. Dabei gibt es (bei Binärbäumen) drei Varianten:

- *Preorder*: Knoten – linker Unterbaum – rechter Unterbaum.
- *Inorder*: Linker Unterbaum – Knoten – rechter Unterbaum.
- *Postorder*: Linker Unterbaum – rechter Unterbaum – Knoten.

```
SIGNATURE TreeTraversal[α]

SORT α
IMPORT Tree[α] ONLY tree
IMPORT Seq[α] ONLY seq

FUN preorder: tree[α] → seq[α]
FUN inorder: tree[α] → seq[α]
FUN postorder: tree[α] → seq[α]
```

```
IMPLEMENTATION TreeTraversal

IMPORT Tree[α] COMPLETELY
IMPORT Seq[α] COMPLETELY

DEF preorder(nil) == ◇
DEF preorder(node(a, L, R)) == (a :: preorder(L)) ++ preorder(R)

DEF inorder(nil) == ◇
DEF inorder(node(a, L, R)) == inorder(L) ++ (a :: inorder(R))

DEF postorder(nil) == ◇
DEF postorder(node(a, L, R)) == postorder(L) ++
                                (postorder(R) +% a)
```

Übung 18.5. Wie sehen die drei Traversierungsfunktionen bei den Baumvarianten `ltree` *und* `bintree` *aus?*

Übung 18.6. Wie müssen die Definition des Baumtyps und die Funktion `postorder` *aussehen, damit aus der Sequenz der Baum eindeutig wiedergewonnen werden kann?*

18.5 Funktionale auf Bäumen

Die Funktionale `map` und `reduce` lassen sich problemlos von Sequenzen auf Bäume übertragen. Wir betrachten zur Illustration das Funktional `map`.

```
FUN map: (α → β) → tree[α] → tree[β]
FUN * :  (α → β) × tree[α] → tree[β]
DEF f * nil == nil
DEF f * node(a,L,R) == node(f(a), f * L, f * R)
DEF map(f)(T) == f * T
```

Auch die meisten anderen Funktionale lassen sich auf Bäume übertragen, wenn man auch manchmal die Ideen modifizieren muss:

- Filtern behält oder eliminiert nicht mehr einzelne Elemente, sondern ganze Unterbäume. Das heißt, von den Sequenz-Operationen aus Abschnitt 16.7 sind nur `take` und `drop` sinnvoll.
- `reduce` braucht jetzt natürlich eine dreistellige Funktion, die den Knotenwert und die Resultate beider Unterbäume miteinander verknüpft.
- `zip` und `unzip` sind analog zu Sequenzen definiert. Allerdings ist eine starke Bedingung für `zip` zu stellen: Beide Bäume müssen strukturell gleich aufgebaut sein, sonst ist die Funktion undefiniert.

18.6 Beispiele für die Verwendung von Bäumen

Bäume werden in der Informatik an allen möglichen Stellen und in einer schillernden Vielfalt von Varianten eingesetzt. Zur Veranschaulichung betrachten wir hier zwei kleine, aber durchaus typische Beispiele.

18.6.1 Codebäume

Codes gibt es in der Informatik (und nicht nur da) in Hülle und Fülle. Und diese Codes müssen verarbeitet werden. Betrachten wir z. B. den guten alten Morsecode. Wir erhalten z. B. eine Folge von Punkten und Strichen

−·· ·− ··· ·· ··· − ·−·· · ·· −−−− −

und möchten gerne wissen, was das heißt. Zu diesem Zweck benutzt man einen *Codebaum*, dessen Anfang in Abb. 18.3 gezeigt ist. Die Kanten dieses Codebaums sind mit den beiden Symbolen '·' und '−' markiert, und die Knoten enthalten jeweils die Buchstaben (und Ziffern), die zu dem Pfad von der Wurzel bis zu dem Knoten gehören.

BEISPIEL 18.5 (Morsecode; erster Versuch (schlecht programmiert))

Der Codebaum in Abb. 18.3 hat den folgenden Typ:

```
TYPE morseTree == ◊
                  node(symbol: char,
                       left: morseTree, right: morseTree)
```

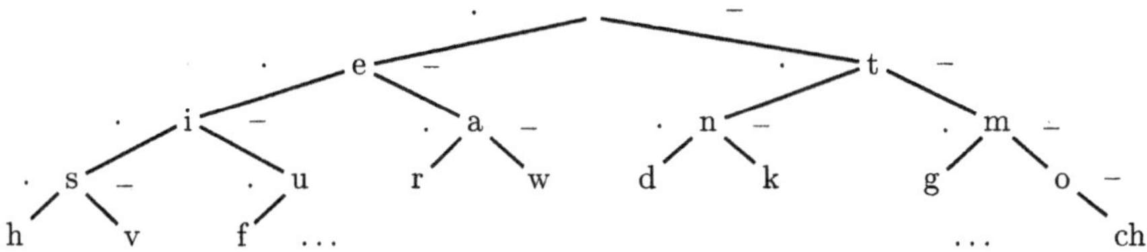

Abb. 18.3. Suchbaum für Morsealphabet (Ausschnitt)

Zu diesem Typ benötigen wir eine Konstante, nämlich den Codebaum für das Morsealphabet. Das heißt, wir müssen eine entsprechende Konstante `MorseCode` *vom Typ* `morseTree` *definieren. Unglücklicherweise (was aber von der Applikation her unbedingt so sein muss) ist die Wurzel als einziger Knoten nicht mit einem Zeichen belegt. Um den Typ nicht unnötig zu komplizieren, packen wir einfach das Pseudoelement „leer" dorthin.*[1]

Eine ganze Nachricht im Morsecode stellt aber neue Probleme: Wir müssen die Trennung zwischen den einzelnen Zeichen erkennen können. (Deshalb ist der Morsecode in Wirklichkeit ein dreielementiger Code.) Wir brauchen dazu den Typ `morsesignal`, *mit dessen Hilfe wir dann Morsenachrichten als Elemente vom Typ* `seq[signal]` *darstellen können. Zur Entschlüsselung solcher Nachrichten verwenden wir eine Funktion* `decode`.

All das wird in einer passenden Struktur zusammengefasst, von der die Schnittstelle wie üblich nur das absolut notwendige Minimum sichtbar macht. (So ist z. B. der Codebaum selbst nur intern vorhanden.)

```
SIGNATURE MorseCode

IMPORT Char                ONLY char
       Seq[morsesignal]    ONLY seq

SORT morsesignal

FUN decode: seq[morsesignal] → denotation
FUN code: denotation → seq[morsesignal]
```

In der Implementierung wird `decode` *eingebettet in eine Funktion, die den Codebaum als zusätzlichen Parameter hat. Wir benutzen Überlagerung und nennen diese Funktion auch* `decode`. *Abhängig von dem jeweils nächsten Morsesignal verkürzen wir den Codebaum jeweils auf seinen linken bzw. rechten Unterbaum. Wenn eine Lücke kommt, steht das zugehörige Zeichen an der Wurzel des verbliebenen Restbaumes. (Wir benutzen die Operation* `x :: D`, *die wir von Sequenzen kennen, hier auch für Denotationen.)*

[1] Man beachte die Besonderheit von OPAL, dass hinter einer Denotation wie `"e"` ein `'!'` stehen muss, um die Konversion in ein Element vom Typ `char` zu bewirken.

Man beachte, dass illegale Morsecodes zu einer Fehlermeldung führen.

```
IMPLEMENTATION MorseCode
-----------------------------------------------------------
  IMPORT Char                COMPLETELY
         Seq[morsesignal]    COMPLETELY
         Denotation          COMPLETELY

  DATA morsesignal == space dash dot

  DEF decode(S) == decode(MorseCode)(S)
-----------------------------------------------------------
  -- versteckte Hilfsfunktion :
  FUN decode: morseTree → seq[morsesignal] → denotation

  DEF decode(Tree)(◇) == ""
  DEF decode(node(Symbol, _, _))(space :: S) ==
      Symbol :: decode(MorseCode)(S)
  DEF decode(node(_,Left, _))(dot :: S) ==
      decode(Left)(S)
  DEF decode(node(_, _,Right))(dash :: S) ==
      decode(Right)(S)
  DEF decode(nil)(x :: S) ==
      "[illegal code]" ++ decode(MorseCode)(x :: S)
-----------------------------------------------------------
  DEF code(Text) == ≪ Aufgabe ≫
-----------------------------------------------------------
  DATA morseTree == nil
                    node(symbol: char,
                         left: morseTree, right: morseTree)

  FUN MorseCode: morseTree
  DEF MorseCode ==
      node(blank,
           node("e"!,
                node("i"!,
                     node("s"!,
                          node("h"!,
                               node("5"!,nil,nil),
                               node("4"!,nil,nil)),
                          node("v"!,
                               nil,
                               node("3"!,nil,nil)))
                     node("u"!,
                          ⋮
```

Der Morsecode selbst wird als Konstante in der Implementierung versteckt. Natürlich ist die Aufschreibung dieser Konstanten etwas langwierig, aber leider nicht vermeidbar.[2]

Das ist ein ziemliches „Hauruck"-Programm: Es arbeitet irgendwie, ist vielleicht sogar korrekt, aber es ist auf jeden Fall nicht elegant und deshalb auch schwer verständlich.

Eleganter geht es, wenn wir unsere Funktionen höherer Ordnung einsetzen. Die darin geforderte Systematik zwingt uns, auch die Aufgabenstellung selbst neu zu überdenken. Und dann erkennt man schnell, dass wir oben eigentlich zu viel in die eine Funktion `decode` hineingepackt haben. Eine systematische Behandlung sollte die Eingabesequenz erst einmal in die Folge der tatsächlichen Morsezeichen aufteilen, also die Lücken analysieren. Das Ergebnis hat dann den Typ `seq[seq[morsesignal]]`. In unserem obigen Beispielcode entsteht dadurch die partitionierte Folge

—..		.—		...		..		...		—		. — ..		.		..		— — ——		—

Aus dieser Sequenz blenden wir dann die Lücken aus:

—..	.—	...	..	...	—	. — ..	.	..	— — ——	—

Jetzt können wir die einzelnen Zeichen entschlüsseln, was nichts als eine einfache Applikation des Funktionals `map` ist.

d	*a*	*s*	*i*	*s*	*t*	*l*	*e*	*i*	*ch*	*t*

Diese Phasen können wir in unserem Programm direkt umsetzen.

Beispiel 18.6 (Morsecode; zweiter Versuch)

In der Bibliotheca Opalica gibt es eine Struktur `SeqOfSeq`*, die unter anderem eine Funktion* `partition` *enthält, die eine Sequenz in eine Sequenz von Sequenzen unterteilt, wobei jeweils Gruppen von benachbarten Elementen zusammengefasst werden, zwischen denen eine geeignet definierte Äquivalenzrelation '$\sim$' erfüllt ist. Diese Äquivalenzrelation ist bei uns: „Beide sind keine Lücken, sondern Strich oder Punkt."*

Aus der Ergebnissequenz `PartitionedSequence` *filtern wir die Lücken heraus, so dass nur noch die echten Morsezeichen übrig sind. Im letzten Schritt werden dann diese Morsezeichen entschlüsselt, und es entsteht eine Sequenz* `SymbolSequence` *von Denotationen. (Wir wählen Denotationen anstelle von Characters, um illegale Zeichen durch eine Fehlermeldung auszeichnen zu können.) Diese Sequenz wird am Schluss zur Ergebnis-Denotation konkateniert.*

---

[2] Es soll aber Programmierer geben, die in solch einer Situation lieber ein langes Programm schreiben, das eine einfache Eingabe der Konstanten erlaubt, als dass sie die Konstante selbst hinschreiben.

```
IMPLEMENTATION MorseCode

  IMPORT Char                                     ONLY char ! blank
         Denotation                               ONLY ++ %
         Seq[morsesignal]                         ONLY seq ◊ ::
         Seq[seq[morsesignal]]                    ONLY seq
         Seq[denotation]                          ONLY seq
         SeqOfSeq[morsesignal]                    ONLY partition
         SeqFilter[seq[morsesignal]]              ONLY ◁
         SeqMap[seq[morsesignal], denotation]     ONLY *
         SeqReduce[denotation, denotation]        ONLY /

  DATA morsesignal == space dash dot

  DEF decode(Message) ==
      LET PartitionedSeq == partition(~)(Message)
          CodeSeq        == nospace? ◁ PartitionedSeq
          SymbolSeq      == decode(MorseCode) * CodeSeq
      IN
      (++, "") / SymbolSeq

  FUN ~ : morsesignal × morsesignal → bool
  DEF (a ~ b) == ¬(space?(a)) ∧ ¬(space?(b))

  FUN nospace? : seq[morsesignal] → bool
  DEF nospace?(x :: R) == ¬(space?(x))

  FUN decode: morseTree → seq[morsesignal] → denotation
  DEF decode(node(Symbol, _, _))(◊) == Symbol!
  DEF decode(node(_, Left, _))(dot :: S) == decode(Left)(S)
  DEF decode(node(_, _, Right))(dash :: S) == decode(Right)(S)
  DEF decode(nil)(x :: S) == "[illegal code]"

  DEF code(Text) == ...

  ≪ morseTree und MorseCode wie oben ≫
```

Dieses Programm ist deutlich systematischer (allerdings auch nicht kürzer) als der erste Versuch. Was immer noch ziemlich unschön ist, sind die Konversionen zwischen `char` und `denotation`, die aber dadurch notwendig werden, dass wir für die Fehlermeldung mehr als nur Characters brauchen.

Übung 18.7. Programmieren Sie die in der obigen Implementierung noch fehlende Funktion `code`.

18.6.2 Ausdrücke als Bäume

Das Verarbeiten von Programmen in Compilern und Interpretern lebt davon, dass die Programmterme sich gut als Bäume darstellen lassen. Wir zeigen das an einem einfachen Beispiel. Zu dem elementaren arithmetischen Ausdruck

$$12 * 7 + (24 - 8 - 5)/14$$

gehört der folgende Baum

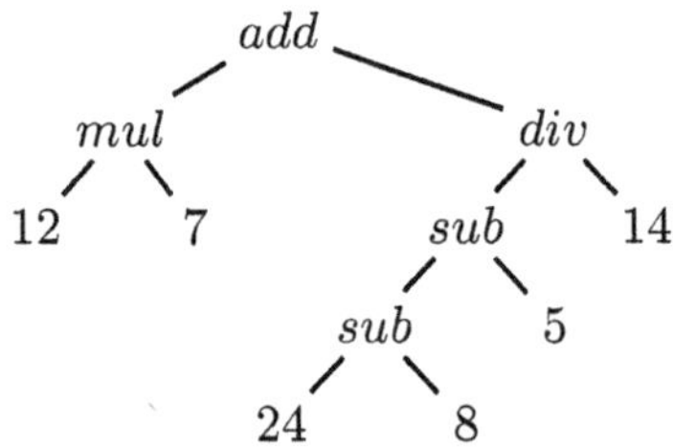

Die Aufgabe, aus dem gegebenen textuellen Ausdruck den Baum zu erzeugen, wird als *Parsing* bezeichnet. Das systematisch zu machen verlangt hohen Aufwand und vor allem viel Hintergrundwissen. Dashalb müssen wir auf diesen Teil des Spiels hier verzichten.[3]

Wenn wir den Baum haben, wollen wir ihn „interpretieren", d. h., seinen Wert nach den Regeln der Arithmetik ausrechnen. Diese Aufgabe ist leicht zu lösen.

Beispiel 18.7 (Interpretation eines arithmetischen Ausdrucks)

Arithmetische Ausdrücke sind Bäume folgender Art (wobei wir einen Basistyp `number` *verwenden, um offenzulassen, welche Art von Zahlen wir benutzen):*

```
DATA expr == leaf(value: number)
             add(1st: expr, 2nd: expr)
             sub(1st: expr, 2nd: expr)
             mul(1st: expr, 2nd: expr)
             div(1st: expr, 2nd: expr)
```

Wenn ein solcher Baum vorliegt, ist seine Auswertung ziemlich trivial:

```
FUN eval: expr → number
DEF eval(leaf(n)) == n
DEF eval(add(A,B)) == eval(A) + eval(B)
DEF eval(sub(A,B)) == eval(A) - eval(B)
DEF eval(mul(A,B)) == eval(A) * eval(B)
DEF eval(div(A,B)) == eval(A) / eval(B)
```

[3] Das wird in Vorlesungen über *Compilerbau* gemacht.

Diese simple Definition hat den Nachteil, dass sie sämtliche Partialitäten, die die Basisoperationen auf number besitzen, als undefinierte Applikationen übernimmt. Für einen Interpreter hätte man aber lieber eine geordnete Fehlerbehandlung. Dann wird alles sofort komplexer – was typisch für die ganze Informatik ist: Die Fehlerbehandlung macht meistens den größeren Teil der Programme aus.

Beispiel 18.8 (Interpreter mit Fehlerbehandlung)

Wir gehen davon aus, dass unser Typ number *ein spezielles Element* error *enthält (s. Abschnitt 12.2). Dann müssen wir jede Auswertung noch mit einer entsprechenden Fehlerprüfung kombinieren. Damit wir diesen Prüfcode nicht viermal schreiben müssen, führen wir ein passendes Funktional* exec *ein.*

```
DEF eval(leaf(n))  == n
DEF eval(add(A,B)) == exec(+)(eval(A), eval(B))
DEF eval(sub(A,B)) == exec(−)(eval(A), eval(B))
DEF eval(mul(A,B)) == exec(∗)(eval(A), eval(B))
DEF eval(div(A,B)) == exec(dv)(eval(A), eval(B))
```

Zunächst betrachten wir die spezielle Divisionsoperation, die auf Null achtet (wobei wir – wegen exec *– schon garantiert wissen, dass beide Argumente nicht* error *sind).*

```
FUN dv : number × number → number
DEF A dv B == IF B = 0 THEN error ELSE A/B FI
```

Die Funktion exec *prüft, ob beide Argumente nicht* error *sind, und führt dann die eigentliche Operation aus.*

```
FUN exec : (number × number → number) → number × number → number
DEF exec(op)(A,B) == IF A = error                      THEN error
                     IF B = error                      THEN error
                     IF (A ≠ error) ∧ (B ≠ error) THEN op(A,B) FI
```

Bei diesem Beispiel gehen wir davon aus, dass Division durch Null die einzige mögliche Fehlerquelle ist. Im Allgemeinen gibt es aber auch noch Probleme mit Unter- oder Überlauf wegen Überschreiten des darstellbaren Zahlbereichs.

Übung 18.8. Ergänzen Sie das obige Beispiel.

(a) Realisieren Sie eine Struktur Number*, die den obigen Typ* number *mit seinen Operationen verfügbar macht.*

(b) Modifizieren Sie das obige Beispiel so, dass Überschreitungen des Zahlbereichs mit berücksichtigt werden.

19. Formalismen 4: Parametrisierung und Polymorphie

Wir hatten in den vorausgegangenen Kapiteln oft die Situation gehabt, dass wir den gleichen Namen für unterschiedliche Funktionen benutzt haben. Dafür gibt es zwei hauptsächliche Gründe:

- Der banalere Grund ist, dass uns einfach die guten Namen ausgehen, weshalb wir alte Namen wiederverwenden. Wir hatten in Kap. 10 gesehen, dass es dafür verschiedene Techniken gibt.
  - Wenn wir für die Namen getrennte Gültigkeitsbereiche verwenden, tritt kein Problem auf. (Dieser Fall ist in einer Diskussion über Polymorphie nicht relevant.)[1]
  - Wenn die Namen im gleichen Gültigkeitsbereich auftreten, dann sprechen wir von *Überlagerung* oder *Overloading*. Ein anderes Wort dafür ist auch ***Ad-hoc-Polymorphie***.

  Für Ad-hoc-Polymorphie gibt es im Prinzip keine Einschränkungen. Das heißt, man kann für beliebige Funktionen die gleichen Namen verwenden (solange sie sich anhand ihrer Funktionalitäten vom Compiler auseinanderhalten lassen). Aber aus methodischen Gründen sollte man sich eine gewisse Selbstdisziplin auferlegen und die Namen so verwenden, dass sie zur Idee ihrer Verwendung passen. (Das typische Beispiel ist '+' für die Addition von Zahlen und für die Addition von Matrizen.)
- Der wichtigere Grund ist, dass wir es mit einer „Familie" ähnlicher (aus konzeptioneller Sicht sogar gleicher) Funktionen zu tun haben, für die wir nur einmal ein Programm schreiben wollen. (Das typische Beispiel ist die Länge einer Sequenz, deren Berechnung völlig unabhängig vom Typ der Elemente ist.) In diesem Fall spricht man von *parametrischer Polymorphie.*

Mit dem letzteren Fall, also der parametrischen Polymorphie, wollen wir uns in diesem Kapitel etwas genauer befassen.[2]

---

[1] Das ist auch in der Umgangssprache so: Dass das Wort „Prozess" von Juristen und Ingenieuren mit völlig verschiedenen Bedeutungen benutzt wird, bereitet keine Probleme, da die Kontexte getrennt sind. (Bei juristischen Auseinandersetzungen über technische Prozesse gilt das allerdings nicht mehr.)

[2] Natürlich können wir im Rahmen dieser Einführung nur eine sehr allgemeine Diskussion führen. Aber „Typisierung" ist zur Zeit eines der heißesten und komplexesten Forschungsgebiete im Bereich der Programmiersprachen (s. etwa [12] oder [43]).

19.1 Warum Polymorphie?

Bei unseren obigen Datenstrukturen der Sequenzen (Kap. 15) und Bäume (Kap. 18) hatten wir schnell gesehen, dass das Ganze weitgehend unabhängig davon ist, ob wir als Elemente natürliche Zahlen, Buchstaben oder Texte haben. Und auch über selbstdefinierten Typen wie Punkten oder Geraden lassen sich Sequenzen und Bäume aufbauen. (Zum Beispiel liefern in geometrischen Algorithmen Sequenzen von Punkten oder Geraden den fundamentalen Begriff des „Polygonzugs".)

Der plumpe Ansatz zur Lösung dieser Aufgabe besteht darin, für jeden Basistyp eine entsprechende Kopie des Sequenztyps zu definieren[3], also z. B.

```
DATA natSeq == ◇
               ::(ft : nat, rt : natSeq)

DATA pointSeq == ◇
                 ::(ft : point, rt : pointSeq)
```

Damit ist es aber noch nicht getan. Wir müssen auch alle Funktionen wie *Länge*, *Summe*, *Konkatenation*, *Gleichheit* etc. (soweit sie für den jeweiligen Basistyp sinnvoll sind) für jede dieser Sequenzvarianten neu schreiben. Dabei zeigt sich dann, dass nur die Funktionalitäten sich unterscheiden; die Definitionen sind sogar Zeichen für Zeichen identisch!

Eine bessere Idee ist es offensichtlich (wie wir in den früheren Kapiteln schon gesehen haben), das zu tun, was man in der Informatik immer tut, wenn gleichartige Aufgaben in subtilen Variationen auftreten: Man *parametrisiert*. Und das führt dann zum Begriff der (parametrischen) Polymorphie.

DEFINITION (Polymorpher Typ)

Wenn wir bei der Typdeklaration einer Datenstruktur den Basistyp ihrer Elemente als Parameter *angeben, nennen wir den Typ* **polymorph**. *(Als weitere Begriffe findet man in der Literatur auch* generische *oder* parametrisierte Datenstruktur.*)*

Die Typparameter (bei uns als α, β, γ, ... geschrieben) werden traditionell als **Typvariablen** *bezeichnet.*

Mathematisch kann man einen polymorphen Typ wie `seq`$[\alpha]$ als eine Funktion auffassen, die Typen in Typen abbildet, also z. B. den Typ `int` in den Typ der Sequenzen über `int`, den Typ `denotation` in den Typ der Sequenzen über `denotation` usw.

Was den Typen recht ist, ist den Funktionen billig. Auch hier ist es oft sinnvoll, gleichartige Funktionen nur einmal auszuprogrammieren. Das klassische Beispiel ist natürlich die Identitätsfunktion `id(x) = x`, die für beliebige

[3] In älteren Sprachen, insbesondere in den klassischen imperativen Sprachen wie PASCAL, C etc. ist das auch die einzige Möglichkeit.

Typen definiert ist. Weitere Beispiele finden sich bei den Funktionalen in Kap. 8.

DEFINITION (Polymorphe Funktion)
Wir nennen eine Funktion, die für Argumente unterschiedlicher Typen definiert ist, deren Funktionalität also eine Typvariable enthält, ***polymorph***.

Mathematisch lassen sich polymorphe Funktionen als Familien von Funktionen auffassen, d. h., als Abbildung von Typen auf Funktionen über diesen Typen.

19.2 Parametrisierte Strukturen

Diese Überlegungen zur Polymorphie lassen noch ein technisches Problem offen: *Wie kann der Compiler Typvariablen von konkreten Typnamen unterscheiden?* (Unsere Verwendung von griechischen Buchstaben ist ja nur eine Konvention zur besseren Lesbarkeit des Buchs; ASCII-Tastaturen lassen diesen Trick bei der Programmierung aber nicht zu.) In manchen Programmiersprachen lautet die Antwort darauf: indem nur spezielle Identifier als Typvariablen zugelassen werden (wie in ML und HASKELL, s. Abschnitt 19.4).

In OPAL nützt man aus, dass sämtliche Typen und Funktionen ohnehin in den Rahmen geeigneter Strukturen gestellt werden müssen. Dabei können wir – in Analogie zu den Funktionen – die Typvariablen als Parameter zu den Strukturen hinzufügen. In Kap. 15 hatten wir schon an Beispielen gesehen, wie das aussieht:

```
SIGNATURE Seq[α]                          -- Sequenzen

  SORT α                                  -- “Parameter” ist eine Sorte
     ...
  TYPE seq == ◊                           -- leere Sequenz
              ::(ft: α, rt: seq)          -- Zahl anfügen (vorne)
  FUN #: seq → nat                        -- Länge
     ...
```

- Innerhalb des Rumpfes der Struktur wird das [α] automatisch auf alle Komponenten übertragen.
- Der Implementierungsteil erbt bekanntlich alle Angaben des Signaturteils. Man braucht die Parameter nicht zu wiederholen (darf es aber tun).

  IMPLEMENTATION Seq[α]

  ist ebenso korrekt wie

  IMPLEMENTATION Seq

- Ansonsten kann der Parameter im Rumpf der Struktur genauso behandelt werden wie jede andere in der Struktur definierte Größe.

DEFINITION (Parametrisierte Struktur)

*Eine **parametrisierte Struktur** (auch **generische Struktur** genannt) enthält in der Signatur nach dem Strukturnamen eine Liste von Namen in der Form*

SIGNATURE S $[\alpha, \beta, \varphi, ...]$

Die Art der Parameter muss im Rumpf des Signaturteils angegeben werden, also etwa

SORT α
SORT β
FUN $\varphi : \alpha \to \beta$

*Als Parameter sind nicht nur Sorten, sondern auch Funktionen (was insbesondere Konstanten einschließt) möglich. Im ersten Fall sprechen wir von **Typvariablen**, im zweiten von **Funktionsvariablen**.*

Man beachte, dass die Verwendung griechischer Buchstaben nur eine Konvention unseres Buchs ist. Tatsächlich sind aber für die Parameter beliebige Identifier zugelassen, also `alpha` ebenso wie `data` oder `irgendwas`.

Instanziierung. Wenn eine parametrisierte Struktur irgendwo importiert wird, dann wird sie bei dieser Gelegenheit üblicherweise instanziiert. Das geschieht in einer Form wie z. B.

```
IMPORT Nat      ONLY nat ...
       Seq[nat] ONLY seq ...
```

Es ist allerdings auch möglich, dass für die Instanziierung wiederum Typvariablen verwendet werden, und zwar dann, wenn der Import im Rahmen einer anderen parametrisierten Struktur erfolgt:

```
SIGNATURE Set[α]
  SORT α
  IMPORT Seq[α] ONLY seq ...
         ...
```

Dafür haben wir schon viele Beispiele bei den Funktionalen für Sequenzen in Kap. 16 kennengelernt.

Wenn mehrere verschiedene Instanzen einer parametrisierten Struktur importiert sind, dann müssen bei den Anwendungen jeweils die Instanzen benannt werden:

```
...
IMPORT Seq[real] ONLY ...
       Seq[char] ONLY ...

FUN foo: seq[real] → ...
FUN bar: seq[char] → ...
    ...
```

Wenn dagegen nur eine Instanz importiert wurde, darf man bei den Anwendungen die Qualifizierung weglassen.[4]

Parametrisierung mit Funktionen. Die Parametrisierung mit Typen ist die wichtigste Anwendung von generischen Strukturen. Aber wir wollen auch Beispiele zeigen, in denen die Parametrisierung auch Funktionen und Konstante umfasst.

Beispiel 19.1 (Geordnete Sequenzen)

Wenn wir für Sequenzen Ordnungen definieren wollen, also z. B. den lexikographischen Vergleich ≤, dann geht das nur, wenn auch der Parametertyp eine Vergleichsoperation besitzt. Das führt zur Parametrisierung

```
SIGNATURE OrdSeq[α, ≤]    -- Struktur der geordneten Sequenzen
  SORT α                  -- erster Parameter ist Sorte
  FUN ≤: α × α → bool     -- zweiter Parameter ist Vergleich

  TYPE seq == ...
      ...
```

Beispiel 19.2 (Beschränkte Sequenzen)

Wenn wir für unsere Sequenzen eine Maximallänge festlegen wollen – die allerdings bei jeder Instanziierung anders wählbar sein soll – dann müssen wir die Länge zum Parameter der Struktur machen.

```
SIGNATURE BoundedSeq[α, max]    -- Struktur der beschränkten Sequenzen
  SORT α                        -- erster Parameter ist Sorte
  FUN max: nat                  -- zweiter Parameter ist Zahl
  IMPORT Nat ONLY nat

  TYPE seq == ...
      ...
```

[4] OPAL hat ein extrem flexibles System von Annotationen für Namen, bei dem man alles weglassen darf, was der Compiler rekonstruieren kann. Bei Bedarf kann man aber auch alle möglichen Angaben – Typ, Herkunftsstruktur (*origin*), Instanz – hinzufügen, um Mehrdeutigkeiten aufzulösen. Die Details dieser Mechanismen gehen aber über den Rahmen dieses Buchs hinaus.

Man beachte, dass in diesem Beispiel der Import der Struktur `Nat` zwingend notwendig ist, weil sonst die Funktionalität des Parameters `max` nicht ausdrückbar wäre.

Bei der Instanziierung werden dann die Parameter entsprechend belegt, also zum Beispiel

```
IMPORT BoundedSeq[real, 100] ONLY ...
IMPORT BoundedSeq[char, 1000] ONLY ...
```

Anmerkung: Die Polymorphie über parametrisierte Strukturen zu realisieren, ist eine spezifische Eigenheit von OPAL. *Die anderen funktionalen Sprachen regeln das üblicherweise anders. Wir gehen weiter unten im Zusammenhang mit der Polymorphie in* ML *und* HASKELL *näher darauf ein.*

Übung 19.1. Erweitern Sie den abstrakten Datentyp der Sequenzen um weitere Operationen wie z.B.:
(a) Lexikographischer Vergleich '<';
(b) „Gleichheit als Mengen", d.h., beide Sequenzen enthalten die gleichen Zahlen, aber eventuell in verschiedener Reihenfolge und verschieden häufig.

19.3 Uninstanziierter Import

Unser Prinzip der Instanziierung beim Import ist zwar sehr klar, einfach und konzeptionell sauber, aber es hat auch praktische Nachteile. Ein bisschen haben sich diese Nachteile schon in Abschnitt 18.6.1 angedeutet:

```
IMPLEMENTATION MorseCode
  IMPORT Seq[morsesignal]      ONLY seq ◇ ::
         Seq[seq[morsesignal]] ONLY seq
         Seq[denotation]       ONLY seq
         ...
```

In größeren Programmen weitet sich das schnell aus: Man muss schon mal acht, zehn oder mehr Instanzen von Sequenzen in einer Struktur importieren. Und das wird lästig.

Um der bei Programmierern tiefverwurzelten Schreibfaulheit Rechnung zu tragen, gibt es daher die Möglichkeit zum ***uninstanziierten Import***. Das heißt, wir geben beim Import einer parametrisierten Struktur *keine* Instanziierung an. Es ist dann die Aufgabe des Compilers, aus den verschiedenen Anwendungen der importierten Sorten und Funktionen rückzurechnen, welche Instanzen hätten importiert werden müssen. Beispiel: Anstelle von

```
...
IMPORT Seq[real] ONLY ...
       Seq[char] ONLY ...

FUN foo : seq[real] → ...
FUN bar : seq[char] → ...
    ...
```

können wir also auch schreiben

```
...
IMPORT Seq ONLY ...

FUN foo : seq[real] → ...
FUN bar : seq[char] → ...
    ...
```

Der Compiler rechnet dann aus, dass eigentlich die obigen Instanzen nötig gewesen wären.

19.4 Polymorphie in ML und HASKELL

In ML und HASKELL finden sich die klassischen Polymorphiekonzepte, wie sie in funktionalen Sprachen Tradition haben. Das heißt, Polymorphie wird nicht strukturglobal für eine ganze Gruppe von Typen und Funktionen gemeinsam festgelegt, sondern individuell für jeden Typ und jede Funktion einzeln.

19.4.1 Polymorphie in ML

ML ist wohl diejenige Sprache, in der die Idee der Polymorphie als erstes auf den heute üblichen Stand gebracht wurde. Da die Sprache nicht so modulorientiert ist wie OPAL, braucht man eine andere Möglichkeit, um Typvariablen auszuzeichnen. Man tut das durch spezielle Namen der Form `'a`.

Polymorphe Funktionen. Wir betrachten zuerst die Möglichkeiten, in ML polymorphe Funktionen zu programmieren. Wenn man in ML eine Funktion definiert wie

```
fun foo (x,y,z) = y + 3;
```

dann antwortet das System[5] mit

```
val foo = fn: 'a * int * 'b -> int
```

Das heißt, aus der Verwendung im Rumpf der Funktion erkennt der Interpreter, dass `y` den Typ `int` haben muss. Für die beiden anderen Parameter sind dagegen keine Erkenntnisse möglich; also macht das System sie zu Typvariablen. (In ML nennt man sie *polytypes*.)

Für diese Funktion sind jetzt Anwendungen möglich wie

```
... foo(3,4,5) ... foo("a",4,true) ...
```

[5] Zur Erinnerung: Der ML-Interpreter rechnet zu jeder eingegebenen Funktion deren Typ aus und meldet ihn zurück (s. auch Kap. 23).

(In beiden Fällen kommt 7 heraus.)

Polymorphie bezieht sich grundsätzlich nur auf Typvariablen, nicht auf Funktionsvariablen. Für einen Spezialfall geht ML dieses Defizit aber an: Gleichheit. Als *eqtypes* werden in ML solche Typvariablen bezeichnet, für die eine Gleichheitsoperation verlangt wird. Sie werden vom System in der Form `''a` notiert.

```
fun equal(x,y,z) = (x=y) andalso (y=z);
```

Hier antwortet das System mit

```
val equal = fn : ''a * ''a * ''a -> bool
```

Der Interpreter stellt also aufgrund der Verwendung im Rumpf fest, dass alle drei Parameter den gleichen Typ haben müssen und dass dieser Typ ein *eqtype* sein muss.

Das Mittel ist aber sehr eingeschränkt. Schon für simple Größenvergleiche wie '$<$' oder '$\leq$' gibt es diesen Service nicht mehr.

Polymorphe Datentypen. Selbstverständlich erlaubt ML auch die Definition polymorpher Typen, und zwar sowohl bei Typ-Synonymen als auch bei Datentypen. Dabei werden in ML die Typvariablen *vor* den Typnamen gestellt.

```
type 'a Pair = ('a * 'a)
type ('a,'b) Triple = ('a * 'b * int)
```

(In OPAL wäre das also als Pair[a] bzw. als Triple[a, b] zu notieren – abgesehen davon, dass Typ-Synonyme dort fehlen.)

Die Instanziierung geschieht dann dadurch, dass man anstelle der Typvariablen entsprechende Typnamen angibt. Beispiel: Wenn man offen lassen will, ob die Koordinaten in einem Geometrieprogramm reelle oder ganze Zahlen sein sollen, kann man das wie folgt schreiben:

```
datatype 'a Point = point of ('a * 'a)
datatype rLine = line of ((real Point) * (real Point))
datatype iLine = line of ((int Point)  * (int Point))
```

Listen sind in ML eine vordefinierte Datenstruktur. Natürlich können diese auch polymorph sein. Beispiel: Auf die Eingabe

```
fun length (nil)  = 0
|   length (a::S) = 1 + length S;
```

antwortet das System mit

```
val length = fn : 'a list -> int
```

19.4.2 Funktoren: Parametrisierte Strukturen in ML

Neben der klassischen Polymorphie mit ihrer Einschränkung auf Typvariablen stellt ML auch eine Parametrisierung von Strukturen bereit, in der neben Typvariablen auch Funktionsvariablen vorkommen können. Dieses Programmierkonstrukt basiert auf den Modularisierungstechniken, die wir in Abschnitt 3.3.1 besprochen haben.

Zur Illustration verwenden wir das Beispiel der geordneten Sequenzen, das wir oben schon eingeführt haben. In ML wird das folgendermaßen geschrieben:

```
functor
   OrdSeq (OrderedElements : Order) : OrderedSequence =
struct
   datatype 'a Seq = ...
   fun smaller (S1,S2) = ...
   ...
end
```

Das heißt, `OrdSeq` ist ein sogenannter ***Funktor*** (was in OPAL einer parametrisierten Struktur entspricht), der als Parameter eine Struktur(variable) namens `OrderedElements` hat. Dieser Parameter hat die Signatur `Order`, die wir folgendermaßen definieren:

```
signature
   Order =
sig
    val eq : 'a * 'a -> bool
    val le : 'a * 'a -> bool
end
```

Das Ergebnis hat dann die Signatur `OrderedSequence`, die folgendermaßen definiert ist:

```
signature
   OrderedSequence =
sig
    type 'a Seq
    val smaller : 'a Seq * 'a Seq -> bool
end
```

Anmerkung: Aus didaktischen Gründen haben wir die Bestandteile des Beispiels in der Reihenfolge vorgeführt, in der sie am leichtesten erklärbar sind. In der Realität muss aber das ML-Prinzip „Definition vor Benutzung“ eingehalten werden.

Die Instanziierung eines Funktors erfolgt dann in einer Form wie

```
structure Words = OrdSeq( OrderedCharacters )
```

Dazu muss natürlich eingeführt worden sein

```
structure OrderedCharacters : Order =
   struct
    fun eq(a,b) = ...
    val lt(a,b) = ...
   end
```

Ein Funktor darf im übrigen beliebig viele Parameter-Strukturen haben.

Im Vergleich zu OPAL fällt auf, dass in ML die Art der Parameter als eigenständiges Konstrukt (z. B. als die Signatur `Order`) angegeben werden muss, während OPAL etwas Schreibaufwand spart, indem diese Angaben in der parametrisierten Struktur selbst gemacht werden. (Das ML-Vorgehen ist hier konzeptuell sauberer, aber praktisch unleserlicher.) Die Angabe der Resultatsignatur `OrderedSequence` verfolgt das gleiche Ziel wie in OPAL: die Trennung in einen Signatur- und einen Implementierungsteil. Das heißt, der Signaturteil von OPAL wird in ML in Form einer Resultatsignatur angegeben. Im übrigen werden in ML die Typvariablen nicht als Parameter des Funktors, sondern über den Polymophiemechanismus eingeführt.

19.4.3 Polymorphie in HASKELL

Auch HASKELL erlaubt Polymorphie. Im Gegensatz zu ML zwingt es den Benutzter aber nicht, spezielle Namen für Typvariablen zu verwenden: Sie sind ganz gewöhnliche Namen – die allerdings im Gegensatz zu normalen Typennamen jetzt mit einem *Kleinbuchstaben* anfangen.

```
fst :: (a,b) -> a          snd :: (a,b) -> b
fst(x,_) = x               snd(_,y) = y
```

Auch Listen können polymorph sein. Die berühmte Längenfunktion hat die Form

```
length :: [t] -> int
length [] = 0
length (_:S) = 1 + length S
```

Zur Illustration zeigen wir auch noch eines der Standardfunktionale auf Listen in HASKELL-Notation:

```
map :: (t -> u) -> [t] -> [u]
map f []    = []
map f (a:S) = f a : map f S
```

Eine solche polymorphe Funktion kann man dann einfach auf entsprechende Daten (beliebiger, aber konsistenter Typen) anwenden:

```
map iseven [1,2,3] = [True,False,True]
```

Natürlich kann man auch in HASKELL polymorphe Typen bilden: Algebraische Typen (wie sie in HASKELL genannt werden) lassen sich auch über Typvariablen definieren.

```
data Pair a b = Pair a b
data Tree t = Nil
            | Node t (Tree t) (Tree t)
```

(Zur Erinnerung: In HASKELL pflegt man auch Konstruktoren in Curry-Form zu schreiben.) Bei den Anwendungen ergeben sich dann die erwarteten Typisierungen:

```
Pair 4 5 :: Pair Int Int
Pair [1,2] True :: Pair [Int] Bool
```

19.4.4 Typklassen in HASKELL

HASKELL sieht keine parametrisierten Strukturen oder Funktoren im Stil von OPAL oder ML vor. Stattdessen gibt es ein anderes Konstrukt, das zwar gewisse Ähnlichkeiten mit diesen Ideen hat, aber das Problem doch auf ganz andere Weise angeht. Man gibt sogenannte ***Typklassen*** an. Das sind Sammlungen von Typen, für die gewisse Funktionen existieren. Das klassische Beispiel ist

```
class Eq t where
   (==) :: t -> t -> Bool
   (/=) :: t -> t -> Bool
   a /= b = not (a==b)
```

Die Klasse `Eq` umfasst alle Typen, für die ein Gleichheits- und ein Ungleichheitstest definiert sind. Die Klasse selbst gibt jedoch für den Ungleichheitstest eine Standarddefinition an.

Wie wird ein Typ zur Instanz einer solchen Klasse? Bei der speziellen Klasse `Eq` gilt, dass die Basistypen `Bool`, `Int`, `Float` etc. als Instanzen von `Eq` vordefiniert sind, ebenso wie Tupel und Listen, sofern ihre Elementtypen Instanzen von `Eq` sind. Also sind unter anderem `[Char]`, d. h. Listen von Characters, und `[[Char]]`, d. h. Listen von Listen von Characters, Instanzen von `Eq`.

Selbstdefinierte Typen wie zum Beispiel

```
data Point = Point Float Float
```

können folgendermaßen zu Instanzen gemacht werden:

```
instance Eq Point where
   Point x1 y1 == Point x2 y2  =  (x1==x2) && (y1==y2)
```

Man beachte, dass die Operation `/=` damit automatisch mit definiert ist durch die Standarddefinition in der Klasse. Wir können aber, wenn wir wollen, die Standarddefinition in der Instanziierung auch durch eine eigene Definition überschreiben. So könnte man die Ungleichheit etwas „effizienter" folgendermaßen definieren:

```
instance Eq Point where
   Point x1 y1 /= Point x2 y2  =
                    if x1 /= x2 then true else y1 /= y2
```

Wozu braucht man Typklassen? Es gibt viele Situationen, in denen eine Funktion zwar „im Wesentlichen polymorph" ist, aber doch gewissen Randbedingungen genügen muss. Man betrachte z. B. den Test, ob eine Liste ein Element `x` enthält. Diese Funktion funktioniert für alle Basistypen gleich – vorausgesetzt, sie besitzen eine Vergleichsoperation. Deshalb wird der Funktionalität der Funktion (nämlich `t -> [t] -> Bool` mit der Typvariablen `t`) noch die Bedingung vorangestellt, dass `t` zur Typklasse `Eq` gehören muss:

```
exists :: Eq t => t -> [t] -> Bool
exists x []    = False
exists x (a:S) = (x==a) || exists x S
```

Das gleiche Prinzip kann auch verwendet werden, um Datentypen als Instanzen zu kennzeichnen. Zum Beispiel gehört unser oben eingeführter polymorpher Typ `Tree t` zur Klasse `Eq`, vorausgesetzt, dass `t` dazu gehört:

```
instance Eq t => Eq (Tree t) where
   Nil == Nil                        = True
   Node x1 L1 R1 == Node x2 L2 R2    = (x1==x2) && (L1==L2)
                                                && (R1==R2)
   _ == _                            = False
```

Vererbung. Man kann Typklassen mit dem gleichen Mechanismus auch zu neuen Typklassen erweitern. Ein typisches Beispiel ist die Klasse der Ordnungen:

```
class Eq t => Ord t where
   (<), (<=), (>), (>=) :: t -> t -> Bool
   min, max             :: t -> t -> t
   a <= b  =  (a<b) || (a=b)
   a > b   =  b < a
   a >= b  =  (b<a) || (a=b)
   min a b =  ...
   max a b =  ...
```

Die Klasse `Ord` erweitert die Klasse `Eq`, d. h., ihre Instanzen müssen alle Operationen aus `Eq` und `Ord` besitzen. Auch hier haben wir wieder ein paar Standarddefinitionen mitgeliefert, so dass man bei der Festlegung von Instanzen nur noch die Operationen $<$ und $=$ angeben muss.

Die Klasse `Ord` ist z. B. Voraussetzung für Funktionen zum Sortieren von Listen:

```
sort :: Ord t => [t] -> [t]
```

Auch HASKELL unterstützt die Schreibfaulheit der Programmierer (was allerdings auch der Lesbarkeit der Programme hilft). Eine Reihe von wichtigen Typklassen sind vordefiniert:

- `Eq`: Die Klasse der Typen mit Gleichheitstests.
- `Ord`: Die Klasse der Typen mit Ordnungsrelationen.
- `Enum`: Die Klasse der Typen mit Aufzählungsoperationen.
- `Show`: Die Klasse der Typen mit textuellen Darstellungen.
- `Read`: Die Klasse der Typen, die aus Strings konvertierbar sind.

Diese vordefinierten Klassen bieten noch einen besonderen Service: Wenn man algebraische Datentypen definiert, kann man sie gleich als Instanzen dieser Klassen kennzeichnen. Beispiel:

```
data Tree t = Nil
            | Node t (Tree t) (Tree t)
            deriving (Eq, Ord, Show)
```

20. Suchen und Sortieren

Zu den Standardaufgaben in der Informatik gehören das Suchen von Elementen in Datenstrukturen und das Sortieren von Datenstrukturen. Es ist manchmal schon verblüffend, wie oft diese beiden Aufgaben als Bestandteile zur Lösung umfassenderer Probleme gebraucht werden. Das Thema stellt sich dabei meist in leicht unterschiedlichen Varianten dar, je nachdem, was für Datenstrukturen vorliegen. Wir betrachten hier Prototypen dieser Programme für unsere beiden bisherigen Hauptstrukturen: Sequenzen und Bäume.

20.1 Suchen in Listen

Das Suchen in Listen haben wir in den Kapiteln 15 und 16 schon relativ eingehend studiert. Deshalb beschränken wir uns hier auf eine kurze Skizze.

BEISPIEL 20.1 (Existenz eines Elements in einer Liste)

Wenn eine Liste gegeben ist und wir wissen wollen, ob ein gewisses Element darin vorkommt, dann brauchen wir die Funktion

```
FUN in? : α × seq[α] → bool
DEF x in? ◊  == false
DEF x in? (a :: S)  == IF x = a THEN true ELSE x in? S FI
```

Diese Funktion hat linearen Aufwand, im *worst case* gerade n Schritte, im Durchschnitt $\frac{n}{2}$ Schritte.

Meistens hat man aber nicht das Element x selbst zur Verfügung, sondern nur ein Kriterium p, mit dem man nach einem „Treffer“ x suchen soll (z. B. nach einem Telefonteilnehmer mit der Nummer ...). Dazu braucht man Funktionen höherer Ordnung, und zwar in verschiedenen Varianten, je nach konkreter Aufgabenstellung.

BEISPIEL 20.2 (Existenz eines Elements mit einer Eigenschaft)

Wenn eine Liste gegeben ist und wir wissen wollen, ob sie (mindestens) ein Element mit einer gegebenen Eigenschaft p *enthält, dann brauchen wir die Variante*

```
FUN in? : (α → bool) × seq[α] → bool

DEF p in? ◊ == false
DEF p in? (a :: S) == IF p(a) THEN true ELSE p in? S FI
```

Wenn wir – was meistens der Fall ist – den Treffer selbst haben wollen, dann wird's etwas schwieriger. Für den Fall, dass kein solches Element vorkommt, müssen wir uns nämlich wieder einmal mit einer Fehlersituation herumschlagen.

BEISPIEL 20.3 (Suchen nach einem Element; partielle Variante)

Wenn eine Liste gegeben ist, bei der wir davon ausgehen können, dass sie (mindestens) ein Element mit der Eigenschaft p *enthält, dann können wir einen „Treffer" durch folgende Funktion liefern lassen:*

```
FUN pick : (α → bool) → seq[α] → α
DEF pick(p)(a :: S) == IF p(a) THEN a ELSE pick(p)(S)FI
```

Offensichtlich kann man dieses Spiel mit Varianten beliebig weiter treiben, worauf wir hier aber verzichten.

Übung 20.1. Programmieren Sie Varianten der Suche in Listen:
(a) Schreiben Sie eine Variante von pick*, die leere Sequenzen mittels einer geordneten Fehlerbehandlung verarbeitet.*
(b) Schreiben Sie eine Funktion, die angibt, an welcher Position in der Sequenz der Treffer auftritt.

20.2 Sortieren von Listen

Die Computer in der Welt verbringen viel Rechenzeit damit, Listen von irgendwelchen Werten in eine brauchbare Reihenfolge zu bringen. Zum Beispiel will man anordnen:

- Teilnehmer an einem Skirennen nach ihrer Schnelligkeit;
- Kunden nach ihrer Umsatzhöhe;
- Telefonteilnehmer nach dem Alphabet;
- Dateien nach ihrem Erstellungsdatum.

Die allgemeine Form dieser Aufgabenstellung lautet also:

- *Gegeben* ist eine Liste von Daten.
- *Gesucht* ist eine Liste, die dieselben Daten enthält, aber jetzt in (aufsteigend) geordneter Reihenfolge.[1]

[1] Die absteigende Reihenfolge ist offensichtlich dual.

- *Notwendige Voraussetzung* dazu ist, dass auf den Daten eine Ordnungsrelation $\leq$ existiert. Diese Vergleichsoperation hängt natürlich von der Art der Sequenzelemente ab. Beispiele:
  - Für Skirennen verwenden wir folgende Ordnung (wobei die Zeit z. B. in msec gemessen wird):

    ```
    DATA teilnehmer == (startnr: nat, laeufer: name, zeit: nat)
    FUN ≤ : teilnehmer × teilnehmer → bool
    DEF x ≤ y == zeit(x) ≤ zeit(y)
    ```
  - Für Telefonlisten benutzen wir folgende Ordnung:

    ```
    DATA kunde == (name: denotation, nummer: denotation)
    FUN ≤ : kunde × kunde → bool
    DEF x ≤ y == name(x) ≤ name(y)
    ```

  Diese beiden Beispiele illustrieren, dass die Vergleichsoperation auf Tupeln sich sehr oft aus der entsprechenden Vergleichsoperation einer Komponente ergibt.

Die Lösung. Auf jeden Fall müssen wir die Eingabesequenz `A` in ihre Bestandteile zerlegen, diese dann (rekursiv) sortieren und aus den Resultaten schließlich die Ausgabesequenz `B` aufbauen.

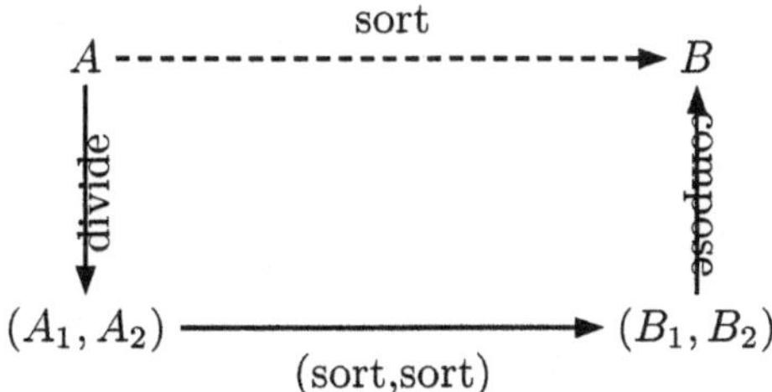

Man spricht in solchen Fällen von einer sogenannten „*Divide-and-Conquer*"-Strategie. Dabei unterscheiden sich die diversen Algorithmen dadurch, wie sie den Aufwand verteilen:

- Der ganze Aufwand steckt in der *Zerlegung* von `A`.
- Der ganze Aufwand steckt im *Aufbau* von `B`.
- Der Aufwand verteilt sich *zu gleichen Teilen* auf die Zerlegung von `A` und den Aufbau von `B`.

Eine weitere Klassifizierung erfolgt danach, wie die Zerlegung erfolgt:

- „Ein Element und die Restsequenz."
- „Zwei ungefähr gleich große Teilsequenzen."

Die diversen Kombinationsmöglichkeiten liefern uns die bekanntesten Sortieralgorithmen:[2]

[2] Ein weiterer oft beschriebener Sortieralgorithmus, *Bubble sort*, hat eigentlich nichts, was ihn interessant machen würde – außer seinem schönen Namen.

Art der Zerlegung	Aufwand steckt in: Zerlegung	Aufbau	beiden
„1 + *Rest*“	*Selection sort*	*Insertion sort*	*Heap sort*
„$\frac{n}{2} + \frac{n}{2}$“	*Quicksort*	*Merge sort*	

Im Folgenden wollen wir ein paar dieser Algorithmen programmieren. Sie haben alle die gleiche Schnittstelle:

```
SIGNATURE Sorting[α, <, =]

SORT α
FUN < : α × α → bool
FUN = : α × α → bool

IMPORT Seq[α] ONLY seq

FUN sort: seq[α] → seq[α]
```

Man beachte, dass wir hier eine neue Situation von generischer Struktur haben: Neben einer Sorte treten hier noch zwei Operationen als Parameter auf (siehe Kap. 19).

Man sieht hier sehr schön einen Effekt unserer Modularisierungskonstrukte: Wir haben *eine* Schnittstelle und können dazu *mehrere* Implementierungen entwickeln.

Hinweis: In den folgenden Implementierungen nehmen wir uns die Freiheit, die Details der Importe und der jeweils benötigten Hilfsfunktionen wegzulassen und uns auf die Essenz der Algorithmen zu konzentrieren.

20.2.1 *Selection sort*

Die Idee beim ***Selection sort*** ist ganz einfach: Man suche in der Eingabesequenz `A` das kleinste Element `m` und setze es vorne vor die sortierte Restsequenz.

Die eigentliche Arbeit steckt hier in den Hilfsfunktionen (wobei wir eine Variante der `reduce`-Funktion benutzen, die nur für nicht-leere Sequenzen definiert ist).

```
IMPLEMENTATION Sorting                    -- Selection sort

  IMPORT ...

  DEF sort(◊) == ◊
  DEF sort(A) == LET Min == minimum(A)
                     Rest == cut(Min, A)
                 IN
                 Min :: sort(Rest)

  FUN minimum: seq[α] → α
  -- PRE Argumentsequenz ist nicht leer
  DEF minimum(A) == min/A

  FUN erase: α × seq[α] → seq[α]
  -- PRE Element kommt garantiert in der Sequenz vor
  DEF erase(x, a :: R) == IF a = x THEN R
                                    ELSE a :: erase(x, R) FI
     ...
```

Der *Aufwand* dieser Funktion ist – bei einer Liste von N Elementen – quadratisch, also in der Größenordnung $\mathcal{O}(N^2)$, weil jedes Element der Liste betrachtet wird und bei der Minimumsuche jedesmal die ganze (Rest-)Liste abgearbeitet werden muss.

20.2.2 *Quicksort*

Beim ***Quicksort*** legt man die ganze Arbeit in die Zerlegung. Man wählt ein beliebiges Element – z. B. das erste – und teilt die Liste in drei Teile: die kleineren Elemente, die gleichen Elemente, die größeren Elemente. Wenn diese drei Teillisten selbst sortiert worden sind, kann man sie einfach zum Ergebnis konkatenieren. Die Zerlegung geschieht mit Hilfe des `filter`-Funktionals.

```
IMPLEMENTATION Sorting                    -- Quicksort

  IMPORT ...

  DEF sort(◊) == ◊
  DEF sort(a :: R) == LET Small  ==      (_ < a) ◁ R
                          Medium == a :: (_ = a) ◁ R
                          Large  ==      (_ > a) ◁ R
                      IN
                      sort(Small) ++ Medium ++ sort(Large)
     ...
```

Wenn die Zerlegung jedesmal so klappt, dass die Teilleisten der kleinen und der großen Elemente ungefähr gleich lang sind, hat dieser Algorithmus einen Aufwand in der Größenordnung $\mathcal{O}(N \cdot logN)$. Das ist aber nur der durchschnittliche Aufwand, im *worst case*, also wenn die Zerlegung jedesmal sehr unausgewogen erfolgt, ist der Aufwand quadratisch.

Der *worst case* tritt bei unserem Algorithmus übrigens dann auf, wenn die Liste schon sortiert ist. (Warum?)

Man kann hier oft Abhilfe schaffen, indem man z. B. während der Zerlegung für jede der beiden Teillisten den Mittelwert mitrechnet und ihn bei der folgenden Zerlegung anstelle des ersten Elements a als Trenner heranzieht. Dann ist die Wahrscheinlichkeit hoch, dass die Teillisten gleich groß werden.

In der Praxis ist *Quicksort* der effizienteste aller bekannten Sortieralgorithmen.

20.2.3 *Insertion sort*

Der ***Insertion sort*** ist das duale Gegenstück zum *Selection sort*. Es wird zwar auch in „ein Element und den Rest" zerlegt, aber jetzt wird die ganze Arbeit nicht in die Zerlegung, sondern in die Komposition gesteckt. Man nimmt das erste Element der Liste weg, sortiert rekursiv die Restliste und fügt dann das erste Element an der passenden Stelle ein.

```
IMPLEMENTATION Sorting                    -- Insertion sort

  IMPORT ...

  DEF sort(◊) == ◊
  DEF sort(a :: R) == a insert sort(R)

  FUN insert : α × seq[α] → seq[α]

  DEF x insert ◊ == x :: ◊
  DEF x insert (a :: R) == IF x ≤ a THEN x :: (a :: R)
                                     ELSE a :: (x insert R)
                           FI
     ...
```

Der *Aufwand* ist hier auch wieder quadratisch, weil das Einsortieren im Schnitt die halbe Liste abarbeiten muss, bis die richtige Stelle gefunden ist.

20.2.4 *Merge sort*

Der ***Merge sort*** ist das Gegenstück zum Quicksort. Auch hier wird in gleich große Teile zerlegt, die wesentliche Arbeit aber erst bei der Komposition geleistet: Die Liste wird in der Mitte geteilt, beide Hälften werden rekursiv sortiert und die Ergebnislisten geordnet „zusammengemischt".

```
IMPLEMENTATION Sorting                        -- Merge sort

  IMPORT ...

  DEF sort(◊) == ◊
  DEF sort(a :: ◊) == a :: ◊
  DEF sort(L) == LET i == #(L)/2
                         (Lower,Upper) == split(i,L)
                     IN
                     sort(Lower) merge sort(Upper)

  FUN merge: seq[α] × seq[α] → seq[α]

  DEF ◊ merge ◊ == ◊
  DEF ◊ merge B == B
  DEF A merge ◊ == A
  DEF (a :: A) merge (b :: B) ==
        IF a ≤ b THEN a :: (A merge (b :: B))
        IF b ≤ a THEN b :: ((a :: A) merge B) FI
        ...
```

Auch hier erhalten wir einen Aufwand in der Größenordnung $\mathcal{O}(N \cdot logN)$. Dieser Aufwand wird jetzt sogar immer garantiert, da bei der Zerlegung grundsätzlich die Längen der Listen halbiert werden. (Der Rumpf der Funktion enthält aber mehr Operationen als der von Quicksort, weshalb Quicksort – im Durchschnitt – etwas schneller ist.)

Übung 20.2. Programmieren Sie den sogenannten „Bubble sort". Dabei geht man immer wieder über die Liste hinweg und vertauscht unterwegs alle Paare von benachbarten Elementen, die falsch geordnet sind.

20.3 Suchen und Sortieren mit Bäumen

Wir haben schon früher gesehen, dass man mit Bisektionsverfahren oft besonders schnelle Algorithmen erhält. Daher ist die Idee naheliegend, das Prinzip der Bisektion auch in Datenstrukturen einzubauen.

In der Praxis trifft man auf diese Art von Problemen meistens in der Form, dass eine bestimmte Art von Daten vorliegt, auf denen eine Ordnung definiert ist. Zur Illustration benutzen wir hier folgenden Datentyp als Beispiel:

```
DATA kunde == kunde(key: number, name: name, adr: adresse, ...)
```

Dabei diene die Kundennummer als Schlüssel (*key*) zur eindeutigen Identifizierung von Kunden.

Um die Angaben zu einem gegebenen Kunden jeweils sehr schnell finden zu können, speichern wir alle Kunden in einem Baum, der „nach Kundennummern sortiert" ist. Dazu verwenden wir folgenden Datentyp:

```
DATA tree == nil
             leaf(data: kunde)
             node(left: tree, key: number, right: tree)
```

Man beachte, dass wir die Kundendaten nur an den Blättern abspeichern. An den inneren Knoten vermerken wir lediglich Nummern als Suchhilfe.

Wenn wir in einem solchen Baum mittels Binärsuche ein Element x suchen wollen, muß der Baum sortiert sein.

DEFINITION (Geordneter Baum)

Wir nennen einen Baum ***geordnet****, wenn gilt: Alle Knoten im linken Unterbaum sind kleiner oder gleich der Wurzel, und alle Knoten im rechten Unterbaum sind größer als die Wurzel.*

Und diese Bedingung muss in allen Unterbäumen ebenfalls gelten.

Zum Suchen genügt es, wenn wir die Kundennummer haben:

```
-- Existenz eines Elements in einem geordneten Baum

FUN isin: number × tree → bool
DEF nr isin nil == false
DEF nr isin leaf(y) == (nr = key(y))
DEF nr isin node(L,k,R) == IF nr ≤ k THEN x isin L
                                      ELSE x isin R FI
```

Wenn wir nicht nur wissen wollen, *ob* es einen Kunden mit der Nummer gibt, sondern wenn wir die Kundendaten selbst haben wollen, dann müssen wir die Antwort in den Typ maybe (aus Abschnitt 14.3.2) einbetten; denn es kann ja sein, dass gar kein Kunde mit der angegebenen Nummer existiert. Die Suchfunktion lautet dann

```
FUN find: number × tree → maybe[kunde]
```

und ihre Definition folgt dem Schema von isin, wobei wir jetzt natürlich in den Terminierungsfällen die jeweiligen Einbettungen vornehmen müssen:

```
-- Suchen eines Elements in einem geordneten Baum

FUN find: number × tree → maybe[kunde]
DEF find(nr,nil) == fail
DEF find(nr,leaf(y)) == IF nr = key(y) THEN okay(y)
                                       ELSE fail FI
DEF find(nr,node(L,k,R)) == IF nr ≤ k THEN find(x,L)
                                      ELSE find(x,R)FI
```

Das ***Hinzufügen*** eines Kunden zum Baum geschieht mit folgender Funktion. Dabei entschließen wir uns, den alten Eintrag zu überschreiben, falls die Kundennummer schon vorhanden ist. (Die Annahme dabei ist, dass Kundendaten wie Name oder Adresse geändert wurden.)

```
-- Hinzufügen eines Elements

FUN into : kunde × tree → tree
DEF x into nil  ==  leaf(x)
DEF x into leaf(y)  ==
      IF key(x) = key(y) THEN leaf(x)
      IF key(x) < key(y) THEN node(leaf(x), key(x), leaf(y))
      IF key(x) > key(y) THEN node(leaf(y), key(y), leaf(x)) FI
DEF x into node(L, k, R)  ==
      IF key(x) ≤ k THEN node(x into L, k, R)
      IF key(x) > k THEN node(L, k, x into R) FI
```

Das ***Löschen*** eines Kunden aus dem Baum geschieht mit folgender Funktion. Dabei müssen wir natürlich eigentlich nur die Kundennummer benutzen.

```
-- Löschen eines Elements

FUN outof : kunde × tree → tree
DEF x outof leaf(y)  ==
      IF key(x) = key(y) THEN nil
                         ELSE  leaf(y) FI
DEF x outof node(L, k, R)  ==
      IF key(x) ≤ k THEN node(x outof L, k, R)
      IF key(x) > k THEN node(L, k, x outof R) FI
```

Übrigens: Man sollte den Baum immer wieder „bereinigen“. Denn durch das Löschen können z. B. Situationen der Art `node(nil,k,nil)` entstehen, die natürlich zu `nil` verkürzt werden können.

Aufwand. Aus Effizienzgründen wäre es für die Suche in geordneten Bäumen offensichtlich noch wünschenswert, dass die Pfade durch den Baum möglichst gleich lang sind, der Baum also *balanciert* ist.

DEFINITION

*Ein Baum heißt **balanciert** (oder* ausgewogen*), wenn die Längen der einzelnen Pfade von der Wurzel bis zu den Blättern sich höchstens um 1 unterscheiden.*

Unglücklicherweise wird durch das Hinzufügen und Löschen natürlich im Allgemeinen kein balancierter Baum entstehen. Im schlimmsten Fall könnte sogar ein links- oder rechtsgekämmter Baum entstehen (siehe Abb. 18.2 auf Seite 208). Offensichtlich gilt für das Suchen (und die anderen Baumoperationen):

- ***Worst case***: In einem rechts- oder linksgekämmten Baum ist der Suchaufwand ***linear***, also $\mathcal{O}(n)$.
- ***Best case***: In einem balancierten Baum ist der Suchaufwand ***logarithmisch***, also $\mathcal{O}(\log n)$.

Da keiner dieser beiden Extremfälle sehr wahrscheinlich ist, stellt sich die Frage, was wir im Schnitt erwarten können. Aho und Ullman ([2], S. 258) argumentieren, dass man mit ***logarithmischem Aufwand*** rechnen darf. Ihre Begründung ist: Im Allgemeinen wird für jeden (Unter-)Baum die Aufteilung der Knoten auf den rechten und linken Unterbaum in der Mitte zwischen bestem und schlechtestem Verhalten liegen, also bei einem Verhältnis von $\frac{1}{4}$ zu $\frac{3}{4}$. Auf dieser Basis lässt sich dann der Aufwand ungefähr zu $2.5 \cdot \log n$ abschätzen.

Wenn man sich auf diese Art von statistischer (Un-)Sicherheit nicht einlassen will, muss man durch geeignete Maßnahmen sicherstellen, dass die Bäume immer ausgewogen sind. Dazu finden sich in der Literatur eine Reihe von Vorschlägen, z. B. „AVL-Bäume“, „2-3-Bäume“, „2-3-4-Bäume“ oder „Rot-Schwarz-Bäume“. Eine genauere Behandlung dieser verschiedenen Varianten geht aber über den Rahmen dieses Buches hinaus.

Teil IV

Wo, bitte, geht's zur realen Welt?

Bis jetzt haben wir ein wunderschönes Gebäude errichtet – wohlfundiert, elegant, weitläufig und hoch aufragend. Es fehlt nur noch eine Kleinigkeit: die Türen, durch die man reingehen kann, und die Fenster, durch die man rausgucken kann.

Prosaischer ausgedrückt: Wir müssen die Abstraktion unserer funktionalen Programme mit der konkreten Umwelt realer Computer verbinden, in denen es Dateien, Bildschirme und Tastaturen gibt, die von einem alles beherrschenden Betriebssystem gesteuert werden, und wo sich alles mit dem Fluss der Zeit verändert.

21. Ein-/Ausgabe: Konzeptuelle Sicht

Ein gutes Gespräch, das ist der Garten Edens.
Kalif Ali ben Ali Thaleb, Sprüche

Vorbemerkung: Mit dem Thema der Ein-/Ausgabe befinden wir uns an der Schnittstelle zwischen den Welten des funktionalen und des imperativen Programmierens. Ein solcher Paradigmenbruch erfordert eine etwas tiefere konzeptuelle Analyse. Deshalb werden wir in diesem Kapitel notgedrungen mit etwas „philosophischeren“ Betrachtungen beginnen müssen, bevor wir uns den eigentlichen programmiertechnischen Fragen zuwenden können.

Bisher hatten wir uns vorgestellt, dass Programme nichts anderes als Funktionen sind, d. h. letztlich Paare von Eingabe- und Ausgabewerten. Dementsprechend sah auch unser Ausführungsmodell aus (s. Abb. 21.1): Die Eingabe ist *ein* Datum, üblicherweise ein ASCII-Text (vom Typ `denotation`), und das Gleiche gilt für die Ausgabe: Sie ist *ein* Datum. Beide Werte können relativ groß sein, sogar ganze Dateiinhalte, aber sie werden dennoch jeweils als *ein einziger* Wert behandelt.[1]

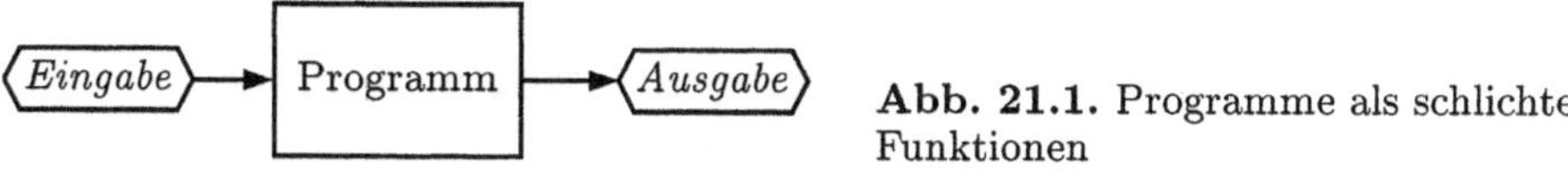

Abb. 21.1. Programme als schlichte Funktionen

Doch die Welt, sie ist nicht so. Fast immer haben wir es mit einem dialogartigen Ablauf zu tun. Das heißt, zwischen dem Benutzer und dem Programm gibt es ein pingpongartiges Frage- und Antwort-Spiel. Und so ein Spiel lässt sich beim besten Willen nicht als schlichte Funktion modellieren.

Sind wir also an die Grenzen unseres Paradigmas gestoßen? Sicherlich dann, wenn wir puristisch an einem Dogma der Bauart kleben: „Funktionales Programmieren heißt, mit dem mathematischen Funktionsbegriff arbeiten.“ Wenn wir die Sache aber pragmatischer sehen, dann steht nicht mathematische Prinzipienreiterei im Vordergrund, sondern die Hoffnung, durch eine

[1] Das entspricht im Wesentlichen dem, was früher als *Batch-Betrieb* bezeichnet wurde.

Orientierung an mathematischen Konzepten größere Eleganz, Klarheit und Korrektheit zu gewinnen. Und dann ist der Weg frei, um mit Mischformen die notwendige Praxisnähe zu erreichen.

Eine solche Mischform wollen wir im Folgenden untersuchen.

Es ist allerdings richtig, dass bei der Ein-/Ausgabe ein gravierender Unterschied zwischen dem funktionalen und dem traditionellen imperativen Programmieren besteht: In imperativen Programmen kann man praktisch an jeder beliebigen Stelle im Code Ein-/Ausgabe-Aktionen einfügen. Das wird von vielen Programmierern[2] als angenehm empfunden.

Erfahrungsgemäß kehrt sich aber im Laufe der Entwicklung eines Softwareprodukts diese Annehmlichkeit oft schon nach kurzer Zeit ins Gegenteil: Man stellt plötzlich fest, dass das „beliebige" Einstreuen von Ein-/Ausgabe zwar bequem war, aber irgendwie zu ziemlich undurchschaubaren Strukturen mit hoher Fehlerquote und schlechter Modifizierbarkeit geführt hat.

Beim funktionalen Programmieren ist solch ein Arbeitsstil unmöglich. Hier muss die gesamte Ein-/Ausgabe-Aktivität in bestimmten Programmteilen konzentriert werden; an allen anderen Stellen ist nur reines funktionales Rechnen möglich.

Auf den ersten Blick mag diese Restriktion hinderlich erscheinen. Bei genauerem Hinsehen erweist sie sich aber als ein riesiger Vorteil.[3] Denn auf diese Weise ist man gezwungen, seine Ein-/Ausgabe-Strategie sorgfältig zu planen. Und eine gute Planung ist im Allgemeinen der wichtigste Schlüssel zu qualitativ hochwertiger Software.

Aber eines muss man zugeben: Die notationelle Darstellung der Ein-/Ausgabe ist in allen heutigen funktionalen Sprachen (auch in den drei von uns betrachteten) noch völlig unbefriedigend gelöst: Die Schreibweise wirkt hier unnötig abschreckend.

21.1 Die reale Welt lässt sich nicht ganz ignorieren

Was ist die Welt? Das, worin Vergehen waltet. Buddha, Samyutta-Nikâya

Mathematik ist – wie wir schon ganz zu Anfang unseres Buches festgestellt haben – eine Abstraktion, im Allgemeinen sogar eine besonders weitgehende Abstraktion (s. Abschnitt 1.1). Das bedeutet, dass man Unwesentliches weglässt und sich auf die Essenz konzentriert.

---

[2] Wenig erfahrene Anfänger schätzen das ebenso wie eingefleischte Hacker.

[3] Der Vorteil erschließt sich einem aber erst dann, wenn man sich ein bisschen mit dem Software-Engineering größerer Programmsysteme auseinandergesetzt hat. Nicht umsonst bestehen alle gängigen Software-Methoden auf einem sorgfältigen und expliziten Design der Ein-/Ausgabe-Struktur, die häufig auch als „Architektur" bezeichnet wird.

Funktionale Programmierung nimmt eine ganz starke Abstraktion vor: Man ignoriert (fast) völlig, *wie* Ergebnisse auf einem Computer zustande kommen, und konzentriert sich ausschließlich darauf, *welche* Ergebnisse man haben will. In dieser Abstraktion steckt ein Gutteil der Eleganz und Programmiersicherheit der Methode.

In jeder Abstraktion steckt aber die Gefahr, dass man sie zu weit treibt. Und spätestens an der Stelle der Ein-/Ausgabe haben wir einen Punkt erreicht, wo wir der Realität größeren Tribut zollen müssen. Um es auf den Punkt zu bringen:

> Wir dürfen zwar von der Arbeitsweise des *Rechners* abstrahieren, aber ***nicht*** von der Arbeitsweise des *Benutzers*.

Und aus dem Blickwinkel des Benutzers – oder allgemeiner: der Umgebung, in der das Programm abläuft – gibt es zwei Aspekte, die wir nicht ignorieren dürfen:

- den Ablauf der Zeit;
- die Identität der Objekte.

Für beide Aspekte wollen wir im Folgenden kurz zeigen, weshalb sie so große Probleme im Zusammenhang mit funktionaler Programmierung machen.

21.1.1 Unaufhaltsam enteilet die Zeit![4]

Wenn wir in der Zeit leben, so müssen wir mit der Zeit fortschreiten.
Herder, Ideen zur Philosophie ...

Als eine der großen Stärken der funktionalen Programmierung hatten wir herausgestellt, dass sie zeit-los ist: Der Wert von $\sin(\frac{\pi}{2})$ ist am Mittwochnachmittag ebenso 1 wie am Freitagvormittag. Und bei einer Funktion wie DEF `sum(node(x,L,R)) == x + sum(L) + sum(R)` ist auch völlig egal, ob zuerst `sum(L)` oder `sum(R)` ausgerechnet wird.

In der Kommunikation mit dem Benutzer können solche Fragen der Reihenfolge aber nicht länger ignoriert werden. Der Grund ist ganz einfach, dass der Benutzer selbst in der Zeit lebt: Wenn ich in einer Textdatei Korrekturen vorgenommen habe, möchte ich nicht, dass das Programm – elegant von der Zeit abstrahierend – zwischendurch mit der alten Version weiterarbeitet.

Wir können schon an ganz einfachen Gedankenexperimenten deutlich machen, dass Kommunikationsansätze, die von der Zeit abstrahieren, unbrauchbar sind.

[4] Schiller, Gedichte: Das Unwandelbare

Gegenbeispiel 1. In einer funktionalen Welt muss alles ein Ergebnis haben. Kommunikation mit dem Benutzer kann also nur als „*Seiteneffekt*" zu einer Funktion hinzugefügt werden. Am einfachsten geht das, indem man die Identitätsfunktion anreichert. Nehmen wir also einmal an, es gäbe folgende „Funktion"[5] (wobei bezeichnend ist, dass wir solch eine Funktion in unserer Sprache gar nicht definieren können):

```
FUN PRINT: denotation → α → α
DEF PRINT(Message)(Value) ==
    ≪ zeige Message am Bildschirm und liefere ≫
    Value
```

Man betrachte dann eine (reichlich skurrile) Anwendung dieser „Funktion": Man hofft, die Geschwindigkeit zweier aufwendiger Berechnungen f und g beobachten zu können, indem man zusieht, wie schnell die Teile des folgenden Ausdrucks auf dem Bildschirm erscheinen:

```
1. Funktion + 2. Funktion = Ergebnis: 42
```

Also schreibt man folgende „Funktion":

```
DEF foo(a) == LET x == PRINT("1. Funktion")(f(a))
                  y == PRINT(" + 2. Funktion")(g(a))
                  z == PRINT(" = Ergebnis: ")(x + y)
              IN
              PRINT(IntToDenotation(z))(z)
```

Aber da die Reihenfolge der Auswertung zwischen x und y nicht festgelegt ist, kann es durchaus auch zu folgender Ausgabe kommen:

```
+ 2. Funktion1. Funktion = Ergebnis: 42
```

Die Benennungen "1. Funktion" und "2. Funktion" erlauben dem Benutzer zwar immer noch, die relative Geschwindigkeit von f und g zu beobachten, aber die erwartete Ausgabe ist das sicher nicht.

Die Semantik funktionaler Sprachen erlaubt einem Compiler aber noch viel weitergehende Freiheiten: Bei Funktionen mit mehreren Argumenten können Teilauswertungen erfolgen,[6] so dass das vierte PRINT tatsächlich mit dem Drucken anfangen darf, bevor es z auswertet. Irgendwelche Optimierungstechniken im Compiler können dann dazu führen, dass die anderen Funktionen sich zuerst um ihre Ergebnisse kümmern und erst danach drucken, so dass ein verblüffter Benutzer am Bildschirm Folgendes sieht:

```
421.Funktion = Ergebnis:  + 2. Funktion
```

Wohlgemerkt, solch ein Compiler mag unwahrscheinlich sein, aber er wäre korrekt, weil er Semantik-verträglich wäre.

[5] Solch eine ähnliche Funktion existiert in der *Bibliotheca Opalica* in der Struktur DEBUG. Sie ist aber ausschließlich für die Testphase geeignet, wenn man gewisse Programmstellen in ihrem dynamischen Verhalten beobachten möchte.

[6] Das wird bei sog. *lazy evaluation* maximal weit getrieben.

Gegenbeispiel 2. Noch merkwürdiger werden die Effekte, wenn wir auch die Eingabe einbeziehen. Wir könnten uns eine „Funktion" vorstellen wie

```
FUN READ: () → α
DEF READ() == ≪ lies Eingabe und liefere sie als Ergebnis ≫
```

Mit solch einer „Funktion" könnten wir dann schreiben (wobei dummy ein beliebiger Wert ist, den wir nur der Form halber als zweiten Parameter für PRINT brauchen; '\n' steht für 'Neue Zeile'):

```
DEF foo == LET d1 == PRINT("1. Wert: ")(dummy)
               x1 == READ()
               d2 == PRINT("\n2. Wert: ")(dummy)
               x2 == READ()
               z  == x1 − x2
           IN
           PRINT("\nErgebis = " ++ IntToDenotation(z))
```

Hier kann alles Mögliche passieren. Erhoffen würde man sich

```
1. Wert: 100
2. Wert: 18
Ergebnis = 82
```

(wobei die ersten beiden Zahlen Benutzereingabe sind, während der Rest vom System ausgegeben wird).

Aber es kann ebenso gut geschehen, dass folgendes Szenarium eintritt:

```
1. Wert:
2. Wert: 100
18
Ergebnis = 82
```

Das heißt, das System hat beide PRINT-Anweisungen ausgeführt, bevor der Benutzer eine Chance hatte, seine Eingabe zu tätigen.

Aber das ist noch nicht das Schlimmste: Auch folgende Variante ist im Bereich des Möglichen!

```
1. Wert: 100
2. Wert: 18
Ergebnis = -82
```

Hier hat der Compiler einfach die beiden READ-Anweisungen in der anderen Reihenfolge ausgeführt.

Es kann aber auch passieren, dass das System gar nichts zeigt, weil es die READs vor den PRINTs ausführt. Wenn ein frustrierter Benutzer dann – weil er gar keine Systemreaktion sieht – auf Verdacht seine Eingaben macht, passiert Folgendes:

```
100
181. Wert:
```

```
2. Wert:
Ergebnis = 82
```

Aber es kann auch vorkommen, dass ein optimierender Compiler merkt, dass d_1 und d_2 nie gebraucht werden, und deshalb die Ausdrücke wegoptimiert. Wenn der Benutzer, der wieder nichts sieht, auf Verdacht etwas eingibt, führt das zu folgendem Ablauf:

```
100
18
Ergebnis = 82
```

oder auch (s. oben):

```
100
18
Ergebnis = -82
```

Fazit. Man kann Kommunikation mit der Außenwelt nicht einfach dadurch realisieren, dass man an gewisse Funktionen Seiteneffekte anhängt. Das ginge nur, wenn man für die Auswertung funktionaler Programme an allen Stellen feste Reihenfolgen vorschreiben würde. *Das hieße aber wirklich, das Kind mit dem Bade auszuschütten.* Wir sollten jedoch als Erkenntnis festhalten:

> *Jede Kommunikation mit dem Benutzer (allgemeiner: mit der Außenwelt) muss die zeitliche Abfolge von Aktivitäten explizit ausdrücken können.*

Um es noch einmal zu verdeutlichen: Die Zeitabhängigkeit ist keine inhärente Eigenschaft des funktionalen Programms, sondern entsteht dadurch, dass der Benutzer als „Beobachter" des Programms in der Zeit lebt und somit nicht anders kann, als zeitabhängig zu beobachten.

21.1.2 Die Welt ist einzigartig

Man lebt nur einmal in der Welt. Goethe, Clavigo

In welcher Form existieren eigentlich Werte? Interessanterweise brauchen wir uns diese Frage in einem funktionalen Programmiermodell gar nicht erst zu stellen. Das heißt, wir können einfach schreiben $2+2+2$, ohne uns fragen zu müssen, ob das jetzt drei Zweien sind oder nur eine Zwei, die dreimal benutzt wird.[7] Dementsprechend können wir auch problemlos Funktionen schreiben wie

[7] Nur aus Effizienzgründen kann es interessant werden, ob der Compiler *intern* Kopien anlegt oder nicht. Denn bei sehr großen Datenstrukturen kann das Kopieren viel Rechenzeit kosten – auch wenn das Resultat davon unberührt bleibt.

```
FUN clone: α → α × α
DEF clone(x) == (x, x)
```

Denn wenn wir diese Funktion auf irgendwelche Werte anwenden, erhalten wir diese eben zweimal zurück:

```
clone(2)        ⇝ (2, 2)
clone("hallo")  ⇝ ("hallo", "hallo")
```

Es braucht uns vom Resultat her wieder nicht zu interessieren, ob der Compiler intern eine Kopie anlegt oder ob er nur das mehrfache Vorhandensein vermerkt.

Ähnlich ist es mit einer Funktion wie

```
FUN zero: α → nat
DEF zero(a) == 0
```

Wenn wir diese Funktion auf Werte anwenden wie

```
zero(2)        ⇝ 0
zero("hallo")  ⇝ 0
```

machen wir uns auch keine Sorgen, dass jetzt der Wert Zwei oder der Text "hallo" verschwunden sein könnte.

Kurzum: Im Schlaraffenland der (funktionalen) Werte kann man recht unbeschwert leben und arbeiten. Die Beschwernisse einer Materialwirtschaft sind unbekannt – auch das ist ein Teil der Schönheit funktionaler Programmierung.

Externe Geräte. Aber Programme laufen in einer realen Umwelt, und die ist bekanntlich kein Schlaraffenland. Ein-/Ausgabe bedeutet Arbeiten mit externen Geräten und Dateien. Das heißt, es müssen Anweisungen folgender Bauart möglich sein (wobei wir noch immer nicht geklärt haben, was Anweisungen wie `write` und `read` in unserer funktionalen Welt eigentlich bedeuten):

```
write(FileA, Text)
write(Terminal,Message)
read(FileB)
```

Mit anderen Worten, wir müssen Objekte aus der Umgebung unseres Programms benennen und mit ihnen arbeiten.

Sind diese externen Objekte Werte? Aus Gründen der Einheitlichkeit hätten wir das gerne. Aber es funktioniert nicht. Denn sonst hätten wir folgende Effekte:

```
clone(FileA)  ⇝ (FileA, FileA)
zero(FileB)   ⇝ 0
```

Sollten wir im ersten Fall davon ausgehen, dass die Datei `FileA` jetzt auf der Platte kopiert wurde? Und müssen wir im zweiten Fall fürchten, dass die Datei `FileB` von der Platte gelöscht wurde? Während diese Effekte bei Dateien zumindest noch technisch vorstellbar wären, wird's bei Geräten wie Terminals endgültig skurril. Sollten wir bei

```
clone( ) ⇝ ( , )
```

erwarten, dass auf mystische Weise ein zweites Terminal auf unserem Schreibtisch auftaucht? Oder sollten wir bei

```
zero( ) ⇝ 0
```

auf das plötzliche Verschwinden unseres Terminals vorbereitet sein?

Fazit. Der Versuch, die Objekte der Umgebung – also Terminals, Drucker, Dateien etc. – einfach wie ganz normale funktionale Werte zu behandeln, ist zum Scheitern verurteilt. Das ginge nur, wenn man für Werte grundsätzlich eine explizite „Materialwirtschaft" mit expliziter Beschaffung, Herstellung und Beseitigung einführen würde. *Auch das hieße wieder, das Kind mit dem Bade auszuschütten.* Wir sollten aber als Ergebnis festhalten:

> *Gegenstände der Außenwelt sind keine Werte. Jeder Bezug auf solche Objekte muss sicherstellen, dass ihre Identität gewahrt bleibt; sie können weder dupliziert noch eliminiert werden.*

Im Folgenden wollen wir aus diesen Beobachtungen Konsequenzen ziehen: Wir entwickeln zunächst ein konzeptuelles Ein-/Ausgabe-Modell, das den obigen Erkenntnissen Rechnung trägt (Abschnitt 21.2). Anschließend werden wir dieses Modell dann in programmiertechnische Notationen und Methoden gießen (Kap. 22).

21.2 Ein kommandobasiertes Ein-/Ausgabe-Modell

Es ist aus unserer vorangehenden Diskussion klar, dass in einem funktionalen Ansatz ein Programm nichts anderes tun kann, als einen Eingabewert auf einen Ausgabewert abzubilden (vgl. Abb. 21.1). Um unter diesen Umständen ein realistisches Dialogverfahren zu ermöglichen, kombinieren wir drei Ideen:

- Auch im richtigen Leben besteht ein Dialog – so meinen Spötter – letztlich nur aus einer Aneinanderreihung von lauter kleinen Monologen. Das liefert die erste Idee zur Lösung unseres Problems:

Ein dialogartiges Programm besteht aus einer Folge von vielen kleinen Abbildungen, die jeweils einer Eingabe die nächste Ausgabe zuordnen. Als „Gesprächspartner“ dient im Falle von Programmen die „Umgebung“, d. h. das Betriebssystem des Rechners. (Im Allgemeinen fügt aber der Compiler zu diesem System noch einiges an Anpassungssoftware hinzu, so dass man etwas genereller vom ***Laufzeitsystem*** spricht.)

- Es ist die Aufgabe dieses „Gesprächspartners“, die vielen kleinen Monologe zu einem Dialog zusammenzufügen. Damit das sinnvoll geschehen kann, muss man ihm – um in unserer Metapher zu bleiben – die passenden „Stichworte“ liefern. Und das ist Idee Nummer zwei zur Lösung unseres Problems: Das Programm liefert dem Laufzeitsystem nicht nur jeweils den eigentlichen Ausgabewert, sondern zugleich auch die ***Fortsetzung*** (engl.: *continuation*), d. h. diejenige Funktion, die als nächstes ausgeführt werden soll.[8] Damit entsteht dann ein Szenarium wie in Abb. 21.2 skizziert. Die Teilfunktion `Fi` wird vom System auf die Benutzereingabe `Ei` angewandt. Das Ergebnis ist ein Ausgabewert `Ai` zusammen mit einer Fortsetzungsfunktion $\mathtt{F}_{\mathtt{i+1}}$. Das System zeigt dem Benutzer die Ausgabe `Ai` und wartet auf seine Eingabe $\mathtt{E}_{\mathtt{i+1}}$, mit der dann das Spiel von Neuem beginnt.

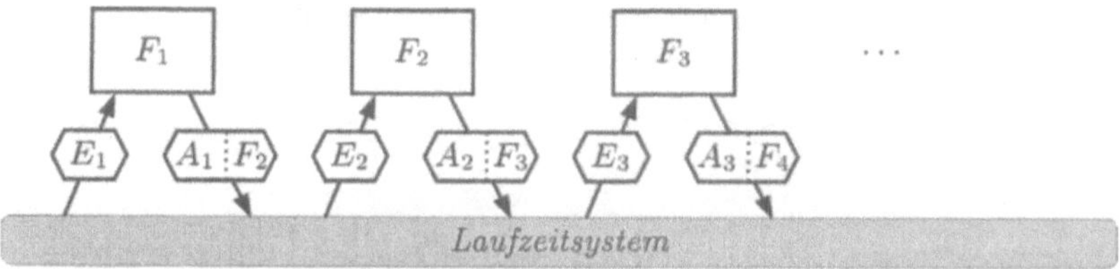

Abb. 21.2. Programme als Dialogstücke

- Wenn wir unsere Gesprächsmetapher noch ein bisschen weiter strapazieren, kriegen wir auch die dritte Idee unter: Wenn ich in der passenden Umgebung bin, brauche ich mir mein Bier nicht selbst zu holen, sondern bloß zu sagen, dass ich durstig bin. Dann wird es mir gebracht. Das hat für mich den Vorteil, dass ich nicht zu wissen brauche, wo der Kühlschrank ist, und für die anderen, dass die Erledigung des Auftrags sogar an Zwischenträger delegiert werden kann.

[8] Hier zeigt sich, wie wichtig es ist, dass man in der funktionalen Programmierung ganz leicht mit Funktionen als Werten arbeiten kann.

Übertragen auf unser Ein-/Ausgabe-Modell heißt das, dass wir als Ausgaben A_i nicht allgemeine Werte wie Zahlen oder Texte verwenden, sondern spezielle ***Kommandos*** (engl.: *commands*) wie `open(file)`, `write(5)`, `read` oder `setpixel(i,j)(blue)`. Das Laufzeitsystem *interpretiert* dann diese Kommandos und führt die zugehörigen Aktionen aus.

Die Verwendung von Kommandos als Verbindungsglied zwischen Programm und Laufzeitsystem hat noch einen wichtigen Nebeneffekt: Wir können jetzt problemlos unsere kritischen Funktionen anwenden.

```
clone(write(tty,2))  ⇝  (write(tty,2), write(tty,2))
clone(open(FileA))   ⇝  (open(FileA), open(FileA))
```

Alles, was jetzt passiert, ist, dass das Kommando verdoppelt wird. Ob auch zweimal geschrieben wird oder zweimal die Datei geöffnet wird, hängt nur davon ab, was wir dem System zur Interpretation übergeben. In diesem Sinne sind also die Kommandos selbst ganz normale funktionale Werte. Damit erhalten wir eine klare Trennung:

- Im Programm werden *Kommandos* als ganz normale Werte behandelt und verarbeitet.
- Erst nach der Übergabe ans Laufzeitsystem erhalten die Kommandos ihre besondere Rolle als *Steuerung* der Ein-/Ausgabe-Aktivitäten.

DEFINITION (Interaktion, Ausgabetoken)
Wir nennen einen Schritt $E_i \to F_i \to (A_i, F_{i+1})$ *– also Einlesen der Eingabe, Anwenden der Funktion und Ablieferung der Ausgabe und der Fortsetzungsfunktion – einen elementaren Dialogschritt oder eine* ***Interaktion.***

Die Ausgabepaare (A_i, F_{i+1}) *in einer solchen Interaktion nennen wir* ***Ausgabetoken****, um hervorzuheben, dass es sich hier nicht um „normale" Werte handelt, sondern um Kommandos, die vom System zu interpretieren sind.*

Natürlich sollten wir in Ausgabetoken A_i nicht nur einzelne ***atomare Kommandos*** wie `read`, `write`, `open` etc. zulassen, sondern auch ***komplexe Kommandos***, d.h. ganze Folgen atomarer Kommandos. Das heißt, wir erhalten im Allgemeinen als Ausgabetoken Listen der Bauart

```
⟨write("\nDas Ergebnis ist: "), write(result), write("\n"), Fi⟩
⟨write("\n"), write("\nBitte Wert eingeben: "), read, Fj⟩
```

Zum Schluss wollen wir noch anmerken, dass man zwei Arten von Kommandos unterscheiden kann:

- *Reine Ausgabekommandos* führen nur dazu, dass das System Aktivitäten ausführt (Schreiben, Dateien ändern etc.), aber es wird keine Eingabe erwartet. Deshalb muss die Fortsetzungsfunktion `Fi` eine parameterlose Funktion sein (zumindest in der Theorie, in der Praxis wird es ein bisschen anders gehandhabt – s. unten).
- *Eingabekommandos* führen dazu, dass das System am Ende seiner Aktivitäten eine Eingabe (vom Benutzer, aus einer Datei etc.) bereithält. Deshalb muss die Fortsetzungsfunktion `Fj` so beschaffen sein, dass sie einen Parameter der entsprechenden Art erwartet.

Im Allgemeinen wird man selten reine Eingabekommandos antreffen; sie sind fast immer mit vorausgehenden Ausgabekommandos verbunden – zumindest gilt das für die Kommunikation mit dem Benutzer.

Theoretisch kann man sich auch mehrfache Eingabekommandos vorstellen, deren Fortsetzungsfunktion dann mehrere Parameter hat – die Prinzipien unserer funktionalen Sprachen lassen das ohne Weiteres zu. In der Praxis wird man so etwas aber nicht machen, da für die Programmierer und auch die Leser der Code undurchsichtiger wird.

22. Ein-/Ausgabe: Die Programmierung

Nachdem wir uns die grundlegende Idee klar gemacht haben, können wir nun an die programmtechnische Realisierung gehen. Dabei zeigt sich schnell, dass man einige der prinzipiellen Überlegungen doch ganz gerne etwas modifizieren möchte. Der Grund dafür ist eine stärkere Vereinheitlichung (wenige einheitliche Konzepte zu haben, ist immer besser als viele, die sich subtil unterscheiden). Vor allem wollen wir keinen grundsätzlichen Unterschied zwischen Ein- und Ausgabekommandos machen. Eine solche Unterscheidung erfordert nämlich nicht nur zwei verschiedene Formen von Kommandos, vielmehr führt sie auch zu einer kombinatorischen Vielfalt von Kompositionsoperationen.

Anmerkung: Diese Vereinheitlichung macht nicht nur alles eleganter, sondern auch realistischer. Denn in der Praxis können auch bei reinen Ausgabekommandos Fehler auftreten, die vom Laufzeitsystem gemeldet werden (z. B. Versuche, in eine nicht existierende Datei zu schreiben). Diese Fehlermeldungen sind aber nichts anderes als Eingaben, auf die die entsprechende Fortsetzungsfunktion vorbereitet sein muss.

22.1 Ein-/Ausgabe-Programmierung naiv betrachtet

Bevor wir uns mit den technischen Details der tatsächlichen Ein-/Ausgabe-Programmierung befassen, wollen wir uns als Vergleichsmaßstab eine ideale Zielvorstellung machen. Wir wären gerne in der Lage, Dinge zu schreiben wie

```
     -- ------------------------------------
     --          fiktiver Code!!!!
     -- ------------------------------------
DEF processFile() ==
     write("Dateiname = ")  FBY
     read ⇒ FileName         FBY
     open(FileName) ⇒ FileId FBY
     IF success?(FileId) THEN readFile(FileId) ⇒ Contents     FBY
                              write("erfolgreich gelesen ") FBY
                              workOn(Contents)
                         ELSE write("existiert nicht!") FBY
                              errorHandling(FileName)          FI
```

Wie wäre das zu interpretieren? Nehmen wir an, die Funktion `processFile` wäre eine der Funktionen F_i unseres Modells. Dann würde – durch die FBYs – eine Liste von Kommandos generiert, die dem System übergeben wird: Das Kommando `write` schreibt den Text auf das Terminal, `read` zeigt an, dass jetzt Eingabe vom Terminal beschafft werden soll, `open` prüft, ob es eine Datei mit dem entsprechenden Namen gibt, und liefert (als Eingabe) die interne Kennung der Datei sowie eventuell Fehlerindikatoren. Und so weiter. Eine der beiden Funktionen `workOn` oder `errorHandling` fungiert dann – je nach Ausgang des Tests – als die neue Fortsetzungsfunktion F_{i+1}.

Soweit zum Wunschdenken.[1] Tatsächlich sind wir damit aber schon zu weit gegangen – jedenfalls dann, wenn wir das Modell puristisch auslegen. Denn eigentlich beginnt mit jeder Eingabe eine neue Interaktion. Das obige Programm fasst also schon mehrere Dialogfragmente zusammen. Das heißt, wir müssten es aufbrechen in mehrere Teile:

```
      -- ------------------------------------
      --          schlechter Code!!!!
      -- ------------------------------------
DEF processFile() == getFileName()

DEF getFileName() ==
    write("Dateiname = ") FBY
    read                  FBY
    openTheFile

DEF openTheFile(FileName) ==
    open(FileName)        FBY
    readTheFile(FileName)

DEF readTheFile(FileName)(FileId) ==
    IF success?(FileId) THEN readFile(FileId) FBY
                             handleTheFile
                        ELSE write("existiert nicht!") FBY
                             errorHandling(FileName)         FI

DEF handleTheFile(Contents) ==
    write("erfolgreich gelesen") FBY
    workOn(Contents)
```

Das ist sicher keine Verbesserung. Trotzdem wollen wir kurz analysieren, was die einzelnen Teile bedeuten. Zwei Dinge sind hier bemerkenswert:

[1] Prinzipiell ist es kein Problem, solche Features in eine Sprache mit einzubauen, so dass derartige Programme formulierbar werden. Aber der aktuelle Trend in den funktionalen Sprachen geht dahin, das Problem lieber weitestgehend mit den vorhandenen Mitteln zu lösen, als dauernd neue „Features“ aufzunehmen.

- Erstens sind die Eingabewerte, die oben noch mit **FileName**, **FileId** und **Contents** bezeichnet wurden (wobei allerdings die Rolle einer Notation wie '... ⇒ **Contents**' in unserer funktionalen Welt noch völlig offen war), jetzt anonymisiert. Nur an der Parametrisierung der Folgefunktion lässt sich jeweils erkennen, was als Eingabe erwartet wird.
  Das ist offensichtlich kein guter Stil!
- Zweitens muss man Werte (wie z. B. **FileName**), die in späteren Funktionen (wie z. B. **errorHandling**) noch gebraucht werden, als zusätzliche Parameter durch alle Zwischenstufen durchreichen.
  Man beachte übrigens, dass hier Currying wichtig ist, um die richtige Funktionalität für das Zusammenspiel der Eingabe mit der Fortsetzungsfunktion zu gewährleisten.

Aber jetzt sind wir schon ganz nahe an der Lösung! Wir brauchen uns ja nur daran zu erinnern, dass die gute alte λ-Notation uns erlaubt, Funktionen einzuführen, ohne jedesmal mit DEF einen Namen dafür spendieren zu müssen. Also bauen wir unser Programm so um, dass alle Hilfsfunktionen in λ-Ausdrücke verwandelt werden.

```
      -- -----------------------------------
      --          schlechtes Layout
      -- -----------------------------------
DEF processFile() ==
    write("Dateiname = ") FBY
    read FBY
    (λ FileName .
    open(FileName) FBY
    (λ FileId .
    IF success?(FileId) THEN readFile(FileId) FBY
                             (λ Contents .
                             write("erfolgreich gelesen") FBY
                             workOn(Contents)
                             )
                        ELSE write("existiert nicht!") FBY
                             errorHandling(FileName)        FI
    ))
```

Das ist praktisch unser „ideales“ Ausgangsprogramm. Der Unterschied liegt in winzigen syntaktischen Abweichungen: Im Wesentlichen wurden Zeichenfolgen der Bauart

```
read ⇒ FileName FBY ...
```

ersetzt durch

```
read FBY
(λ FileName . ... )
```

Letzteres ist zwar optisch weniger ansprechend, liegt dafür aber voll und ganz im Rahmen unserer vorhandenen Sprachmittel, kann also realisiert werden, ohne neue Features einzuführen.

Man kann noch über das *Layout* streiten. Folgende Variante hat sich in der Praxis (bei großen Programmen) als die lesbarste Form herausgestellt (denn im Gegensatz zur obigen Form kann man hier schnell die Stelle finden, an der ein Wert wie z. B. FileId eingelesen wurde):

```
DEF processFile() ==
    write("Dateiname = ")                FBY (
    read                                 FBY (λ FileName .
    open(FileName)                       FBY (λ FileId .
    IF success?(FileId)
      THEN readFile(FileId)              FBY (λ Contents .
           write("erfolgreich gelesen") FBY
           workOn(Contents)                  )
      ELSE write("existiert nicht!")     FBY
           errorHandling(FileName) FI        )))
```

Das Einzige, was dieses Programm von unserer Ausgangsversion unterscheidet, ist das etwas irritierende 'λ'. Dafür liefern uns aber die üblichen Scoping-Regeln spätere Zugriffe auf Identifier wie FileName frei Haus.

Vor allem aber ist diese Darstellung mit unserem obigen Ein-/Ausgabe-Modell völlig kompatibel (das wir ja als mehr oder weniger zwingend erkannt hatten)!

Übrigens: Viele Sprachdesigner haben ein Faible für kurze Symbole. Und so wurden auch in der *Bibliotheca Opalica* die drei Buchstaben 'FBY' durch das Graphem '&' ersetzt, so dass unser kleines Programm tatsächlich so aussieht:[2]

```
DEF processFile() ==
    write("Dateiname = ")                & (
    read                                 & (λ FileName .
    open(FileName)                       & (λ FileId .
    IF success?(FileId)
      THEN readFile(FileId)              & (λ Contents .
           write("erfolgreich gelesen") &
           workOn(Contents)                )
      ELSE write("existiert nicht!)      &
           errorHandling(FileName) FI      )))
```

Was jetzt noch bleibt, ist, dieses Konzept so in unsere Sprache einzubauen, dass alles „stimmig", insbesondere also typkorrekt ist.

[2] Wer das nicht mag, kann sich selbst mit der Definition DEF FBY == & die obige Version ermöglichen.

22.2 Kommandos

Wir hatten gesagt, dass wir zur größeren Vereinheitlichung keinen Unterschied zwischen Ein- und Ausgabe-Kommandos machen wollen. Daher müssen wir einen *Dummy-Typ* einführen, dessen Pseudowert `nil` nach reinen Ausgabekommandos als „fiktive Eingabe" fungiert. Dazu ist in der *Bibliotheca Opalica* eine entsprechende Hilfsstruktur vorgesehen:[3]

```
SIGNATURE Void

  TYPE void == nil
```

Der Typ com. Die eigentliche Struktur für Kommandos enthält vor allem die Sorte `com` der Kommandos. Außerdem stellt sie drei Operationen (also atomare Kommandos) `succeed`, `exit` und `break` bereit.

- `succeed(a)` stellt den Wert `a` als Ausgabe zur Verfügung, der von der nächsten Interaktion direkt als Eingabe übernommen werden kann. (Das ist manchmal ganz praktisch, weil man damit „Pseudo-Ein-/Ausgabe" ins Programm einbauen kann.[4])
- `break(message)` ist das Gegenstück zu `succeed`: Dieses Kommando zeigt einen Fehler an, der normalerweise zum Programmabbruch führt – es sei denn, der Fehler wird abgefangen (siehe Abschnitt 22.2.2).
- `exit(i)` beendet das Programm mit dem Code `i`. (Die Bedeutung der Codes ist im Betriebssystem festgelegt; insbesondere bedeutet '0' ein reguläres, d. h. fehlerfreies Ende.)

```
SIGNATURE Com[α]

  SORT α                             -- Parameter ist Sorte
  SORT com                           -- der Typ für Kommandos
        ...
  FUN succeed: α → com               -- Pseudoausgabe eines Wertes
  FUN exit: nat → com                -- Programmende
  FUN break: denotation → com        -- Fehleranzeige
```

Durch diese Struktur haben wir also für Eingabekommandos Instanzen wie `com[nat]`, `com[real]`, `com[char]`, `com[denotation]` etc., die jeweils den Typ angeben, der als (Benutzer-)Eingabe erwartet wird. Das heißt z. B., wenn das Token $\mathtt{A_i}$ vom Typ `com[real]` ist, dann muss die Fortsetzungsfunktion $\mathtt{F_{i+1}}$ einen Parameter vom Typ `real` erwarten. Die häufigste Instanz ist sicher `com[void]`, die *reine Ausgabe* signalisiert.

---

[3] Amüsanterweise hat man sich auch in der Sprache JAVA entschieden, Methoden ohne Ergebnis dadurch zu charakterisieren, dass man an Stelle des Resultattyps `void` schreibt.

[4] Das ist z. B. dann notwendig, wenn in einem Zweig einer Fallunterscheidung Eingabe erfolgt, im anderen nicht.

Die drei Pünktchen in der Struktur deuten an, dass dort noch ein bisschen mehr steht; darauf kommen wir in Abschnitt 22.2.2 gleich noch zurück.

Atomare Kommandos. Die Struktur Com enthält eigentlich nur die Sorte com; die drei Basisoperationen sind eher nebensächlich. Aus Gründen der Modularisierung ist die Masse der atomaren Kommandos in anderen Strukturen zusammengefasst. Wir listen hier nur einige wesentliche exemplarisch auf.[5] Unsere Auswahl ist dabei an dem einfachsten Ein-/Ausgabe-Vorgang orientiert, nämlich an der Interaktion mit dem Benutzer über ein ASCII-Terminal. (Die Erklärung der Kommandos erfolgt unten.)

```
SIGNATURE BasicIO

FUN ask: denotation → com[denotation]
    ...
FUN write: denotation → com[void]
FUN writeLine: denotation → com[void]
    ...
FUN beep: com[void]
    ...
```

- ask(Message) verbindet Ausgabe mit Eingabe, d. h., das Kommando entspricht im Wesentlichen der Folge write(Message) & read. Die Nachricht wird dem Benutzer gezeigt (sie spezifiziert im Allgemeinen den nächsten Eingabewunsch), danach erwartet das System einen Text (denotation) als Eingabe. Die Operation gibt es im übrigen noch in Varianten wie

  DEF ask: denotation → com[nat]

  (analog com[int], com[real], com[char] und com[bool]). Dabei wird die Antwort des Benutzers gleich in einen Wert des entsprechenden Typs konvertiert (sofern sie syntaktisch korrekt ist).
- write(Message) schreibt einfach die Nachricht auf das Terminal. (Der Ergebnistyp com[void] kennzeichnet das Kommando als reine Ausgabe.) writeLine(Message) macht das Gleiche, wobei aber die Ausgabe auf eine neue Zeile erfolgt. Für beide Kommandos gibt es auch Varianten wie

  DEF write: nat → com[void]

  (analog int, real, char, bool). Dabei wird der Wert automatisch in eine entsprechende ASCII-Darstellung konvertiert.
- beep generiert einfach einen Piepton.

Die drei Pünktchen deuten wieder an, dass die Struktur noch weitere Kommandos bereitstellt.

[5] Alle anderen kann man in der *Bibliotheca Opalica* finden, wo mehrere Dutzend kommandoorientierte Strukturen enthalten sind. Diese Fülle reflektiert schlicht die Vielfalt von Diensten des Betriebssytems, die sich in entsprechenden Kommandos der Sprache widerspiegeln.

Hinweis: Die Nützlichkeit dieser Struktur wird wesentlich ergänzt durch die Struktur `LineFormat` (s. Abschnitt 22.4), die die schöne Formatierung von Ausgabe unterstützt.

Weitere Kommandostrukturen. Die *Bibliotheca Opalica* stellt noch eine Fülle weiterer Strukturen mit einem reichhaltigen Angebot an Kommandos zur Verfügung. Beispiele:

- `Stream`, `File` etc. stellen Dienste auf Dateien (Öffnen, Schließen, Lesen, Schreiben, Erzeugen, Löschen usw.) zur Verfügung.
- `Random`, `Time` etc. stellen Zugriffe auf Zufallszahlen, die Systemzeit u. ä. bereit.
- Operationen der Prozessverwaltung (Fork, Wait, Kill etc.) oder der Benutzerverwaltung werden in Strukturen wie `Process` und `UserAndGroup` angeboten. Zugriffe auf die Kommandozeile beim Programmstart sind in `ProcessArgs` enthalten.
- Es gibt ein ganzes System zur Erzeugung und Verwaltung paralleler Prozesse.[6] Dazu dienen Strukturen wie `ComAgent`, `ComChoice`, `ComService`, `ComTimeout` usw.
- Das Subsystem OPALWIN realisiert eine vollständige graphische Benutzerschnittstelle („GUI“) mit Fenstern, Menüleisten, Buttons und allem, was dazugehört.[7]

Als Beispiel betrachten wir einige Fragmente aus der Struktur `Stream`.[8]

```
SIGNATURE Stream

SORT input output            -- Typen für Ein- und Ausgabedateien

FUN stdIn: input             -- Standardeingabe
FUN stdOut: output           -- Standardausgabe
                                                          -- Eingabedatei
FUN open:  denotation → com[input]                        -- ... öffnen
FUN close:  input → com[void]                             -- ... schließen
FUN read:  input → com[string]                            -- ... lesen
    ...
                                                          -- Ausgabedatei
FUN create:  denotation → com[output]                     -- ... erzeugen
FUN close:  output → com[void]                            -- ... schließen
FUN write:  output × denotation → com[void]               -- ... schreiben
    ...
```

[6] Dieses Subsystem verbindet im Grunde das funktionale Paradigma mit dem Paradigma der Programmierung verteilter Systeme.

[7] Dieses System basiert auf dem TCL/TK-System.

[8] Diese Struktur ist relevanter als die Struktur `File`, weil sie die Betriebssystem-Mechanismen zum allgemeinen Datei- und Geräteverkehr genauer widerspiegelt.

Die Pünktchen deuten jeweils wieder an, dass es noch eine Reihe ähnlicher und ergänzender Kommandos gibt (deren Verständnis teilweise davon abhängt, ob man ihre entsprechenden Gegenstücke im Betriebssystem kennt).

22.2.1 Verknüpfung von Kommandos

Nachdem wir die verfügbaren atomaren Kommandos – zumindest exemplarisch – kennengelernt haben, müssen wir noch ihre Komposition zu ganzen Interaktionen betrachten. Zur Erinnerung: Eine Interaktion verbindet ein oder mehrere Kommandos mit einer Fortsetzungsfunktion. Das spiegelt sich in der folgenden Struktur wider:

```
SIGNATURE ComCompose[α, β]

  SORT α                                  -- Typ der Eingabe
  SORT β                                  -- Typ der Ausgabe

  FUN & : com[α] × com[β] → com[β]        -- Folge von Kommandos
  FUN & : com[α] × (α → com[β]) → com[β]  -- Kommando plus
                                          --    Fortsetzungsfunktion
      ...
```

Die Typisierung mag auf den ersten Blick etwas kompliziert anmuten, sie entspricht aber genau dem, was wir oben erarbeitet haben. Damit dabei so einfache Layouts wie im (letzten Programm von) Abschnitt 22.1 möglich werden, überlagern wir die beiden wesentlichen Arten von Komposition im selben Symbol.

- Der erste Operator wird üblicherweise dazu benutzt, Folgen von Ausgabekommandos miteinander zu verbinden, eventuell am Schluss gefolgt von einem Eingabekommando:

  $\texttt{Ausgabe}_1$ & $\texttt{Ausgabe}_2$ & ... & $\texttt{Ausgabe}_n$
  $\texttt{Ausgabe}_1$ & $\texttt{Ausgabe}_2$ & ... & $\texttt{Ausgabe}_n$ & `Eingabe`

  Das heißt, der Parameter α ist fast immer mit `void` instanziert.
  Übrigens: Es können theoretisch weiter vorne in der Liste auch Eingabekommandos auftreten. Aber was immer sie lesen, wird ignoriert; nur die letzte Eingabe zählt.
- Der zweite Operator verknüpft ein Eingabekommando (atomar oder eine zusammengesetzte Folge) mit einer Fortsetzungsfunktion. Das heißt, man hat üblicherweise Anwendungen wie

  `Eingabe` & (λ `Input` . ...)
  $\texttt{Ausgabe}_1$ & $\texttt{Ausgabe}_2$ & ... & $\texttt{Ausgabe}_n$ & (`Eingabe` & (λ `Input` . ...))

Interessant ist hier vor allem die Entscheidung, welche Funktionalität die Fortsetzungsfunktion erhält. Betrachten wir noch einmal Abb. 21.2. Wir sehen, dass $\texttt{F}_\texttt{i}$ als Ausgabe ein Paar produziert: ($\texttt{A}_\texttt{i}$, $\texttt{F}_{\texttt{i}+1}$), wobei $\texttt{A}_\texttt{i}$ üblicherweise ein Kommando wie `read` ist, das die nächste Eingabe $\texttt{E}_{\texttt{i}+1}$ anfordert. Und der Typ `com`[β] dieses Kommandos wird als Resultattyp der Funktion $\texttt{F}_\texttt{i}$ genommen.

> *Aber erfreulicherweise brauchen wir diese ganzen Subtilitäten nicht dauernd zu bedenken. Denn wir können* `Com` *und* `ComCompose` *einfach uninstanziert importieren und dann einfach Ein-/Ausgabe-Programme mit '`&`' schreiben; den Rest erledigt der Compiler.*

22.2.2 Abfangen von Fehlern

Ein Problem haben wir bisher ignoriert: Bei Ein-/Ausgabe-Vorgängen treten häufig *Fehler* auf (Zugriff auf nicht vorhandene Dateien, Verletzung des Schreibschutzes etc.). Was bedeutet das in unserem Modell? Der Effekt ist relativ simpel: Der Operator '`&`' ist so programmiert, dass er bei einem Fehler den Folgeteil einfach übergeht. Das heißt, bei einem Ein-/Ausgabe-Fehler endet das Programm einfach sang- und klanglos.

Das ist natürlich nicht praktikabel. Man muss in der Lage sein, solche Fehler abfangen und ordentlich behandeln zu können.

Dazu müssen wir etwas tiefer in die Interna der Kommandos schauen. Die Strukturen `Com` und `ComCompose` definieren in Wirklichkeit noch etwas mehr (was wir oben in den drei Pünktchen '...' verborgen haben): Es gibt einen weiteren Typ `ans` und einen etwas filigraneren Kompositionsoperator ';'.

```
SIGNATURE Com[α]
-----------------------------------------
...
TYPE ans == okay(data: α)
            fail(error: denotation)
```

```
SIGNATURE ComCompose[α, β]
-----------------------------------------
...
FUN ; : com[α] × (ans[α] → com[β]) → com[β]
```

Der Typ `ans` dient dazu, die eigentliche Eingabe „einzupacken“: War sie in Ordnung, wird sie mittels `okay` eingepackt, ansonsten gibt es eine mit `fail` eingepackte Fehlerbeschreibung. Damit kann man jetzt über die Diskriminatoren einen Fehlertest durchführen; man muss dann allerdings selbst die Werte durch Auspacken beschaffen. Um den Effekt zu sehen, betrachten wir zwei Versionen eines Programms:

```
DEF getFile == open("MyFile")      & (λFile.
               readFile(File)      & (λContent.
               workOn(Content)       ))
```

Wenn es hier keine Datei namens "MyFile" gibt, wird die Fortsetzung mit readFile und workOn einfach übergangen, und das Programm endet ohne weitere Aktivitäten. Anders sieht das beim folgenden Programm aus:

```
DEF getFile ==
    open("MyFile")                              ; (λFile.
    IF okay?(File)
       THEN readFile(data(File))                & (λContent.
            workOn(Content)                       )
       ELSE writeLine("War nix: " ++ error(File)) &
            handleError(File)
    FI                                            )
```

Wenn hier die Datei fehlt, wird als Eingabe die entsprechende Fehlerursache zurückgeliefert, und der Benutzer sieht als Effekt der writeLine-Anweisung am Bildschirm die Meldung

```
War nix: No such file or directory
```

Als Preis für diese Möglichkeit zur Fehleranalyse muss man allerdings im Erfolgsfall den eigentlichen File-Identifikator mittels data(File) auspacken.

Anmerkung: Eigentlich hätten wir nach dem Kommando readFile(...) auch eine Fehlerabfrage einbauen sollen. (Die Datei kann ja leer sein oder unlesbare Daten enthalten oder lesegeschützt sein oder ...) Das führt offensichtlich zu immer unleserlicheren Programmen, weil die dauernden Fallunterscheidungen (die nur zum Fehlerabfangen dienen) den eigentlichen logischen Programmablauf zudecken.[9]

Die reichhaltigen Möglichkeiten funktionaler Sprachen erlauben uns allerdings, hier alle möglichen Varianten von Fehlerbehandlung selbst zu gestalten. So können wir uns z. B. einen eigenen Operator '//' schreiben,[10] mit dem folgender Code möglich wird:

```
DEF getFile == (open("MyFile") // Error1)  & (λFile.
               (readFile(File) // Error2)  & (λContent.
               workOn(Content)               ))
```

Die Funktionen Error1 und Error2 sind dabei frei gestaltbar, etwa in der Form

---

[9] Das ist kein spezifisches Problem funktionaler Programmierung, sondern ein universelles Problem der Ein-/Ausgabe-Programmierung in allen Sprachen: Ein-/Ausgabe-Fehler können nur (und müssen auch) zur Laufzeit geprüft werden. Und das bedeutet viele Zeilen Programmtext.

[10] Eine ähnliche Operation '|' gibt es in der Struktur ComCheck der *Biblioteca Opalica*.

```
FUN Error1 : com[void]
DEF Error1 == writeLine("Datei 'MyFile' nicht da!")
FUN Error2 : com[void]
DEF Error2 == writeLine("Fehler beim Lesen von 'MyFile'!")
```

Der Operator '//' ist auch nicht schwer zu programmieren: Wenn alles in Ordnung war, reicht er (mit dem Kommando `yield` aus der Struktur `Com`) einfach die Eingabe durch; ansonsten schiebt er die Fehlerbehandlung ein, bevor er die Eingabe – die ja jetzt ein Fehlerindikator ist – ebenfalls durchreicht. (Und wenn, was üblicherweise der Fall ist, '&' bei Fehlern das Programm beendet, ist die Fehlerbehandlung die letzte Aktivität.)

```
FUN // : com[α] × com[void] → com[α]
DEF A // Err ==
    A ; (λAnswer.
    IF okay?(Answer) THEN yield(Answer)
                     ELSE Err & yield(answer) FI )
```

Als Alternative kann man auch einen Operator schreiben, der im Fehlerfall nicht nur eine Ausgabe der Art `com[void]` einschiebt, sondern eine Fehlerkorrektur ermöglicht, indem er einen Wert der gewünschten Art `com[α]` beschafft. Dieser Operator ist als '|' in der Struktur `ComCheck` der *Bibliotheca Opalica* realisiert.

Variationen solcher Funktionen kann man sich je nach Bedarf geeignet zusammenstellen, so dass die eigentliche Applikationsprogrammierung nicht allzu sehr durch die Fehlerbehandlung mystifiziert wird.

22.2.3 Funktionale für Ein-/Ausgabe

Die funktionale Programmierung verdankt – wie schon mehrfach erwähnt – einen großen Teil ihrer Ausdruckskraft und Eleganz den Funktionen höherer Ordnung. Deshalb liegt es nahe, auch für die Ein-/Ausgabe solche Funktionale einzuführen. In der *Bibliotheca Opalica* gibt es z. B. die Strukturen `ComSeqMap` und `ComSeqReduce`, in denen die Funktionale *map* und *reduce* auf Kommandos übertragen werden. Damit können wir dann z. B. schreiben[11]

```
LET S   == 1 :: 2 :: 3 :: ◊
    get == λi. ask(formatS("Eingabe %n = " ← i))
IN
(get *& S)             & (λ List.
(writeLine *& List)    &
done                   )
```

[11] Die Operation `formatS` (aus der OPAL-Struktur `StringFormat`) ist dabei so definiert, dass sie in die gegebene Denotation an der mit `%n` bezeichneten Stelle die Zahl `i` einfügt (in Analogie zur Sprache C).

Der Operator `*&` nimmt ein Kommando und eine Liste von Werten und führt das Kommando mit jedem Element der Liste aus. Das Ergebnis ist die Liste der Resultate der Einzelkommandos. (Bei der zweiten Applikation mit `writeLine` ist das also eine Liste von `nil`-Werten, die hier aber vom folgenden Kommando `done` einfach ignoriert wird.) Wir erhalten also zunächst drei Eingabeaufforderungen. Wenn wir sie – wie unten beschrieben – mit den Eingaben '`a`', '`b`' und '`c`' beantworten, erhalten wir diese Buchstaben danach in drei Ausgabezeilen wieder zurück.

```
Eingabe 1 = a
Eingabe 2 = b
Eingabe 3 = c
a
b
c
```

In ähnlicher Form gibt es weitere Operatoren, etwa den *reduce*-artigen Operator `/&`, der folgendermaßen definiert ist:

$$
\begin{array}{lllll}
(\mathtt{cmd}, \mathtt{a}_0) & /\& & \langle \mathtt{x}_0, \mathtt{x}_1, \ldots, \mathtt{x}_n \rangle & = & \mathtt{cmd}(\mathtt{x}_0, \mathtt{a}_0)\ \&\ (\lambda\, \mathtt{a}_1. \\
& & & & \mathtt{cmd}(\mathtt{x}_1, \mathtt{a}_1)\ \&\ (\lambda\, \mathtt{a}_2. \\
& & & & \ldots \qquad \ldots \\
& & & & \ldots \qquad \&\ (\lambda\, \mathtt{a}_n. \\
& & & & \mathtt{cmd}(\mathtt{x}_n, \mathtt{a}_n) \quad) \ldots))
\end{array}
$$

Hier wird die Funktion $\mathtt{cmd}: \alpha \times \beta \to \mathtt{com}[\beta]$ der Reihe nach auf jedes Element $\mathtt{x}_i$ der gegebenen Sequenz *und* – ausgehend vom Startwert $\mathtt{a}_0$ – auf das Ergebnis $\mathtt{a}_i$ des jeweils vorausgegangenen Kommandos angewandt.

22.3 Was ist eigentlich ein Programm?

Bei einem Interpreter stellt sich diese Frage überhaupt nicht; hier ist jede Sammlung von Strukturen akzeptabel. Denn durch den Interpreter kann man beliebige Ausdrücke berechnen lassen (s. Kap. 23). Bei einem Compiler ist die Sache anders: Hier müssen wir im Programm selbst dafür sorgen, dass es mit dem Benutzer interagiert. Das heißt, wir müssen im Programm für die Ein- und Ausgabe sorgen. Offensichtlich ist es dabei nicht sinnvoll, das ganze Programm als ein Eingabekommando aufzufassen; denn was sollte mit dieser Eingabe schon passieren? Also kommen wir zu der Erkenntnis:

DEFINITION (Programm)
*Ein **Programm** ist ein Ausgabekommando, also eine Funktion der Art* `com[void]`.

Im Allgemeinen werden wir als die Topstruktur in einem Programmsystem eine Struktur der Bauart haben:

```
SIGNATURE MyProgram
  IMPORT Void      ONLY void
         Com[void] ONLY com
  FUN myProgram: com[void]
```

In der Implementierung `MyProgram` muss dann die Funktion `myProgram` definiert sein.

Hinweis: In der Praxis hat es sich bewährt, in die Topstruktur nichts außer diese Startfunktion zu packen, so dass sie wirklich nur als banaler Rahmen fungiert. Die Essenz des Programmsystems steckt man in andere Strukturen, die von der Topstruktur importiert werden. (Auf diese Weise kann man während der Programmentwicklungsphase leicht geeignete Testumgebungen dazubauen.)

22.4 Zur Methodik der Ein-/Ausgabe-Programmierung

Wir hatten festgestellt, dass der Zwang, die Ein-/Ausgabe eines Programms sorgfältig zu planen, ein Vorteil gegenüber einem beliebig freien Einstreuen von Ein-/Ausgabe-Befehlen ist. Zu dieser sorgfältigen Planung gehören ein paar einfache Prinzipien, an die man sich tunlichst halten sollte. Einige davon wollen wir im Folgenden noch kurz ansprechen.

Schreiben. Betrachten wir zunächst den einfacheren Fall: das Schreiben. Hier tendieren viele Programmierer dazu, Dinge zu produzieren wie

```
writeLine("+-------------------------------------+") &
writeLine("|                                     |") &
writeLine("|             W E L C O M E           |") &
writeLine("|                                     |") &
writeLine("+-------------------------------------+") &
writeLine("")                                         &
write("Bitte erste Eingabe: ")
```

Das ist zwar korrekt, aber doch ziemlich tollpatschig – und zwar aus zwei Gründen:

- Erstens ist es ineffizient. Das System muss hier nämlich sieben Ausgabeaktionen initiieren, von denen jede ziemlich aufwendig ist.
- Zweitens ist es logisch falsch. Denn konzeptuell haben wir es hier nicht mit sieben unabhängigen Ausgabeaktivitäten zu tun, sondern nur mit einer einzigen (eventuell zwei): Wir wollen eine schöne Begrüßungsbox ausgeben (und dann nach Eingabe fragen; deshalb ist das letzte `write` vermutlich eher Teil eines nachfolgenden Dialogs und sollte erst dort stehen).

Das Programmfragment müsste also eher so aussehen:

```
write(Box) & Dialog
```

Die `Box` wird dann als Konstante definiert:

```
FUN Box: denotation
DEF Box ==
    Dashes ++ Bars ++ Heading ++ Bars ++ Dashes ++ EmptyLine
    WHERE
    Dashes ==  "+-------------------------------------+\n"
    Bars ==    "|                                     |\n"
    Heading == "|             W E L C O M E           |\n"
```

Lesen. Auch Lesen sollte systematisch so gestaltet werden, dass die Aktivitäten, die konzeptuell eine Einheit bilden, auch im Programmcode zusammengefasst sind. Ein erstes Beispiel hatten wir schon in Abschnitt 22.2 kennengelernt: Das Kommando **ask** fasst eine Aufforderung zur Eingabe (ein sogenanntes *Prompt*) mit dem zugehörigen Lesekommando zusammen.

Dass man so etwas noch weiter ausbauen kann, zeigt die Funktion menu aus der Struktur BasicIO.

```
FUN menu: denotation × seq[pair[denotation, com[void]]] → com[void]
```

Mit Hilfe dieser Funktion kann man dann z. B. folgende Definition einführen:

```
DEF choose ==
    menu("Auswahl", "Neuer Kunde" & new ::
                    "Aendern" & change ::
                    "Loeschen" & delete :: ◊)

FUN new change delete: com[void]
DEF new == ...
DEF change == ...
DEF delete == ...
    ...
```

Wenn man die Funktion choose im Programm ausführt, dann sieht der Benutzer auf dem Terminal folgende Ausgabe:

```
+-----------------------------------------------------+
|                                                     |
|                      Auswahl                        |
|                                                     |
+-----------------------------------------------------+
1: Neuer Kunde
2: Aendern
3: Loeschen

0: END

your choice:
```

Je nachdem, welche Zahl der Benutzer jetzt eingibt, wird eine der drei Funktionen `new`, `change` oder `delete` aufgerufen – oder das Programm beendet.

Mit diesen Beispielen wollen wir die Diskussion der Ein-/Ausgabe-Techniken abschließen. Es gibt hier offensichtlich eine reichhaltige Palette von Möglichkeiten, die im Wesentlichen von der Vielfalt an Diensten der darunterliegenden Geräte und Betriebssysteme abhängen.

22.5 Anmerkung zu einem alternativen Modell: „Ströme“

Es gibt ein alternatives Modell für die Lösung des Ein-/Ausgabe-Dilemmas, das auf den ersten Blick bestechend einfach ist, weil es eine rein funktionale Sicht der Welt zu erlauben scheint. Betrachten wir noch einmal Abb. 21.1. Wir können als Eingabe und Ausgabe jeweils *Folgen von Werten* zulassen. Da diese Folgen allerdings – wie wir gleich sehen werden – etwas andere Eigenschaften haben als unsere vertrauten Sequenzen, bezeichnet man sie als ***Ströme*** (engl. *streams*). Trotzdem bleibt die funktionale Sicht erhalten: Es werden (ein oder mehrere) Eingabeströme auf (einen oder mehrere) Ausgabeströme abgebildet.

Worin besteht also der Trick? Die Idee ist, dass diese Ströme das gesamte Kommunikationsverhalten über die Zeit repräsentieren. Das heißt, alles, was der Benutzer im Laufe eines langen Dialogs eingegeben hat, ist der Eingabestrom, und alles, was das Programm im Laufe des Dialogs ausgegeben hat, ist der Ausgabestrom. (Analoge Ströme entstehen für den Datenaustausch mit dem Dateisystem, dem Drucker etc.) Damit erhalten wir die modifizierte Abb. 22.1.

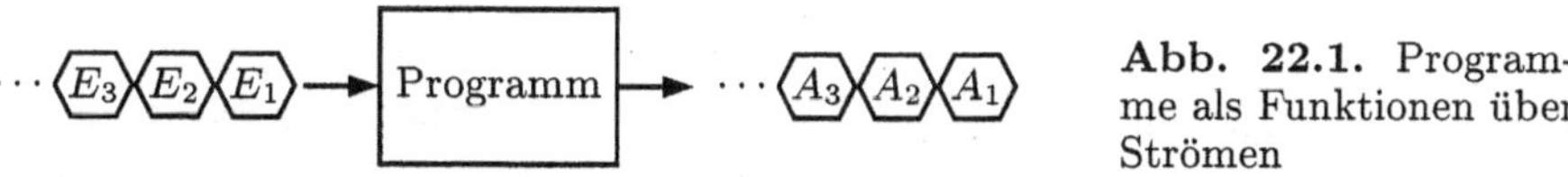

Abb. 22.1. Programme als Funktionen über Strömen

Das Programm wird jetzt „einfach“ als listenverarbeitende Funktion geschrieben. Allerdings gilt dabei das Verständnis, dass die Listen „*lazy*“ abgearbeitet werden. Das heißt im Wesentlichen: Es wird das erste Element des Eingabestroms genommen und verarbeitet, was das erste Element des Ausgabestroms liefert. Danach wird das zweite Element des Eingabestroms betrachtet, was zum zweiten Element des Ausgabestroms führt, usw.

Diese verzögerte Abarbeitung des Eingabestroms erlaubt es dem Laufzeitsystem, das jeweils nächste Element erst bereitzustellen, nachdem ein Ausgabeelement da war. Und so kann man ganze Dialoge führen.

Das sieht schön elegant aus, weil es rein funktional bleibt. *Aber leider hat die Sache einen Haken*: In der Praxis werden die Programme sehr unübersichtlich und damit letztlich mystisch. Das hat einen ganz einfachen Grund: Das Programm arbeitet sich Stück für Stück durch den Eingabestrom und produziert dabei, ebenfalls Stück für Stück, den Ausgabestrom. Nun gilt aber im Allgemeinen, dass z. B. das sechste Eingabetoken daher kommt, dass der Benutzer auf das fünfte Ausgabetoken geantwortet hat. Dieser Kausalzusammenhang zwischen i-ter Ausgabe und $(i + 1)$-ter Eingabe geht aber im Programmtext völlig verloren, weil beide auf ganz verschiedenen Strömen liegen.

Aus diesem Grund verzichten wir hier darauf, das Strommodell näher zu betrachten.[12]

Anmerkung: Es sei aber trotzdem zumindest darauf hingewiesen, dass das Strommodell bei der *globalen Spezifikation ganzer Systeme* durchaus interessant ist und auch praktisch benutzt wird.[13] Was bisher aber nicht befriedigend gelöst wurde, ist der Übergang von einer solchen strombasierten Globalsicht zu einer (ebenfalls noch verständlichen) lokalen Implementierungssicht.

22.6 Ein-/Ausgabe in ML und HASKELL

Die grundlegende Philosophie der Ein-/Ausgabe unterscheidet sich in den verschiedenen funktionalen Sprachen ganz wenig. Die Menge an bereitgestellten Operationen variiert allerdings sehr stark: Hier ist die Bandbreite dessen, was die *Bibliotheca Opalica* bietet, sicher adäquat. Ähnliches gilt auch für HASKELL; man kann sogar vermuten, dass – aufgrund der relativ großen Zahl von Personen, die an und mit der Sprache arbeiten – im Laufe der Zeit noch wesentlich mehr an solchen Routinen existieren wird.

22.6.1 Ein-/Ausgabe in ML

Da ML schon relativ lange existiert, enthält es für das Ein-/Ausgabe-Problem noch nicht die modernen Lösungen, die OPAL und HASKELL mit den Kommandos bzw. Monaden bereitstellen.

ML stellt nur einige elementare Mittel zur Verfügung, um von Dateien lesen und auf Dateien schreiben zu können. Dabei werden die Tastatur und der Bildschirm – im klassischen UNIX-Stil – ebenfalls wie Dateien behandelt. Sie habe die Namen `std_in` und `std_out`.

[12] Interessant ist, dass auch die Autoren der Sprache HASKELL zum gleichen Schluss gekommen sind: Das ursprünglich für die Ein-/Ausgabe vorgesehene Strommodell wurde schon bald durch das sog. *Monaden*-Modell ersetzt (das praktisch genau unseren Kommandos entspricht). Und da an der Definition von HASKELL ein größeres Komitee wirkt, sind die Defizite des Strommodells wohl unstrittig.

[13] Man spricht dann im Software-Engineering meistens vom „Datenfluss-Modell".

Das *Öffnen* von Dateien erfolgt mit den „Funktionen“ `open_in` und `open_out`. Das explizite *Schließen* ist normalerweise nicht nötig, kann aber bei Bedarf mit `close_in` und `close_out` vorgenommen werden. Als Ergebnis der *open*-Funktionen erhält man Dateizeiger vom Typ `instream`.

```
val fileA = open_in  "MyFile.txt";
val fileB = open_out "Results.txt";
```

Wenn eine Datei geöffnet ist, kann man von ihr lesen und auf sie schreiben:

```
val Text = input(fileA, size);
output(fileB, "some string");
```

Dabei gibt `size` an, wie viele Zeichen maximal gelesen werden (sofern in der Datei genügend stehen). Die „Funktion“ `input` liefert also einen Wert vom Typ `string`. Die „Funktion“ `output` liefert dagegen den Wert `()` vom Typ `unit`. (Der Typ `unit` spielt eine ähnliche Rolle wie `void` in OPAL: Er hat nur einen einzigen Wert, bezeichnet mit `()`, und wird in Situationen verwendet, in denen eigentlich kein Wert vorliegt.)

Dieser sehr einfache Ansatz zur Behandlung von Ein-/Ausgabe führt genau zu den Problemen, die wir in Kap. 21 diskutiert haben. Beispiel:

```
fun f (file : instream) =
let val x = input(file,1) in x ^ x :string end;
fun g (file : instream) =
input(file,1) ^ input(file,1) :string ;
```

Wenn das erste Zeichen in der Datei ein `"a"` ist und das zweite ein `"b"`, dann liefert `f` den String `"aa"` und `g` den String `"ab"`. Der Grund ist, dass `f` nur einmal liest, `g` dagegen zweimal. *Das ist natürlich eine eklatante Verletzung dessen, was man von der* `let`*-Konstruktion erwartet.*[14]

22.6.2 Ein-/Ausgabe in HASKELL

In HASKELL war ursprünglich ein strombasiertes Ein-/Ausgabe-Modell vorgesehen; aber seit Mitte der 90er Jahre hat ein Umdenken zu Gunsten des sog. *monadischen* Ein-/Ausgabe-Modells stattgefunden. Dieses Modell ist praktisch identisch mit den Kommandos von OPAL, die wir in diesem Kapitel ausgiebig diskutiert haben. Allerdings ist das Konzept der Monaden auch auf andere Aspekte des Programmierens anwendbar und nicht nur auf Ein-/Ausgabe. Darauf gehen wir weiter unten nochmals ein.

Zunächst betrachten wir nur die Ein-/Ausgabe, was durch die Analogie zu den bisher besprochenen OPAL-Konzepten sehr einfach ist. Der grundlegende Typ ist `IO` α (analog zu `com`[α]). Damit hat man dann elementare Operationen wie

[14] Die Sache ist sogar noch schlimmer: Wenn der Compiler Optimierungen durchführt – was sich z. B. beim OPAL-Compiler als Option ein- und ausschalten lässt –, dann kann das Resultat selbst bei unverändertem Programm variieren, abhängig von der Art der Übersetzung.

```
getChar :: IO Char
getLine :: IO String
putChar :: Char -> IO ()
putLine :: String -> IO ()
```

Dabei wird mit '()' der spezielle Typ bezeichnet, den man immer dann verwendet, wenn man eigentlich keinen Wert braucht – analog zum Typ `void` in OPAL und zum Typ `unit` in ML. Das einizige Element dieses Typs wird wie in ML mit '()' bezeichnet (in OPAL mit `nil`).

Zur Komposition von solchen Ein-/Ausgabe-Operationen gibt es dann zwei Operatoren, die dem '&' der OPAL-Struktur `ComCompose` entsprechen:[15]

```
(>>=) :: IO α  -> (α  -> IO β) -> IO β
(>>)  :: IO α  -> IO β  -> IO β
```

Damit können wir dann z. B. das elementare Programm formulieren

```
echo :: IO ()
echo == getLine >>= putLine
```

das eine Zeile liest und gleich wieder ausgibt.

Natürlich gibt es auch in HASKELL noch eine ganze Reihe weiterer Operationen für Ein-/Ausgabe, die wir hier aber nicht alle auflisten können. Stattdessen wollen wir uns lieber noch mit einer schönen syntaktischen Verbesserung befassen.

22.6.3 Die do-Notation von HASKELL

HASKELL hatte ursprünglich den gleichen Schönheitsfehler wie OPAL: Um eingegebene Werte benennen zu können, muss die λ-Schreibweise verwendet werden. Zum Beispiel kann man mit folgender Variante von `echo` die Zeile zweimal ausgeben:

```
twice :: IO ()
twice = getLine >>= \text -> putLine text >> putLine text
```

Um solche Situationen leserlicher zu gestalten, hat man eine weitere Notation eingeführt: die do-Notation. Damit kann man z. B. schreiben

```
twice :: IO ()
twice = do text <- getLine
           putLine text
           putLine text
```

Im Allgemeinen werden in einer solchen `do`-Liste mehrere Zuordnungen getroffen. So können wir zum Beispiel einen kleinen Dialog gestalten, durch den die Länge einer Datei ermittelt werden kann:

---

[15] In OPAL wird dazu das Symbol '&' überlagert.

```
size :: IO Int
size = do putLine "Dateiname = "
          name <- getLine
          text <- readFile name
          return(length(text))
```

Hier wird die Operation '`readFile :: FilePath -> IO String`' benutzt sowie die Operation '`return` :: $\alpha \to$ `IO` α'.

Allgemein besteht eine `do`-Liste aus einer Folge von Anweisungen der Art $\texttt{x}_\texttt{i} \leftarrow \texttt{K}_\texttt{i}$, abgeschlossen von einem Kommando `K` der Art `IO` α. Dabei hat $\texttt{x}_\texttt{i}$ den Typ $\alpha_\texttt{i}$, wenn $\texttt{K}_\texttt{i}$ den Typ `IO` $\alpha_\texttt{i}$ hat. Wenn $\alpha_\texttt{i}$ der leere Typ () ist – also bei Ausgabeoperationen –, dann darf man den Teil '$\texttt{x}_\texttt{i} \leftarrow$' weglassen; wir brauchen also nicht zu schreiben '`() <- putLine "Dateiname"`'.

22.6.4 Anmerkungen zu Monaden

Monaden haben es in den letzten Jahren in großen Teilen der *functional community* zu einer beachtlichen Popularität gebracht. Woran liegt das?

Zunächst zum Wort *Monade*: Der Begriff stammt aus der Kategorientheorie[16] und scheint vor allem durch die Arbeiten von E. Moggi [32] Eingang in die Informatik gefunden zu haben. Während Moggi allerdings die Monadentheorie wesentlich einsetzt, um Semantikkonzepte von Programmiersprachen formal zu fassen, spielt in der danach einsetzenden Popularisierung des Begriffs für die Programmierung funktionaler Ein-/Ausgabe der mathematische Hintergrund praktisch keine Rolle mehr.[17]

Die wesentlichen programmiersprachlichen Ideen sind auch schon ziemlich alt: Sie gehen bis in die 70er Jahre zurück, als man erkannt hatte, dass es sich mit *Continuations* – einer speziellen Form von Funktionen höherer Ordnung – recht elegant programmieren lässt. (*Continuations* entstehen, wenn man einer Funktion ihre Fortsetzung als zusätzliches Argument mitgibt. Das heißt, aus der Anwendung $\mathtt{g}(\mathtt{f}(\mathtt{x}))$ wird $\mathtt{f}'(\mathtt{x},\mathtt{g})$.) Wenn man dieses Konzept noch mit den Möglichkeiten der Verschattung koppelt, hat man genau das, was heute Monaden heißt.

Auf dieser Basis kommt man zu den beiden elementaren Funktionen `return` und `>>=`, die wir oben angesprochen haben. Wegen ihrer Bedeutung werden sie in HASKELL als Typklasse definiert:

```
class Monad M where
   return :: a -> M a
   (>>=)  :: M a -> (a -> M b) -> M b
```

[16] Kaum bekannt ist, dass auch Leibniz diesen Begriff schon benutzt hat – allerdings in einer ganz anderen Bedeutung: als philosophisches Gegenstück zum Begriff des Atoms in der Physik. („Die Monade ... ist nichts anderers als eine einfache Substanz ...; einfach sein heißt soviel wie: ohne Teile sein.“ [28], S. 27.)

[17] Spötter meinen sogar, dass außer dem hübschen Wort selbst nichts von der Monadentheorie gebraucht wird.

Diese Operationen – die wir in der Ein-/Ausgabe-Programmierung als so nützlich erkannt haben – erfüllen dann „zufällig“ die Gesetze

```
return a >>= f                  =   f a
c >>= return                    =   c
c >>= (\x -> (f x) >>= g)       =   (c >>= f) >>= g
```

Für diejenigen Leser, die die HASKELL-Notation nicht so gerne mögen, geben wir die Gleichungen auch noch in der OPAL-Schreibweise an:

```
succeed(a) & f          =   f(a)
Cmd & succeed           =   Cmd
Cmd & (λx. f(x) & g)    =   (Cmd & f) & g
```

Diese Gesetze bestimmen gerade das, was in der Kategorientheorie unter dem Begriff „Monaden“ geführt wird. (Genauer: Man kann sie als zu den dort verwendeten Axiomen gleichwertig nachweisen.) Und somit war die Benutzung des Wortes gerechtfertigt – auch wenn die Gesetze selbst eigentlich nirgends in der Programmierung eine Rolle spielen.

Die Monaden bzw. Kommandos haben eine faszinierende Eigenschaft: Sie erlauben, gewisse Aspekte der klassischen imperativen Programmierung in die funktionale Programmierung zu übertragen, ohne dass dadurch die pathologischen und paradoxen Probleme entstehen, die wir am Anfang dieses Kapitels diskutiert haben. Deshalb sind sie ein wichtiges Konzept.

Außerdem lassen sie sich nicht nur für die Ein-/Ausgabe gut verwenden, sondern erleichtern auch die Programmierung in einer Reihe von anderen Situationen (auf die wir hier allerdings nicht im Detail eingehen können, wir verweisen daher auf die Literatur, z. B. [45, 9]).[18]

Man muss die Euphorie jedoch dämpfen. Zwar lassen sich gewisse Probleme mit Monaden behandeln. Aber diese Behandlung ist alles andere als elegant. Denn es passiert allzu oft, dass man den Beschränkungen der Monaden die eigentliche Lösungsstruktur des Algorithmus opfern muss, so dass die Programme ziemlich komplex und undurchschaubar werden.

Fazit. Die Monaden sind ein wichtiger Schritt auf dem Weg zur weiteren Praktikabilität funktionaler Programmierung – aber das Ziel ist mit ihnen sicher noch nicht erreicht.

[18] Allerdings scheint „der Szene“ eine elementare Beobachtung bisher entgangen zu sein: Die Anwendung von Monaden ist gerade in den Situationen angebracht, in denen man im Gebiet des Compilerbaus statt der sog. abgeleiteten Attribute die sog. ererbten Attribute verwenden muss – was dort eine seit Jahrzehnten bekannte Technik ist.

23. Compiler und Interpreter für OPAL, ML, HASKELL und GOFER

In diesem Kapitel wollen wir eine kurze Einführung in die Benutzung der verschiedenen Sprachen geben. Diese Einführung enthält nur das Allernötigste, um die Beispiele auszuprobieren. Für weitergehende Informationen verweisen wir auf die Handbücher der einzelnen Sprachen.

Wir gehen davon aus, dass die Compiler und Interpreter schon installiert sind. (Am Ende jedes Abschnitts stehen Adressen, von denen man anderenfalls die Programme beziehen kann.)

Wir verwenden das Beispiel „Schiefer Wurf" aus Abschnitt 3.1.3.

23.1 OPAL

Die Benutzungsphilosophie von OPAL geht davon aus, dass *Programme grundsätzlich in Dateien* stehen. Der Interpreter bzw. der Compiler besteht nur aus Befehlen, die die Arbeit mit diesen Dateien steuern.

Programmieren. Das OPAL-System erwartet die beiden Strukturteile, also die Signatur und die Implementierung, in *zwei Dateien* mit entsprechenden Suffixen. Also müssen wir erst einmal im Editor zwei entsprechende Textdateien erstellen. (Auch wenn Fehlermeldungen kommen, müssen die Korrekturen wieder mit dem Editor in diesen Textdateien vorgenommen werden.[1])

Die eine Datei enthält die Schnittstelle (den Signaturteil der Struktur). In unserem Beispiel ist das eine Datei `SchieferWurf.sign`:

```
SIGNATURE SchieferWurf

  IMPORT Real ONLY real

  FUN weite: real × real → real
  FUN hoehe: real × real → real
```

[1] Man sollte nicht vergessen – was erstaunlich oft passiert –, nach dem Korrigieren die Dateien zurückzuschreiben (zu „sichern"); sonst wundert man sich, dass die gerade korrigierten Fehler schon wieder gemeldet werden.

Die Implementierung wird entsprechend in die Datei `SchieferWurf.impl` geschrieben:

```
IMPLEMENTATION SchieferWurf

  IMPORT Real COMPLETELY

  DEF weite == λ v0,phi. (square(v0)/g) * sin(2 * phi)
  DEF hoehe == λ v0,phi. (square(v0)/(2 * g)) * square(sin(phi))

  -- Verborgene Hilfsgroesse
  FUN g: real
  DEF g == 9.81

  FUN square: real → real
  DEF square == λx. x * x
```

Für den OPAL-Interpreter ist das schon alles, was wir an Vorbereitung brauchen.

23.1.1 OPAL-Interpreter

Wir können den OPAL-Interpreter, genannt OASYS[2], direkt aufrufen. (Dabei nehmen wir an, dass das UNIX-Prompt '###' ist.)

```
### oasys
oasys version 1.0g(ocs version 2.3g),
(c)1989-1996 The OPAL Group, TU-Berlin
>
```

Das Symbol '>' (*Prompt* genannt) zeigt an, dass der OPAL-Interpreter jetzt auf Benutzereingabe wartet.

Anmelden [a]. Der Interpreter kennt zunächst nur die Strukturen aus der Bibliothek. Wir müssen unsere eigene Struktur also erst anmelden. Das geschieht mit dem Befehl 'a' (für 'Anmelden'):

```
> a SchieferWurf
loading SchieferWurf.sign
loading SchieferWurf.impl
>
```

Es werden automatisch alle Strukturen angemeldet, die von der angegebenen Struktur importiert werden.

[2] OPAL Application System

Fokus setzen [f]. Um Ausdrücke auswerten zu können, müssen wir zunächst den Kontext angeben, in dem wir das tun wollen. Kontext kann jede Schnittstelle oder Implementierung sein. Da in der Schnittstelle von `SchieferWurf` keine Konstanten von `Real` bekannt sind, können wir dort keine sinnvollen Ausdrücke auswerten. Wir wählen daher als Arbeitskontext die Implementierung. Das geschieht mit dem Befehl '`f`' (für „Fokus“):

```
> f SchieferWurf.impl
SchieferWurf.impl>
```

Vor dem Prompt wird vom System immer der aktuelle Kontext angezeigt.

Auswerten (Evaluieren) [e]. Wir können nun z. B. die Konstante `g` auswerten. Dafür dient der Befehl `e`. Dieser Befehl überprüft auch, ob die Struktur übersetzt werden muss, und startet, falls nötig, den Compiler.

```
SchieferWurf.impl> e g
loading SchieferWurf.impl
checking SchieferWurf.impl
compiling SchieferWurf.impl
9.8100000000000005
SchieferWurf.impl>
```

Die ersten Zeilen sind hier Meldungen über die Compileraktivitäten. Danach kommt – in der vorletzten Zeile – das Ergebnis. (Man beachte den Rundungsfehler.) Die letzte Zeile ist dann die nächste Eingabeaufforderung.

Im folgenden Beispiel sind zwei Fehler enthalten: Die Zahlen `45` und `180` sind in `Real` nicht vordefiniert:

```
SchieferWurf.impl> e weite(100,45*pi/180)
ERROR [at 0.11]: no matching operation for 45
ERROR [at 0.17]: no matching operation for 180
ERROR [check]: language error
aborted
SchieferWurf.impl>
```

Der Fehler ist im folgenden Beispiel korrigiert. Da wir zur besseren Lesbarkeit Leerzeichen eingefügt haben, müssen wir den Ausdruck in geschweifte Klammern setzen:

```
SchieferWurf.impl> e {weite(100, ("45"!) * (pi/("180"!)))}
1019.3679918450560535
SchieferWurf.impl>
```

Quit [q]. Wir verlassen den Interpreter wieder mit

```
SchieferWurf.impl> q
###
```

23.1.2 OPAL-Compiler

Wir könnten die Struktur `SchieferWurf` auch mit dem Compiler übersetzen, aber davon haben wir (in diesem Beispiel) nichts, da keine Ein-/Ausgabe stattfindet. Wir können das Beispiel aber so abändern, dass wir explizit Ein-/Ausgabe betreiben (vgl. Kap. 22).

Die Struktur `Wurf` enthält ein Kommando `wurf`. Dieses Kommando wird zum Namen des erzeugten Programms.

```
SIGNATURE Wurf

 IMPORT Com[void] ONLY com
        Void      ONLY void

 FUN wurf : com[void]
```

```
IMPLEMENTATION Wurf

 IMPORT BasicIO      COMPLETELY
        Seq          COMPLETELY
        Pair         COMPLETELY
        Real         COMPLETELY
        SchieferWurf COMPLETELY
        Com          COMPLETELY
        ComCompose   COMPLETELY

 DEF wurf ==
     menu("Schiefer Wurf",
     "weite" & ExecWeite::
     "hoehe" & ExecHoehe::
     ◊
     )

 FUN ExecWeite
     ExecHoehe: com[void]

 DEF ExecWeite ==
     ask("v0 : ") & (λv0.
     ask("phi : ") & (λphi.
     writeLine(weite(v0,phi))
     ))

 DEF ExecHoehe ==
     ask("v0 : ") & (λv0.
     ask("phi : ") & (λphi.
     writeLine(hoehe(v0,phi))
     ))
```

Wir können nun den Compiler ocs[3] aufrufen. Die Option −top bedeutet, dass ein eigenständiges Programm erzeugt werden soll. Danach folgen der Name der Struktur und der Name der Funktion, die Einstiegspunkt werden soll.

```
### ocs -top Wurf wurf
```

Zunächst kommen Meldungen der Umgebung (die nur beim ersten Mal auftreten), danach sagt der Compiler der Reihe nach, in welcher Phase er sich jeweils gerade befindet.[4]

```
Generating rules for wurf'Wurf ...
Checking Signature of SchieferWurf ...
syntax checking ...
context checking ...
Compiling Implementation of SchieferWurf ...
syntax checking ...
context checking ...
translating to applicative code ...
transforming applicative code ...
translating to imperative code ...
translating to C ...
Generating sol2 object code for SchieferWurf ...
Checking Signature of Wurf ...
syntax checking ...
context checking ...
Compiling Implementation of Wurf ...
syntax checking ...
context checking ...
translating to applicative code ...
transforming applicative code ...
translating to imperative code ...
translating to C ...
Generating sol2 object code for Wurf ...
Generating startup code for wurf ...
Linking wurf ...
###
```

Übrigens: Wenn wir eine der Strukturen ändern (z. B. um die numerische Genauigkeit zu modifizieren oder um die Ausgabe schöner zu machen), dann werden jeweils nur noch diejenigen Strukturen neu übersetzt, die von den Änderungen tatsächlich betroffen sind – was bei großen Softwaresystemen für die praktische Brauchbarkeit des Compilers unabdingbar ist.

[3] OPAL Compilation System

[4] Das sieht zwar hier im Buch alles sehr „geschwätzig“ aus, ist aber in der Praxis äußerst angenehm, denn es liefert Feedback darüber, wie weit der Compiler fortgeschritten ist – was vor allem bei großen Programmsystemen relevant ist.

Wir können nun (in der normalen UNIX-Umgebung) das Programm `wurf` aufrufen und die beiden Funktionen ausprobieren. Das `menu`-Kommando, das wir in unser Programm eingebaut haben, sorgt für eine einfache Benutzeroberfläche.

```
### ./wurf
+-----------------------------------------------------------+
|                                                           |
|                      Schiefer Wurf                        |
|                                                           |
+-----------------------------------------------------------+
1: weite
2: hoehe

0: END

your choice:
```

Wir probieren erst die Funktion `weite` aus.

```
your choice: 1
v0:12
phi:1.5
2.0714863568420876e+0
```

Die Funktion `hoehe` funktioniert auch.

```
your choice: 2
v0:12
phi:1.5
7.3027247581667716e+0
```

Wir verlassen das Programm wieder.

```
your choice: 0
###
```

23.1.3 Bezug von OPAL

OPAL ist sogenannte *public-domain Software*, kann also kostenlos (aber auch ohne Garantie) bezogen werden.

Kontaktadresse: `opal@cs.tu-berlin.de`
www-Adresse `http://uebb.cs.tu-berlin.de/~opal/`
FTP-Adresse `ftp://ftp.cs.tu-berlin.de:pub/local/uebb/ocs`

Zur Zeit der Drucklegung dieses Buches war eine Version des OPAL-Compilers für Microsofts .NET-Technologie in Vorbereitung, die nach ihrer Fertigstellung ebenfalls auf der Homepage zu finden sein wird.

23.2 ML

ML ist eine der frühen funktionalen Sprachen. Daher gibt es auch mehrere ML-Systeme, von denen einige frei erhältlich sind. Wir beschreiben hier kurz den Umgang mit „Standard ML of New Jersey", kurz `sml` genannt.

23.2.1 ML interaktiv

Am einfachsten kann man den sml-Compiler interaktiv benutzen. Das heißt, wir brauchen die Programme nicht zuerst mit dem Editor in Textdateien zu schreiben, sondern können sie direkt im Interpreter selbst eintippen (mit allen Vor- und Nachteilen, die dieses Vorgehen hat).

Wir rufen also einfach den Interpreter auf:

```
###  sml
Standard ML of New Jersey, Version 0.93j4, July 19, 1993
val it = () : unit
-
```

Der Interpreter antwortet auf jede unserer Eingaben mit ihrem „Wert". Am Anfang ist die Eingabe leer, also vom speziellen Typ `unit`. (Mit '`it`' bezeichnet der ML-Interpreter immer das Ergebnis der letzten Auswertung.) Das Prompt-Zeichen '`-`' zeigt an, dass der Interpreter Eingabe erwartet.

Nun geben wir der Reihe nach die Definitionen ein. Das System antwortet auf jede Eingabe mit ihrem Wert und Typ, bei Funktionen nur mit dem Typ.

Man beachte, dass jede (vollständige) Eingabe mit einem ***Semikolon*** *abgeschlossen werden muss! Sonst wartet der Interpreter und wartet und wartet und wartet … (und der Benutzer wundert sich).*

```
- val g = 9.81;
val g = 9.81 : real
- fun square(x) = x * x : real;
val square = fn : real -> real
- fun weite(v0, phi) = (square(v0)/g) * sin(2.0 * phi);
val weite = fn : real * real -> real
- fun hoehe(v0,phi) = (square(v0)/(2.0*g))*square(sin(phi));
val hoehe = fn : real * real -> real
-
```

Beim Auswerten von Ausdrücken liefert das System das Resultat jeweils als Wert der speziellen Konstanten `it`.

```
- weite(12.0, 1.5);
val it = 2.07148635684209 : real
- hoehe(12.0,1.5);
val it = 7.30272475816677 : real
-
```

Man beachte, dass der ML-Interpreter ein „Gedächtnis“ hat. Das heißt, wir können immer neue Funktionen hinzufügen, sie ausprobieren, weitere hinzufügen usw. Konsequenterweise wird durch eine erneute Definition desselben Namens die alte Definition „überschrieben“.

Der Interpreter wird mit Control-D wieder verlassen.

23.2.2 Lesen von Programmen in Dateien

Wir können das System auch anweisen, Programme von einer Datei zu lesen. Dazu schreiben wir (in unserem Beispiel) folgenden Text in eine Datei `SchieferWurf.ml`

```
signature SchieferWurf =
sig
val weite : (real * real) -> real
val hoehe : (real * real) -> real
end;
structure WurfImplementierung : SchieferWurf =
struct
val g = 9.81
fun square(x) = x * x : real
fun weite(v0,phi) = (square(v0)/g) * sin(2.0 * phi)
fun hoehe(v0,phi) = (square(v0)/(2.0*g)) * square(sin(phi))
end;
```

Nach dem Aufruf des sml-Compilers laden wir diese Datei mit `use`.

```
### sml
Standard ML of New Jersey, Version 0.93j4, July 19, 1993
val it = () : unit
- use "SchieferWurf.ml";
[opening SchieferWurf.ml]
signature SchieferWurf =
sig
val weite : real * real -> real
val hoehe : real * real -> real
end
structure WurfImplementierung : SchieferWurf
[closing SchieferWurf.ml]
val it = () : unit
-
```

Damit sind dem System die Signatur `SchieferWurf` und die Struktur `WurfImplementierung` bekannt, und wir können die Funktionen `weite` und `hoehe` der Struktur `WurfImplementierung` auswerten:

```
- WurfImplementierung.weite(12.0,1.5);
val it = 2.07148635684209 : real
-
```

Wenn wir den Namen der Struktur nicht jedes Mal mit angeben wollen, müssen wir die Struktur „öffnen“.

```
- open WurfImplementierung;
open WurfImplementierung
val weite = fn : real * real -> real
val hoehe = fn : real * real -> real
- hoehe(12.0,1.5);
val it = 7.30272475816677 : real
-
```

Eine andere Art, ML-Strukturen zu speichern, ist die Möglichkeit, den aktuellen Zustand des ML-Systems zu speichern.

```
- exportML "Wurf";
[Major collection... 89% used (562572/630680), 100 msec]
[Increasing heap to 2756k]
[Major collection... 99% used (563360/564576), 100 msec]
val it = false : bool
- ###
```

Es wird eine neue ausführbare Datei `Wurf` erzeugt, die den aktuellen Zustand des ML-Systems enthält. Wir können diese Datei aufrufen und dann da fortfahren, wo wir vorher aufgehört haben.

```
###./Wurf
val it = true : bool
- hoehe(12.0,1.5);
val it = 7.30272475816677 : real
-
```

23.2.3 Bezug von ML

ML, genauer `sml`, ist wie OPAL *public-domain Software*, kann also auch kostenlos (und ohne Garantie) bezogen werden. Da `sml` seit langem weit verbreitet ist, kann man davon ausgehen, dass das System ziemlich stabil ist.

www-Adresse:

`http://cm.bell-labs.com/cm/cs/what/smlnj/index.html`

FTP-Adresse:

`ftp://ftp.research.bell-labs.com/dist/smlnj/working/`

23.3 HASKELL/GOFER

Für HASKELL gibt es eine Reihe von Compilern. Für Experimentier- und Lernzwecke wurde außerdem von Mark Jones ein einfacher Interpreter entwickelt. Diesen Interpreter gibt es in zwei Varianten: GOFER ist ähnlich, aber nicht identisch zu HASKELL. HUGS („Haskell user's Gofer system") ist eine echte Teilmenge von HASKELL (s. [45]).

23.3.1 GOFER

Für GOFER benötigen wir zunächst eine Datei `SchieferWurf.gofer`, in der unser Beispiel enthalten ist.

```
g = 9.81
square = \x -> x * x :: Float
weite = \(v0,phi) -> (square(v0)/g) * sin(2.0 * phi)
hoehe = \(v0,phi) -> (square(v0)/(2.0*g)) * square(sin(phi))
```

Wir rufen den GOFER-Interpreter auf (mit `gofer` bzw. `hugs`) und laden diese Datei:

```
###  gofer
Gofer Version 2.30a Copyright (c) Mark P Jones 1991-1994

Reading script file "/usr/gofer/lib/standard.prelude":

Gofer session for:
/usr/gofer/lib/standard.prelude
Type :? for help
? :load SchieferWurf.gofer
Reading script file "SchieferWurf.gofer":

Gofer session for:
SchieferWurf.gofer
?
```

Nun können wir Ausdrücke auswerten, in denen diese Funktionen vorkommen:

```
? weite(12.0,1.5)
2.07149
(13 reductions, 31 cells)
? hoehe(12.0, 1.5)
7.30272
(11 reductions, 33 cells)
?
```

Der GOFER-Interpreter wird mit `:q` verlassen.

```
? :q
[Leaving Gofer]
###
```

23.3.2 HASKELL

Für HASKELL gibt es neben dem hier beschriebenen Haskell-Compiler aus Glasgow noch ein System aus Yale und eines aus Chalmers.

Wir verwenden zur Illustration das Modul aus Abschnitt 3.3.2.

```
module SchieferWurf where
weite = \(v0,phi) -> (square(v0)/g) * sin(2.0 * phi)
hoehe = \(v0,phi) -> (square(v0)/(2.0*g)) * square(sin(phi))
square = \(x) -> x * x
g = 9.81
```

Übersetzen allein macht nicht glücklich, wir benötigen auch hier noch ein kleines Modul für die Ein-/Ausgabe. HASKELL schreibt vor, dass das Hauptmodul `Main` und die auszuführende Funktion `main` heißen müssen.

```
module Main where
  import SchieferWurf
  import IO

  main :: IO ()
  main = hSetBuffering stdout NoBuffering >>
         putStr "-- Schiefer Wurf --\n" >>
         putStr "v0:" >>
         readLine >>= \ v0 ->
         putStr "phi:" >>
         readLine >>= \ phi ->
         putStr ("weite:" ++ show(weite(read v0, read phi))
                          ++ "\n") >>
         putStr ("hoehe:" ++ show(hoehe(read v0, read phi))
                          ++ "\n")

   where readLine = isEOF >>= \ eof ->
                    if eof then return []
                    else getChar >>= \ c ->
                         if c `elem` ['\n','\r'] then
                            return []
                         else
                            readLine >>= \ cs ->
                            return (c:cs)
```

Die Übersetzung mit GHC orientiert sich am bekannten GNU-C-Compiler. Der Aufruf mit den HASKELL-Modulen erzeugt ein lauffähiges Programm mit dem Einstiegspunkt `main` aus dem Modul `Main`:

```
### ghc SchieferWurf.hs Main.hs -o main
### ./main
-- Schiefer Wurf --
v0:
```

Wir geben nun die Werte für `v0` und danach für `phi` ein.

```
### ./main
-- Schiefer Wurf --
v0:12.0
phi:1.5
weite:2.0714863568420876
hoehe:7.3027247581667716
###
```

23.3.3 Bezug von HASKELL und GOFER

HASKELL und GOFER sind ebenfalls *public-domain Software*. Es gibt mehrere Compiler bzw. Interpreter. Da HASKELL sich noch in sehr aktiver Entwicklung befindet, gibt es zur Zeit noch recht viele und häufige Änderungen. Es empfiehlt sich daher, sich über das `www` den jeweils aktuellsten Stand zu suchen. Zur Zeit der Drucklegung dieses Buches gab es folgende Anlaufpunkte:

Bezug von HASKELL:
Email-Kontaktadresse:
`glasgow-haskell-request@dcs.glasgow.ac.uk`
www-Adresse:
`http://www.haskell.org` (offizielle Homepage)

Bezug von GOFER:
www-Adresse:
`http://lal.cs.byu.edu/cs532/gofer/docs/goferdoc/goferdoc.html`

Literaturverzeichnis

1. H. Abelson, G. J. Sussman, and J. Sussman. *Struktur und Interpretation von Computerprogrammen.* Springer-Verlag, 3. Aufl. 1998.
2. A. V. Aho and J. D. Ullman. *Foundations of Computer Science.* Computer Science Press, 1992.
3. A. V. Aho and J. D. Ullman. *Informatik — Datenstrukturen und Konzepte der Abstraktion.* Thomson Publishing, 1996.
4. J. Backus. Can programming be liberated from the von Neumann style? A functional style and its algebra of programs. *Commun. ACM*, 21(8):613–641, August 1978.
5. H. P. Barendregt. *The Lambda Calculus, its Syntax and Semantics.* Elsevier, 1984.
6. F. L. Bauer and H. Wössner. *Algorithmische Sprache und Programmentwicklung.* Springer-Verlag, 2. Aufl. 1984.
7. J. Bentley. Bumper-sticker computer science. *Commun. ACM*, 28(9):896–901, September 1985.
8. R. Bird. An introduction to the theory of lists. In M. Broy, editor, *Logic of Programming and Calculi of Discrete Design*, pages 3–42. NATO ASI Series F, Vol. 36, Springer-Verlag, 1987.
9. R. Bird. *Introduction to Functional Programming using Haskell.* Prentice-Hall, 2. Aufl. 1998.
10. R. Bird and P. Wadler. *Einführung in die funktionale Programmierung.* Carl Hanser Verlag, 1992.
11. M. Broy. *Informatik - Eine grundlegende Einführung. Bd.1, 2.* Springer-Verlag, 2. Aufl. 1998.
12. L. Cardelli and P. Wegner. On understanding types, data abstraction and polymorphism. *ACM Computing Surveys*, 17(4):471–522, December 1985.
13. T. H. Cormen, C. E. Leiserson, and R. L. Rivest. *Introduction to Algorithms.* MIT Press, 1989.
14. E. W. Dijkstra. *A Discipline of Programming.* Prentice-Hall, 1976.
15. E. W. Dijkstra. Introducing a course on calculi. Ankündigung einer Lehrveranstaltung, University of Texas at Austin (EWD1213), 1995.
16. H. Ehrig, B. Mahr, F. Cornelius, M. Große-Rhode, and P. Zeitz. *Mathematisch-strukturelle Grundlagen der Informatik.* Springer-Verlag, 1998.
17. J. Exner. The Opal Tutorial. Technical Report 94-9, Technische Universität Berlin, May 1994.
18. A. J. Field and P. G. Harrison. *Functional Programming.* Addison-Wesley, 1988.
19. M. Gordon, R. Milner, and C. Wadsworth. *Edinburgh LCF.* Lecture Notes in Computer Science, Vol. 78. Springer-Verlag, 1979.
20. D. Gries. *The Science of Programming.* Springer-Verlag, 1981.

21. J. E. Hopcroft and J. D. Ullman. *Einführung in die Automatentheorie, Formale Sprachen und Komplexitätstheorie.* Addison-Wesley, 3. Aufl. 1994.
22. P. Hudak. *The Haskell School of Expression – Learning Functional Programming Through Multimedia.* Cambridge University Press, 2000.
23. P. Hudak and J. H. Fasel. A gentle introduction to Haskell. *ACM SIGPLAN Notices*, 27(5), May 1992.
24. P. Hudak, S. Peyton Jones, and P. Wadler (eds.). Report on the programming language Haskell, version 1.2. *ACM SIGPLAN Notices*, 27(5), May 1992 (Vgl. [38]).
25. J. Jeuring and E. Meijer (eds.). *Advanced Functional Programming.* Lecture Notes in Computer Science, Vol. 925. Springer-Verlag, 1995.
26. S. Peyton Jones. *The Implementation of Functional Programming Languages.* Prentice-Hall, 1987.
27. S. Peyton Jones and D. Lester. *Implementing Functional Languages.* Prentice-Hall, 1992.
28. G. W. Leibniz. *Vernunftprinzipien der Natur und der Gnade – Monadologie.* Felix Meiner Verlag, 1982.
29. Z. Manna. *Mathematical Theory of Computation.* McGraw-Hill, 1974.
30. J. McCarthy, P. W. Abrahams, D. J. Edwards, T. P. Hart, and M. Levin. *Lisp 1.5 Programmer's Manual.* MIT Press, 1965.
31. R. Milner, M. Tofte, and R. Harper. *The Definition of Standard* ML. MIT Press, 1990.
32. E. Moggi. Computational lambda-calculus and monads. In *IEEE Symposium on Logic in Computer Science*, 1989.
33. C. Myers, Ch. Clack, and E. Poon. *Programming with Standard* ML. Prentice-Hall, 1993.
34. J. Nievergelt. Welchen Wert haben theoretische Grundlagen für die Berufspraxis? Gedanken zum Fundament des Informatikturms. *Informatik-Spektrum*, 18(6):342–344, Dezember 1995.
35. D. L. Parnas. Why software jewels are rare. *IEEE Computer*, 29(2):57–60, February 1996.
36. L. C. Paulson. *ML for the Working Programmer.* Cambridge University Press, 1991.
37. P. Pepper. *Grundlagen der Informatik.* Oldenbourg Verlag, 2. Aufl. 1995.
38. J. Peterson and K. Hammond (eds.). Report on the programming language Haskell, version 1.3. Technical report, Dept. of Comp. Sc., Yale University, 1996.
39. K. R. Popper. *Auf der Suche nach einer besseren Welt.* Piper, 1984.
40. J. Rumbaugh, M. Blaha, W. Premerlani, F. Eddy, and W. Lorensen. *Object-oriented Modelling and Design.* Prentice-Hall, 1991.
41. U. Schöning. *Logik für Informatiker.* Spektrum-Verlag, 1992.
42. P. Thieman. *Grundlagen der funktionalen Programmierung.* Teubner Verlag, 1994.
43. S. Thompson. *Type Theory and Functional Programming.* Addison-Wesley, 1991.
44. S. Thompson. *Miranda: The Craft of Functional Programming.* Addison-Wesley, 1995.
45. S. Thompson. *Haskell: The Craft of Functional Programming.* Addison-Wesley, 1996.
46. D. A. Turner. An overview of Miranda. In D. A. Turner, editor, *Research Topics in Functional Programming.* Addison-Wesley, 1990.

Index